电子商务类专业
创新型人才培养系列教材

U0734233

★
慕课版
★

电子商务
运营实务

罗宁 褟圆华 / 主编　　**周明 李斌 曹川 刘珈如** / 副主编

人 民 邮 电 出 版 社
北 京

图书在版编目（CIP）数据

电子商务运营实务：慕课版 / 罗宁，褟圆华主编
. -- 北京：人民邮电出版社，2023.6
电子商务类专业创新型人才培养系列教材
ISBN 978-7-115-61436-0

Ⅰ. ①电… Ⅱ. ①罗… ②褟… Ⅲ. ①电子商务—运
营管理—教材 Ⅳ. ①F713.365.1

中国国家版本馆CIP数据核字(2023)第051305号

内 容 提 要

电子商务运营一方面可以对店铺和商品进行经营规划，另一方面可以组织协调企业相关岗位人员，使其最大限度地服务于店铺与商品经营。本书系统地阐述了在电子商务领域进行运营的相关知识，共八个项目，包括电子商务运营认知、市场分析与选品规划、电子商务平台运营、电子商务内容运营、电子商务品牌运营、电子商务用户运营、电子商务物流管理和农产品电子商务运营。

本书内容新颖，讲解透彻，既可作为职业院校相关课程的教材，也可供广大电子商务运营研究人员和从业人员学习和参考。

◆ 主　　编　罗　宁　褟圆华
　　副 主 编　周　明　李　斌　曹　川　刘珈如
　　责任编辑　侯潇雨
　　责任印制　王　郁　彭志环
◆ 人民邮电出版社出版发行　　北京市丰台区成寿寺路 11 号
　　邮编　100164　电子邮件　315@ptpress.com.cn
　　网址　https://www.ptpress.com.cn
　　三河市祥达印刷包装有限公司印刷
◆ 开本：787×1092　1/16
　　印张：13.5　　　　　　　　　2023 年 6 月第 1 版
　　字数：295 千字　　　　　　　2023 年 6 月河北第 1 次印刷

定价：56.00 元

读者服务热线：(010)81055256　印装质量热线：(010)81055316
反盗版热线：(010)81055315
广告经营许可证：京东市监广登字 20170147 号

党的二十大报告指出："加快发展数字经济，促进数字经济和实体经济深度融合，打造具有国际竞争力的数字产业集群。"表明未来经济中网络经济、数字经济、电子商务新业态的重要地位和作用。电子商务作为重要抓手，成为拉动我国消费需求、促进传统产业升级、发展现代服务业的重要引擎。作为电子商务企业的业务核心，电子商务运营的效果直接关系到企业的生存与发展。在行业竞争日趋激烈的电子商务领域，电子商务运营的创新日益活跃，新的模式层出不穷。只有掌握更多的电子商务运营知识，才能在实践应用中不断创新，推动企业电子商务业务的不断发展。

本书落实二十大精神进教材，依据电子商务运营岗位的能力需求，结合相关"1+X"职业技能等级证书要求，将中国国际"互联网+"大学生创新创业大赛、电子商务的相关技能比赛涉及的知识、技能要求融入各项目中，体现新的电子商务运营思维理念，力求做到"岗课赛证创"融通。

本书是广西"十四五"首批自治区职业教育规划教材立项建设、广西经贸职业技术学院电子商务首批国家级教育教师教学团队建设项目、广西职业教育示范性虚拟仿真实训基地——数字商务虚拟仿真实训基地建设的成果。

本书编写特色

● **项目主导，学以致用。**本书立足电子商务岗位，以项目任务式驱动，从职业院校学生的实际情况出发，用浅显易懂的语言和丰富的图表进行呈现，帮助学生快速地掌握电子商务运营的方法与技巧。

● **赛证融通，强化应用。**本书对接岗位能力、职业标准、技能竞赛及"1+X"职业技能等级证书，构建教材的知识与能力结构体系，并依此确定教学内容以及教学单元，体现"岗课赛证创"融通，全面提升学习效果。

● **配套视频，资源丰富。**本书图文并茂，并配有视频，学生可以在学习过程中更直观、更清晰地掌握电子商务运营的相关知识。同时，本书还提供了PPT、教案、案例素材等立体化的教学资源。用书老师可登录人邮教育社区（www.ryjiaoyu.com）下载相关资源。

慕课视频

本书编写组织

本书由广西经贸职业技术学院组织编写，广西自然资源职业技术学院、北京博导前程信息技术股份有限公司等参与。罗宁、禤圆华担任主编，周明、李斌、曹川、刘珈如担任副主编，曹沥匀、梁丽艳、陆恒东、苏光莹、万丽云等参与编写。感谢北京博导前程信息技术股份有限公司为本书编写提供的素材。

尽管编者在编写过程中力求准确、完善，但书中可能还有不足之处，恳请广大读者批评指正，在此深表谢意！

编者

2023年5月

6

项目六
电子商务用户运营··········117

7

项目七
电子商务物流管理·············142

8

项目八
农产品电子商务运营 171

项目一
电子商务运营认知

1

情景展示

　　小贸经营一家传统农产品加工厂，由于旺季缺原材料、淡季货卖不出去的状况时有发生，该工厂的销售额直线下降。通过与前辈和专家交流，小贸意识到传统行业向电子商务行业的转型发展是必然趋势，于是开始探索电子商务之路。鉴于毫无基础，小贸决定从电子商务运营认知开始学习。

学习目标

【知识目标】

| 了解电子商务的特征、模式及发展方向；

| 了解电子商务运营的概念及分类；

| 了解电子商务运营流程及工作内容。

【技能目标】

| 掌握学习电子商务运营所需的工具。

【素质目标】

| 了解电子商务行业领域的国家战略、法律法规和相关政策，树立遵规守纪的意识。

【知识导航】

```
                                              ┌─ 电子商务的特征
                              ┌─ 知识储备 ──┼─ 电子商务的模式
             ┌─ 任务一 认识电子商务 ─┤         └─ 电子商务的发展方向
             │                └─ 任务实训
             │
             │                         ┌─ 运营与电子商务运营
电子商务运营认知 ─┼─ 任务二 认识电子商务运营 ─┬─ 知识储备 ─┤
             │                  │       └─ 电子商务运营的分类
             │                  └─ 任务实训
             │
             │                              ┌─ 电子商务运营流程
             │                  ┌─ 知识储备 ─┼─ 电子商务运营的工作内容
             └─ 任务三 了解电子商务运营的工作 ─┤       └─ 电子商务运营常见的问题及解答
                                └─ 任务实训
```

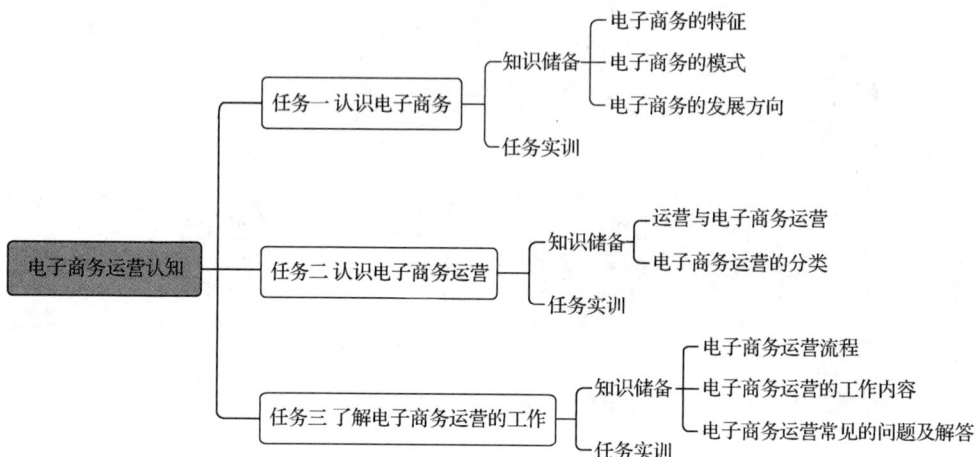

任务一　认识电子商务

电子商务是一种商务贸易形式。与传统商务不同，电子商务以互联网为交易媒介，以网络平台为交易场所，买卖双方无须见面，资金监管和商品运输均由第三方机构负责。可以说电子商务是有创意、颠覆传统贸易认知的一种新型商务贸易形式。

任务目标

本任务的内容比较基础，学习起来相对简单，希望大家通过对本任务的学习，能对电子商务有初步了解，掌握以下知识及技能：

（1）了解常见的电子商务模式；

（2）能分析常见的电子商务平台各属什么模式；

（3）了解电子商务的发展方向。

知识储备

随着电子商务的市场占比越来越大，传统商务的危机越来越大，传统商务向电子商务转型迫在眉睫。很多传统商务经营者没有电子商务的理论知识，也没有实操经验，所以在学习如何经营一家电子商务店铺之前，必须对电子商务有一定的了解，如了解电子商务的特征，了解电子商务的常见模式，知道如何分析电子商务平台的模式，以及如何预测电子商务的发展方向等。

（一）电子商务的特征

电子商务从最初出现到不断发展壮大，再到如今需要创新突破的阶段，它面向的人群、它的交易形式和交易标准等也在发生着变化。当下人们所面对的电子商务是适合当前消费市场、贴合消费者需求、被大众接纳的，它具有以下特征。

- **交易虚拟化** | 这是电子商务的典型特征，即交易双方仅通过互联网就能完成交易。

- **交易便捷化** | 根据消费者的交易习惯，电子商务不断地更新交易流程，逐渐提供小额免密支付、先用后付等服务，使交易更为便捷。

- **交易透明化** | 交易流程中的任意环节皆可问、可查、可跟踪，交易更为透明。

- **交易标准化** | 电子商务的交易逐渐形成统一的模式和标准。

- **成本低廉化** | 对于消费者来说，电子商务节约了出行成本；对于商家来说，电子商务节约了店铺租赁成本。

- **市场多样化** | 电子商务可以实现综合类网上商城、网上超市、网上专卖店等。电子商务还有网上预订旅游、网上证券交易、电子口岸、网上银行、网上会展、网上配载等形式。

- **市场全球化** | 所有能上网的用户都可以进行电子商务交易。

（二）电子商务的模式

电子商务模式是指在网络环境和大数据环境中基于一定技术基础的商务运作方式和盈利模式。研究和分析电子商务模式的分类体系，有助于挖掘新的电子商务模式，为电子商务模式创新提供途径，也有助于企业制定特定的电子商务策略和实施步骤。常见的电子商务模式如图1-1所示。

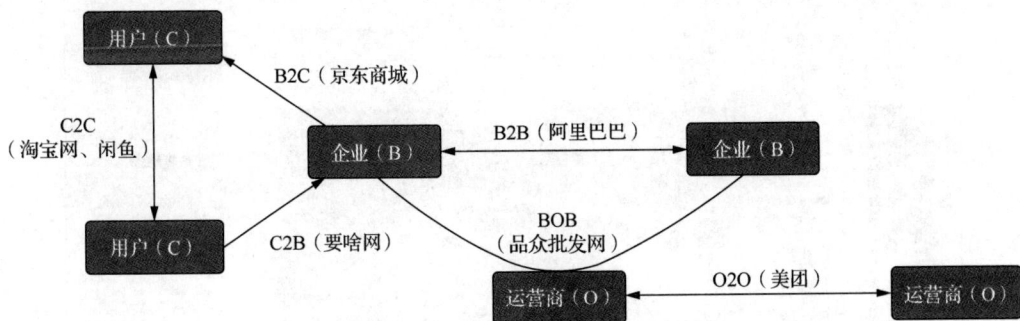

图1-1 | 常见的电子商务模式

1. B2B模式

B2B（Business to Business）是指企业对企业的营销关系。电子商务是现代B2B市场营销的一种具体的表现形式。它将企业内部网，通过B2B网站与用户紧密结合起来，通过网络为用户提供更好的服务，从而促进企业的业务发展。通俗地讲，在B2B模式中，进行电子商务交易的供需双方都是商家（企业/公司），它们利用互联网技术，在商务网络平台完成商务交易。其中，商务交易过程包括供求信息发布，订货、支付、确认订货、配送，以及票据的签发、传送和接收等。

在比较常见的商务网络平台中，阿里巴巴、慧聪网等都属于 B2B 模式的电子商务平台。图 1-2 所示为阿里巴巴网站首页。

图1-2｜阿里巴巴网站首页

2. B2C模式

B2C（Business to Consumer）是指企业对用户的营销关系。电子商务模式中的 B2C 模式是商务贸易形式中比较常见的一种模式，即"商家"对"用户"的模式。在这种模式中，企业通过网络平台销售商品或提供服务给用户，一般以网络零售为主。在众多的电子商务平台中，属于 B2C 模式的电子商务平台包括京东商城、当当网等，图 1-3 所示为京东商城网站首页。

图1-3｜京东商城网站首页

B2C 模式中的企业一般都是通过自建网站来经营电子商务业务的，在自建网站中发布商品信息，用户登录网站账号进行网购，随后企业根据订单安排商品配送。B2C 模式的企业一般都有自己的物流系统，用户在网站中购买的商品由平台方进行配送，不交给第三方物流企业。随着电子商务的发展，B2C 模式的企业逐渐在各地建立了仓储系统，这使得 B2C 模式的配送更为便捷，这也是 B2C 模式区别于其他模式的一个优点。

3. C2C模式

C2C（Consumer to Consumer）是指用户对用户的营销关系。简而言之，C2C 模式的电子商务是买方与卖方直接交易，但由于网络交易的特殊性，在交易过程中还涉及另外三方，即平台方、资金监管方和物流运输方。C2C 模式中的各方分别负责以下事项。

- **平台方**｜建立电子商务交易网站，将网站提供给买卖双方进行交易。
- **卖方**｜在平台中开设店铺，用于销售商品或提供服务。
- **买方**｜在平台中任意浏览、选择和购买商品。
- **资金监管方**｜监管买方购买商品所支付的货款，当买方收货后，再将货款支付给卖方。
- **物流运输方**｜负责运输卖方交付的商品，将商品完整地交予买方。

C2C 模式的电子商务的覆盖面是最广的，也是目前十分常见的一种交易模式，比较典型的有淘宝网、易趣网、闲鱼等平台。图 1-4 所示为淘宝网首页。

图1-4｜淘宝网首页

知识补充

在当下电子商务环境中，很多平台并不是仅靠单一模式在运营，而是靠多种模式混合运营。例如前面讲解 B2C 模式时介绍的"京东商城"，该电子商务平台就主要涉及两种模式：一种是 B2C 模式，称为"京东自营"；另一种是 C2C 模式，即其他商家在京东平台中开设个人店铺，销售商品或提供服务。这一现象普遍存在于电子商务环境中。

4. C2B模式

C2B（Consumer to Business）是指用户对企业的一种营销关系，它是互联网经济时代的一种新型商业模式。C2B模式改变了原有生产者（企业和机构）和消费者的关系，它先产生消费者需求，再由生产者按需求进行生产，与我们熟知的供需模式完全相反。也就是说，在C2B模式中，消费者根据自身需求定制商品和价格，甚至主动参与商品设计、生产和定价，生产者根据消费者的需求进行定制化生产。C2B模式的核心是以消费者的需求为中心，图1-5所示为典型的C2B模式网站要啥网首页。

图1-5 | 要啥网首页

5. O2O模式

O2O（Online to Offline）是指将线下商务机会与互联网结合在一起，让互联网成为线下交易的前台。在O2O模式中，线下服务可以通过线上引流，消费者在线上筛选服务，成交结算，然后再去线下店铺进行实际消费。所以O2O模式的核心并不在于线下店铺，而是线上与线下有机融合的整体。线上与线下的信息互通、资源共享，不是单纯的"从线上到线下"，也不是简单的"从线下到线上"。

O2O模式可以分为5个环节：引流、转化、消费、反馈、留存。

- **引流** | 商家通过O2O平台方的线上渠道，发布活动信息，吸引潜在消费者到线下实体店消费。
- **转化** | 将潜在消费者转变为实际消费者。
- **消费** | 消费者通过线上指引到线下店铺接受服务、完成消费。
- **反馈** | O2O平台方为消费者和本地商家建立沟通渠道，消费者将自己的消费体验反馈到平台，一方面帮助其他消费者做出决策，另一方面帮助商家更好地完善服务内容，改进优惠活动。
- **留存** | 商家通过各种方式留住客户，提高客户忠诚度和复购率。

O2O模式的引流效果好，服务项目可查，每笔交易可跟踪，可以实现线上与线下的交互活动，比较常用的O2O平台有美团、大众点评等。图1-6所示为美团页面。

图1-6｜美团页面

6. BOB模式

BOB（Business Operator Business）是指供应方（Business）与采购方（Business）之间通过运营方（Operator）达成商品或服务交易的一种新型电子商务运营模式，目的是使那些有品牌意识的中小企业或渠道商能够有机会打造自己的品牌，实现自身的转型和升级。BOB模式主要涉及三方——供应方、运营方和采购方，三者是合作关系。供应方可以在运营平台中发布商品信息，采购方也可以在运营平台中发布采购需求，所以BOB模式和B2B、B2C、C2B模式有相似之处，但也有本质上的区别，大家要注意区分。图1-7所示为品众批发网首页，它是典型的BOB模式网站。

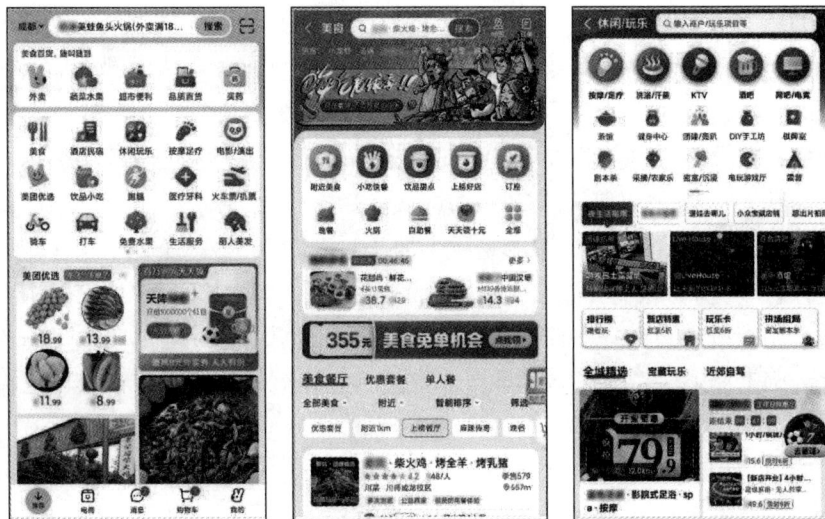

图1-7｜品众批发网首页

（三）电子商务的发展方向

我国电子商务正在以前所未有的速度发展，网上购物的方式已经逐渐深入人们的日常生活中，为越来越多的人所接受。现在，越来越多的企业利用电子商务降低经营成本，捕捉市场机会，整合企业经营，建立长期、可持续赢利的商务运营模式，从而将企业带入效益倍增的快车道。利用网络与电子商务，我国的电子化企业、电子化机构与电子化生活越发显出蓬勃的活力。电子商务覆盖企业经营的各个过程，从供应链到企业资源规划，从客户关系管理到电子市场，能为企业提供恰到好处的支持，让企业从内到外加速信息流、物流、资金流的循环，全面降低经营成本，开拓全新的市场机会。

电子商务的重要性已日益为人们特别是普通消费者所认识，经过市场磨炼的电子商务已逐渐走向成熟。

（1）电子商务对现代经济的影响是巨大的。

电子商务将改变商务活动的方式。传统商务活动的典型特征是"推销员满天飞""采购员遍地跑"，消费者在商场中筋疲力尽地寻找自己所需的商品。随着电子商务的推广，人们可以进入网上商城浏览采购各类商品，而且还能得到在线服务；商家可以在网上与消费者联系，利用网络进行货款结算服务；政府可以方便地进行电子招标、政府采购等电子商务活动，缩短了生产厂商与最终消费者之间在供应链上的距离，同时改变了传统市场的结构，降低了交易成本。电子商务改变了人们的消费方式。

网上购物的显著特征是消费者的主导性，购物意愿掌握在消费者手中，同时消费者还能以一种轻松自由的自我服务的方式来完成交易，消费者的主导权可以在网络购物中充分体现出来。

电子商务将改变企业的生产方式。消费者的个性化、特殊化需要可以通过网络完全展示在生产企业面前。为了吸引消费者，突出商品的设计风格，许多生产企业纷纷发展和普及电子商务，力争实现按消费者的不同要求设计、生产、销售商品。以互联网为基础的电子商务正在改变企业和部门的内部结构。互联网通过降低通信成本来影响企业的纵向组织结构，企业为了提高效率，必须适应这种变化而采取新的结构。电子商务改变了以往的市场准入条件，使中小厂商从原来主要被大厂商占有的市场中获得更多的利润。此外，电子商务还将给传统行业市场竞争、就业法律制度、财务结算制度、税收政策等带来巨大的影响，电子商务将把人类真正带入信息社会。

（2）我国发展电子商务已具备了良好的基础条件。

发展电子商务需要具备几个关键环节：良好的网络环境、公共电子商务采购平台、企业级电子商务体系、安全认证体系、安全支付结算体系、部门协同作业体系、法律政策环境等。我国社会经济持续稳定发展，经济实力不断增强，为电子商务的发展提供了经济基础支撑；现代通信环境明显改善，为电子商务的发展提供了良好的技术基础；金卡工程获得巨大成功，信用卡应用普及为网上支付提供了良好的条件；信息交互网的开通与运行，为电子商务的发展提供了良好的网络平台；信息产业的发展和计算机的普及应用，为电子商务的发展提供了技术基础支撑；物流业的快速发展，为电子商务的发展扫清了物流方面的障碍。经过几年的探索，我国积累了经验，在各方面都打下了较好的基础。

（3）产业融合成为我国电子商务发展的新方向。

随着电商新时代的发展，多元融合已经成为当下的潮流趋势，我国电子商务已经深度融入生产生活各个领域，不断涌现出新业态、新模式，社交电商、直播电商、生鲜电商、农业电商产业链日趋完善，在经济社会数字化转型方面发挥了举足轻重的作用。

我国电子商务正在加速线上线下融合、产业链上下游融合、国内外市场融合发展。为加速实现产业融合及区域的协调发展，新时代电商市场承载着传统企业转型的剧烈变革，呈现出多维度融合、产业数字化和全球竞合发展态势。同时短视频和直播电商的兴起，也改变了许多产业现状，甚至影响了社会的经济形态。

🔍 任务实训

电子商务模式决定了电子商务运营模式，也决定了店铺的获利方式，因此商家在进行电子商务实际运营前，应该充分认识电子商务模式。

请以本项目情景展示中小贸的身份，结合课程所学，分析我国目前流行的电子商务平台所属的模式是什么，它们是单一模式运营还是多种模式结合运营，并填写表1-1。

表1-1　我国电子商务模式特点

电子商务平台	电子商务模式	是否采用单一运营模式
淘宝网		
天猫		
京东商城		
抖音		
拼多多		
美团		
叮咚买菜		
阿里巴巴		

🔍 任务思考

通过对本任务的学习，完成了对电子商务模式的认知，请在此基础上，思考并回答以下问题。

1. 随着互联网技术对传统商业模式的逐步改造，一种新的模式开始被互联网从业者尝试，即 B2B2C 模式。根据课程所学，拓展思维，思考什么是 B2B2C 模式。

2. 电子商务市场从最初出现到发展壮大，再到目前占据零售市场一席之地，电子商务模式在不断地发生变化，请思考当下还可能出现哪种形式的电子商务模式，这种形式的电子商务模式的可行性如何，能否被电商市场接受。

任务二　认识电子商务运营

电子商务的出现催生了很多新行业，同时也为社会提供了很多岗位。电子商务企业一般需要专门的职能岗位，对企业人员的配置、重点活动的策划、商品的日常销售计划等进行统筹管理。这个职能岗位是一个综合性的岗位，即本任务要重点介绍的运营岗位。

任务目标

本任务的内容比较浅显，主要介绍电子商务运营的一些基础知识，让大家对这个岗位有初步的认识。希望大家通过本任务的学习，了解并掌握以下知识及技能：

（1）了解运营与电子商务运营；

（2）了解电子商务运营的分类。

知识储备

电子商务行业的发展促使越来越多的人加入电子商务经营中，在经营的初级阶段，大家都摸索前进，逐渐掌握电子商务经营的方法。但随着加入的人越来越多、竞争越来越激烈，拥有专业的团队就显得越发重要，电子商务运营就是电子商务经营过程中十分重要的一环。

（一）运营与电子商务运营

运营并不是特指电子商务行业中的运营，在电子商务出现之前，运营岗位就已经存在。下面将简单介绍运营和电子商务运营。

1. 运营

运营是计划、组织、实施和控制等操作行为的总称。从广义上来讲，一切围绕产品进行的人工干预，都可以叫作运营。例如很多零售企业有市场运营岗位，很多大品牌企业有用户运营岗位等，这些运营岗位是根据工作内容的不同进行分类的。

运营是一个综合职能部门，它既是企业各个部门之间的调节器，也是企业与消费者之间的调节器。简而言之，运营的作用就是根据业绩目标来合理地分配企业资源，通过一些运营手段来吸引消费者并引导他们完成消费任务，提高留存率和活跃度，实现流量转化，产生收益，最终完成目标业绩。这里的运营手段不仅指促销、团购等具体的活动，也指店铺的橱窗设计、动线设计、商品布置等。

2. 电子商务运营

电子商务运营是利用电子商务平台进行运营工作的岗位。电子商务是需要运营的，但电商企业不一定需要运营岗位，这里介绍以下3种较为典型的情况。

（1）某些大型电商企业的运营需求非常高，同时其预算多、人员配置完善。这种企业不仅会设置运营岗位，甚至还会将运营岗位细化，分为企业运营、产品运营、活动运营等，每个岗位负责的工作内容不同。

（2）一些小型的电商企业，其需要专门的运营岗位，但其预算、人员配置等有一定的局限性。这种企业要求运营什么都要管，大到产品规划、活动策划等，小到团队设计、岗位分配等。这就要求从事运营岗位的人员要有特别扎实的电子商务理论基础，同时还要有非常丰富的实际运营经验。

（3）一些规模更小的微型企业，其要么没有设置运营岗位，要么一人身兼数职，同时从事运营、设计、客服、仓管等多个岗位。这种企业可以将运营需求外包给专门做电子商务运营的企业，或者通过自学运营来补充完善相关知识。

图 1-8 所示为电子商务运营的常见工作内容。

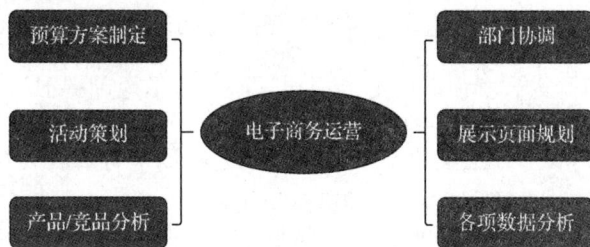

图1-8 | 电子商务运营的常见工作内容

（二）电子商务运营的分类

常见的电子商务运营类型包括店铺运营、产品运营、流量运营、活动运营等，这里对这几种电子商务运营类型进行介绍。

1. 店铺运营

电子商务中的店铺运营特指网店运营，主要负责网上店铺的内容建设与维护，包括开设网上店铺、网上店铺的装修与管理、日常营销活动及推广、产品更新、用户管理和订单处理等。店铺运营是统筹全局的一种运营类型，负责规划安排网店大大小小的事情。

2. 产品运营

产品运营主要负责产品面市前后的一切事务，如产品的定价、定位、上市时间、包装、营销策略、售后服务等。产品运营主要作用于产品本身，这里的产品不仅包括实物产品，也包括电子商务中的服务型产品、虚拟型产品等。

3. 流量运营

提及电子商务运营，就不得不说"流量"，流量指的是某一个时间段里的浏览量、访问量、点击量等数据指标。也就是说，流量运营就是负责提高店铺或产品的浏览量、访问量、点击量等的岗位。

流量运营可以用各种手段、渠道、规则等实现流量转化，一般有以下 3 种形式。

（1）电商平台内部渠道规则，通过店铺免费优化提升自己的展示排名。

（2）通过平台内部竞价机制排名，获取更多的流量，属于付费推广形式。

（3）通过平台外部推广，例如社群推广、第三方分销平台推广等。

行业点拨

提升店铺和产品的流量后，实现流量转化才是流量运营的终极目标。流量转化指的是将店铺和产品的浏览量、访问量、点击量等转化为订单。也就是说，流量运营首先需要"引流"，让消费者进入店铺，然后吸引消费者下单，实现转化。

4. 活动运营

从字面上看，活动运营就是组织、策划、落实活动的运营岗位，也是非常常见的一种电子商务运营类型。电子商务的促销活动是比较丰富的，除了在传统节日进行促销活动外，电子商务店铺一般还会举办周年庆促销和购物节活动，大众比较熟知的购物节有"6·18"网购节、"双十一"购物节、"双十二"购物节等。在传统节日、周年、购物节举行的大小型促销活动，都应该由活动运营组织策划。

知识补充

在实际电商环境中，很多企业并不会将运营岗位分得很细，运营岗位通常负责很多工作。如果企业没有条件设置运营岗位，可以找专门的运营公司购买服务，其会委派专业运营人员来管理店铺和产品。总之，企业应根据实际情况进行规划安排。

任务实训

电子商务运营是电子商务经营过程中十分重要的环节，请以本项目情景展示中小贸的身份，结合本任务课程所学，分析不同规模的电商企业应该设置哪些岗位、运营岗位是否为必需岗位。

讨论并填写表1-2。

表1-2 不同规模电商企业的岗位配置

项目	规模／人	应设置岗位
企业1	1	
企业2	3	
企业3	5	
企业4	10	
企业5	50	

通过对本任务的学习，完成了对电子商务运营的基本认知，请在此基础上，思考并回答以下问题。

1. 企业设置电子商务运营岗位的优缺点有哪些？
2. 电子商务运营是否应该设置职业准则？如何保障电子商务运营的行业标准？

任务三　了解电子商务运营的工作

电子商务运营工作是系统的，也是琐碎的，它几乎可以参与到电商企业经营的每一个环节之中，将部门与部门之间、人员与人员之间、产品与产品之间，以及企业与平台之间串联在一起，将大家的价值发挥到最大。

任务目标

本任务主要介绍电子商务运营流程、电子商务运营的工作内容、电子商务运营常见的问题及解答等，内容同样是非常简单的，比较理论化。希望大家通过本任务的学习，了解并掌握以下知识及技能：

（1）了解电子商务运营流程；

（2）了解电子商务运营常见的问题及解答。

知识储备

电子商务运营的工作是统筹和解决问题。下面介绍电子商务运营流程、电子商务运营的工作内容、电子商务运营常见的问题及解答。

（一）电子商务运营流程

电子商务运营流程分为 9 个环节，每个环节的工作内容如图 1-9 所示。

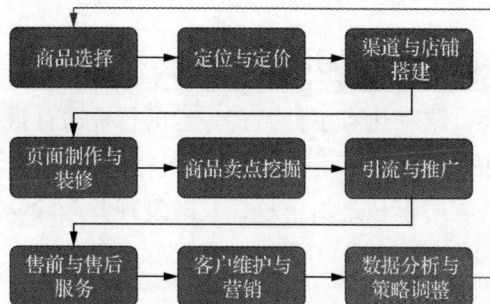

图1-9 | 电子商务运营流程

在这个流程中，各个环节之间存在前置或后置、并行或串行的关系，流程主线也会根据电商企业运营团队中岗位的配置延伸出不同岗位的典型工作任务。根据流程主线拆分不同岗位的典型工作任务，最终会形成一个矩阵化的模型。

（二）电子商务运营的工作内容

电子商务运营的工作内容主要包括商务拓展、信息推广、编辑与客服、技术支持与SEO 等。

1. 商务拓展

（1）渠道拓展：联系洽谈资源互换、广告互换、链接互换，整合各种推广渠道，开展深度交流。

（2）媒体合作：与相关媒体的公关合作，并发布新闻软文。

（3）商务谈判：完成广告、活动等商务谈判，维护商务伙伴关系，对整个商务活动的过程和结果负责，规划项目计划及进度执行流程。

（4）软文发布：联系各相关网站的编辑，发布新闻软文，进行推广。

（5）渠道分析：对网络推广、渠道运营等情况进行跟踪，收集市场信息及竞争信息，提出针对推广的运营思路，制作分析报告。

（6）文案撰写：负责所有推广软文的撰写，以及各类新闻稿件、活动稿件的撰写。

（7）广告采购：联系相关网站、户外媒体，购买广告。

2. 信息推广

（1）撰写文稿：撰写论坛文稿，策划、审核手写文稿，到论坛持续大量发帖。

（2）质量管控：每天跟进论坛回复的效果及质量，一旦发现问题及时汇报。

（3）效果追踪：做好每周的论坛记录统计，以及效果分析跟踪。

（4）论坛营销：负责论坛的营销推广，提升网站的知名度，吸引用户注册会员。

（5）博客推广：联系其他网站的博主、论坛主推广网站。

（6）网站群发：采用群发机等工具，发布信息到各信息站，提高网站信息覆盖量。

（7）用户调研：通过论坛、博客等渠道，收集、调研分析、挖掘用户对产品的需求，并上报负责人，配合改进。

（8）邮件群发：采集行业人员邮件库，群发信息进行推广。

（9）短信群发：采集业内短信号码库，编辑群发信息。

3. 编辑与客服

（1）内容采编：收集资讯、将供求信息更新到网站，对资讯做一定的文字修改。

（2）专题制作：捕捉、跟踪热点事件，将一定的行业事件或活动做成专题，提供全面信息，调动会员参与评论。

（3）内容审核：每日实时审核最新信息，及时发现并删除站内垃圾、不良内容，避免造成负面影响。

（4）软文策划：参与策划写作软文，配合手写文稿策划与整理。

（5）用户答疑：通过站内留言、论坛、在线客服、QQ、MSN 及官方 E-mail，及时解答用户的问题、听取有用的意见。

（6）满意度跟踪调查：调查研究网站用户对各种服务项目、产品、活动的满意度，为市场决策提供可靠依据；每周提交一篇用户反馈或主动调研意见汇总。

（7）社区管理：审核论坛、博客信息，策划社区栏目、话题，做好用户维护。

4. 技术支持与SEO

（1）网站技术支持：服务器管理，修改、调整部分页面，提供广告管理等技术层面支持。

（2）SEO：负责链接优化、关键词优化、搜索引擎优化、页面信息优化等。

（3）产品开发：负责新栏目、产品页面、功能开发等。

（三）电子商务运营常见的问题及解答

电子商务运营是发现问题和解决问题的人，电子商务经营过程中的大部分问题，都可以通过运营来解决。

1. 流量低："引流"推广

流量低直接的体现就是在后台可以看到店铺的浏览量非常低，同时商品的点击率也低，这意味着进入店铺的消费者非常少，商品自然也就卖不出去。如何提高流量呢？方法非常多，如优化关键词，或者在平台进行推广等。

2. 转化差：活动策划

转化差指的是店铺的浏览量大，点击率也较高，但是商品的销量不理想，这是因为转化工作没做好。解决方法比较简单，如做一些折扣活动、设计店铺首页和详情页、提高文案和图片的可读性等。

3. 销量低：多平台营销

销量低指的是一个平台上的点击率和转化数据很长时间都不好，解决方法是选择多平台营销，但不建议选择过多同类型平台开设店铺，重点应该放在不同类型的电商平台，如现在比较火的短视频平台。

4. 恶性竞争：优化定位

恶性竞争一般表现为同类型商品之间的价格战，有的对手商品销量高，有的对手商品销量低，这种情况下难免会出现打价格战的商家。这种情况的解决方法很简单，那就是优化自身定位，维持价格的同时把店铺、服务、赠品、包装等做好。

5. 协调差异：协同作业

协调差异指的是内部团队之间协调配合方面的差异，表现在沟通困难、响应慢、效率低等方面。这种情况需要运营在中间进行协调，制订完善的工作计划，定时跟踪进度，提高工作效率。

任务实训

电子商务运营工作需要在电子商务平台中进行一系列的运营活动，为了通过各种手段提高流量和销售额，实现商业目标，在进行电子商务实际运营之前，相关人员需要了解即将要做的工作。

请以本项目情景展示中小贸的身份，结合课程所学，选取我国目前流行的两个电子商务平台，了解在平台上开展运营需要做什么工作，完成表1-3。

表1-3　电子商务运营主要工作实训表

电子商务平台	平台1	平台2
工作1		
工作2		
工作3		
……		

行业点拨

尽管电子商务运营在电子商务经营过程中有很重要的作用，但也不能否定其他岗位的重要性。在完整的电商团队中，电子商务运营、电商设计、客服部门、市场采购、仓储管理等都很重要。需要注意一点，电子商务要持续稳定地向前发展，是多部门协同作用的结果，绝不是单一部门或单个人物就能做到的。

任务思考

通过本任务的学习，以小贸的传统农产品加工厂为目标，在此基础上思考并回答以下问题。

1. 小贸的传统农产品加工厂比较适合在哪些平台开设店铺？
2. 小贸的传统农产品加工厂是否适合进行多平台销售？
3. 小贸的传统农产品加工厂是否应该外包给运营公司进行运营？

项目习题

一、单选题

1. B2B是指企业与企业之间通过专用网络或互联网，进行数据信息的交换、传递，开展交易活动的商业模式。下列属于 B2B 模式的网站是（　　）。

 A. 淘宝网   B. 阿里巴巴 C. 美团   D. 京东商城

2. 每一个网站都有自己的组成部分，下列不属于 B2C 电子商务网站的基本组成部分的是（　　）。

 A. 为消费者提供在线购物场所的商场网站

 B. 负责配送消费者所购商品的配送系统

 C. 负责消费者身份确认及货款结算的银行及认证系统

 D. 为消费者提供法律咨询的咨询顾问

3. 在天猫完成一次成功交易的整个流程，不涉及的元素是（　　）。

 A. 商品制造厂商   B. 商品销售商

 C. 第三方物流   D. 在线支付

4. 很多电商企业为了满足不同消费者的个性化需求，纷纷推出定制化服务。消费者可根据自己的喜好对电商企业提出要求，由电商企业完成。这种模式可以归属于（　　）模式。

 A. B2C   B. C2C   C. C2B   D. B2B

5. 电子商务交易流程中的最后一个环节是（　　）。

 A. 信息流 B. 商流 C. 资金流 D. 物流

二、多选题

1. 下列属于电子商务经营模式的有（　　）。

 A. C2C 模式   B. B2B 模式

 C. B2C 模式   D. O2O 模式

2. 与传统商务相比，电子商务交易的特征有（　　）。

 A. 交易效率高   B. 交易虚拟化

 C. 交易成本高   D. 交易透明化

3. 随着电子商务 O2O 模式的发展，大家可以看到不管是吃饭、健身，还是看电影、美容美发，很多人都喜欢团购。这种交易模式的特点有（　　）。

 A. 交易是在线上进行的 B. 消费服务是在线下进行的

 C. 营销效果是可监测的 D. 交易之后可反馈

4. 下列属于电子商务运营类型的有（　　）。

 A. 店铺运营 B. 产品运营 C. 流量运营 D. 活动运营

5. 下列关于电子商务运营过程中常见问题的解决方法错误的有（　　）。

 A. 店铺点击量少、流量低是因为没有做店铺和产品推广

 B. 如果店铺有流量但是转化差，可以通过开展促销活动来解决

 C. 同类商品竞争大可以通过打价格战的方式来解决

 D. 运营是电子商务经营过程中最重要的岗位，拥有运营就拥有了一切

三、简答题

1. 简述典型的电子商务模式有哪些。
2. 简述一个企业对运营岗位的设置有哪些选择。
3. 简述电子商务运营流程。

拓展阅读 📖

美团优选"应急保障 生活不停"

作为美团旗下的社区电商业务，美团优选于2020年7月上线，重点针对下沉市场，采取"预购＋自提"的模式，为社区家庭用户精选高性价比的蔬果、肉禽蛋、乳制品、酒水饮料、家居厨卫等品类商品。2021年第一季度，美团优选进一步将地域覆盖范围扩大至2600个市县。

美团优选利用自身广泛的供应商体系、稳健迅捷的物流体系及深入社区、村镇的服务站点等优势，发起"应急保障 生活不停"项目，在突发事件发生后及时响应，为受灾居民提供民生物资保障。同时美团优选面向社会无偿提供物流救援，依托旗下物流板块广泛的物流网点、专业的应急物流配送能力、精锐的灾害应急物流志愿者队伍，为政府、公益救灾机构等提供专业、高效、安全的灾害应急物流服务。

目前，美团优选在全国设有90多个中心仓，总面积超过100万平方米。中心仓中的商品品类以人们日常生活所需的商品为主，包括生鲜蔬菜、肉类、米面粮油、副食品、水、清洁卫生用品等。2021年，美团优选联合合作商家，累计捐赠物资超100万件，金额超500万元。

2021年1月，美团优选率先克服困难，为上千个社区和村镇提供基本生活物资供应。

2

项目二
市场分析与选品规划

情景展示

　　小贸在学习了与电子商务运营认知相关的知识后，与朋友合作，将传统农产品加工厂的商品，通过朋友的电商平台销售。在供应一款农产品时，朋友反馈客户浏览量大，但是转化率低，并且评价较差。于是小贸对商品进行了分析，发现在市场分析、商品选择、商品规划中都存在不足的地方。他重新对商品进行了调整，很快销售局面就打开了。

学习目标

【知识目标】

| 认识电子商务运营的市场分析概念；
| 认识电子商务运营的市场分析作用；
| 认识电子商务运营的市场分析内容；
| 认识市场分析的重要性。

【技能目标】

| 掌握电子商务运营市场分析的流程；
| 掌握电子商务运营市场分析的方法；
| 掌握电子商务选品的方法；
| 掌握电子商务产品规划的技巧。

【素质目标】

| 培养良好的职业素养；

| 培养电子商务创新意识及竞争意识；

| 培养发现问题、分析问题、解决问题的能力；

| 培养遵守与互联网和电子商务相关的法律法规的意识。

【知识导航】

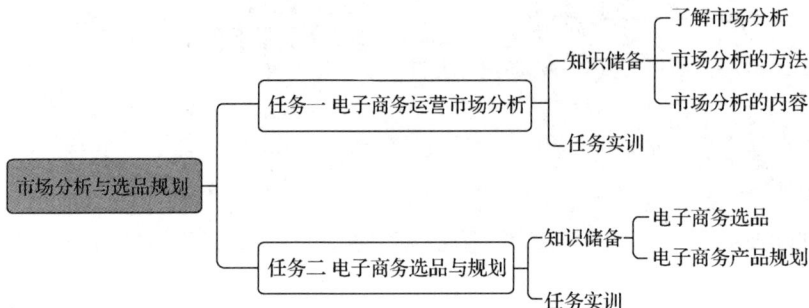

任务一　电子商务运营市场分析

数字经济时代，消费者购物方式虽然已经改变，便利性、舒适度及价格依然是消费者考虑的重要因素。依托网民数量高速增长、智能手机快速普及和互联网持续渗透，我国已经成为全球最大的网购市场之一。要想在网购市场占据一席之地，首先应该对电子商务运营市场有一定的认知。

任务目标

本任务理论基础较多，涉及很多资料的获取、整理及分析等内容。希望大家通过本任务的学习，能够掌握以下知识及技能：

（1）进行市场分析的重要性；

（2）不同的市场分析方法及侧重点；

（3）市场分析的内容；

（4）选择适合自己的市场分析方法。

知识储备

电子商务作为我国一个新兴行业，从快速发展期逐渐进入成熟稳定期，以用户为中心，同时满足消费、社交、娱乐等需求，给用户带来购物新体验。越来越多的消费群体不仅会因为使用价值而购买商品，还会追求信任、情感、价值观、社交、娱乐等多层面的体验。在进入电商行业前，首先应该了解目标市场、目标人群、商品与竞品、销售战略等，全面深入地进行市场分析。

（一）了解市场分析

市场分析是对市场供需变化的各种因素及其动态、趋势的分析。任何一个企业在开始运营前都应该进行充分的市场分析，了解市场需求、竞争对手和自身优势，这样才能选择适合自己的营销方式，在销售市场中赢得一席之地。

1. 市场分析的流程

市场分析是围绕市场调研行为而展开的，包括调研前的准备工作、调研中的查问工作，以及调研后的分析工作等，具体包括市场调研方案策划、制作调查问卷、实地调研、数据整理、数据分析及市场分析报告制作等环节。图2-1所示为市场分析流程。

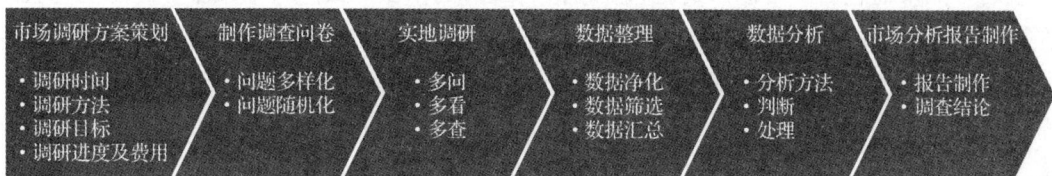

市场调研方案策划	制作调查问卷	实地调研	数据整理	数据分析	市场分析报告制作
• 调研时间 • 调研方法 • 调研目标 • 调研进度及费用	• 问题多样化 • 问题随机化	• 多问 • 多看 • 多查	• 数据净化 • 数据筛选 • 数据汇总	• 分析方法 • 判断 • 处理	• 报告制作 • 调查结论

图2-1｜市场分析流程

知识补充

市场调研与分析有多种不同的方法，但其流程是一致的，基本上都包含了图2-1所示的6个环节，其他的微小差别可根据企业的需求和市场的变化进行调整。同时，随着经济与科技的不断发展，市场调研的途径越来越多，越来越便捷，但大家应该合理合法地获取调研数据，形成最终的市场分析报告。

2. 市场分析的作用

市场分析的作用可以用"知己知彼"来形容，具体包括以下5个方面。

（1）市场分析可以帮助企业发现市场机会，为企业的发展创造条件。

企业若想在一个新的市场开辟自己的业务，除了要了解该市场的市场需要外，还要了解该市场商业上的竞争对手，这些工作都要通过各种分析手段来完成。只有通过细致的市场调研和分析，企业才有可能对自己的营销策略做出正确的决策。就这点而言，企业的规模越大，市场分析工作就越重要，也越需要在市场分析方面进行大量的投资。

（2）市场分析可以增加企业控制销售的手段。

促销活动是企业在推销产品过程中的主题活动，然而企业如何进行促销活动和选择什么促销手段，则要依靠市场分析工作。以广告为例，商业广告的展示途径和种类很多，但究竟哪一种广告的效果好，还需要进行细致的分析研究。例如，比较性广告更容易给消费者留下印象，它通过比较不同产品的各种功能与特点来突出主题产品，但并不是所有的产品都适合采用比较性广告。因此，何时、何地、在何种情况下企业应该运用比较性广告来宣传自己的产品，就需要企业进行分析研究。另外，广告向消费者传播以后效果如何，也要通过对产品的销售记录进行分析才能得出结论。

（3）市场分析可以帮助企业发现经营中的问题并找出解决办法。

经营中的问题范围很广，包括企业、企业责任、产品、销售、广告等各个方面。造成某种问题的因素也不是那么简单的，尤其是当许多因素相互作用的时候，市场分析就显得格外重要。某企业一个时期内销售收入大幅度下降，可是却不清楚问题是出在下调了的价格上还是广告的设计上，于是市场分析就只能从这两个要点着手。根据销售记录，企业发现价格降低以后，销量并没有明显增加，说明产品的需求价格弹性小于1，降价的决策是错误的。如果通过对广告效果的调查发现广告媒介的错误导致广告效果不好，那问题就出在广告方面。当然企业销售收入大幅度下降的原因也可能出在产品方面，如产品质量下降或市场出现其他企业的同类优质产品等。

（4）市场分析可以平衡企业与消费者的联系。

市场分析通过信息及对信息的分析与处理把消费者和企业联系起来。由于有了这些信息，市场分析人员才能确定市场中存在的问题，检查出市场营销活动中不适当的策略与方法，同时找出解决这些问题的办法。

（5）市场分析可以为政府有关部门了解市场、对市场进行宏观调控提供服务。

例如，政府投资部门可通过市场分析来决定重点扶持哪个行业；计划部门则可通过市场分析来预测不同行业的发展状况，制订合理的宏观发展规划。

（二）市场分析的方法

这里主要介绍常用的3种市场分析方法，包括调查问卷分析、历史资料分析和市场预测分析。

1. 调查问卷分析

调查问卷又称调查表或询问表，是以问题形式系统地记载调查内容的一种材料。调查问卷的形式有多种，常见的有表格式、卡片式或簿记式等。完美的调查问卷必须具备两个功能，即能将问题传达给被问者和使被问者乐于回答。要实现这两个功能，问卷设计应当遵循一定的原则和程序，运用一定的技巧。

随着计算机和手机的普及，电子调查问卷的使用变得日益频繁，通过小程序就能非常便捷地制作出调查问卷。被问者通过转发网页打开问卷进行回答，制作者也能直接获得数据结果。调查问卷如图 2-2 所示。

图2-2 | 调查问卷

行业点拨

在进行市场调查和市场分析时经常会使用调查问卷。在制作调查问卷时应围绕主题展开，结构合理、逻辑性强，控制问卷长度的同时要让问卷内容通俗易懂，尽量采用封闭式的询问方式。在整理调查问卷时，要仔细统计好每一条数据，做到不变造、伪造数据，确保数据真实可靠。

知识补充

编码可以按照两次编码的任意一次来进行，即预先编码或事后编码。一般可以进行预先编码，就是在设计问卷时决定代码，在问卷上同时给出代码数字，这就大大减少了以后的数据准备工作，也有利于减少编码的错误。如果不能预计回答的类型，无法进行预先编码，那么编码工作只能在汇编问卷之后进行。

2. 历史资料分析

历史资料分析指的是对已有的市场数据进行整理与分析。这里的历史资料主要是行业内前三年的各类数据，如销售数据、品类数据、流量数据等。进行历史资料分析应该根据市场调查目的，对调查所得的各种零碎、分散的信息资料，进行审核、证实、分类、编码等，对调查信息进行资料录入和统计分析，将其汇集成能反映所研究课题总体特征的信息。

024

（1）资料的类型。

历史资料主要包括文字类资料、图表类资料、图形类资料和综合类资料。

- **文字类资料** | 主要包括各类报道，如"××平台2022年'双十一'销售捷报"。这种资料一般出现在活动结束后，通过这种资料可以获取很多有效信息，如平台总销售额、品类总销售额、销售额增幅（降幅）等。

- **图表类资料** | 主要包括表格和图片两种类型的资料。图表类资料比文字类资料的可读性更强，表达也更直观。图2-3所示为电器产品的销售额与盈利组合图表。

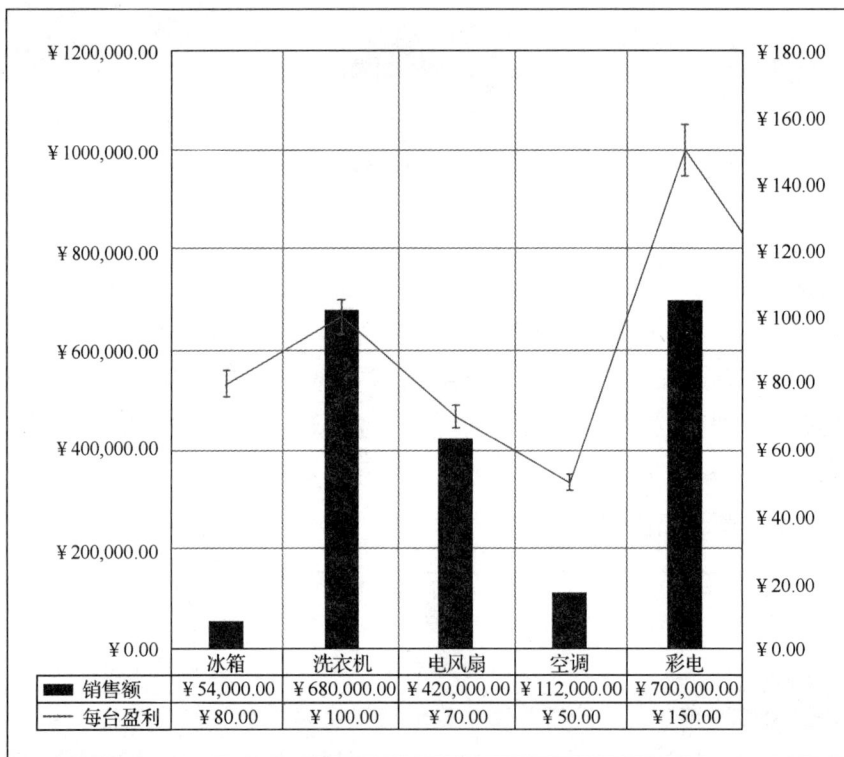

	冰箱	洗衣机	电风扇	空调	彩电
■ 销售额	¥54,000.00	¥680,000.00	¥420,000.00	¥112,000.00	¥700,000.00
— 每台盈利	¥80.00	¥100.00	¥70.00	¥50.00	¥150.00

图2-3 | 电器产品的销售额与盈利组合图表

- **图形类资料** | 主要包括展示或设计类资料，如产品设计、产品包装设计、标识设计、VI（视觉识别，Visual Identity）设计、活动页面设计、详情页设计等。图形类资料的历史数据能反映很多东西，如近3年流行的设计风格、设计元素、主色彩等，通过这些数据对比能确定营销设计风格。

- **综合类资料** | 除以上3种特定资料外的其他综合性资料。

（2）资料的审核。

资料的审核指的是资料准确性的审核，主要检查资料是否有遗漏、内容是否齐全，以及数据是否真实等。资料的准确性审核是资料审核的重点，通常有以下两种检查方法。

- **逻辑检查** | 从调查资料的内容是否合理、各个项目之间是否有矛盾等角度进行检查并予以纠正。

- **计算检查**｜主要针对数据类资料，即从计算方法是否正确、计算结果有无差错等 **025** 角度进行检查并予以适当的修正。

（3）数据的净化处理。

数据净化处理主要是指将无效信息筛选出来，无效信息主要包括图2-4所示的4种。

错误的信息	重复的信息
模糊的信息	无关的信息

图2-4｜4种无效信息

（4）汇总与分析。

数据汇总就是将性质相同的各种资料数据汇总到一起，形成一个更系统、直观的数据体系。图2-5所示为销售记录汇总信息。

	A	B	C	D	E	F	G	H	I	J	K
1				2022年3月销售记录							
2	销售日期	客户	货品名称	规格	单位	数量	单价/元	金额/元	商业折扣/元	交易金额/元	经办人
3	3月24日	杭州千叶	宝来挡泥板	宝来	件	5	56	280	98	182	方龙
4	3月14日	杭州千叶	兰宝6寸套装喇叭	兰宝	对	5	485	2425	848.75	1576.25	刘慧
5	杭州千叶 计数	2									
6		杭州千叶 汇总				10					
7	3月25日	合肥商贸	捷达扶手箱	捷达	个	8	31	248	86.8	161.2	崔子健
8	3月8日	合肥商贸	捷达亚麻脚垫	捷达	套	5	31	155	54.25	100.75	李晶晶
9	合肥商贸 计数	2									
10		合肥商贸 汇总				13					
11	3月1日	南京慧通	宝来扶手箱	宝来	个	6	110	660	231	429	刘慧
12	3月3日	南京慧通	宝来嘉丽布座套	宝来	套	5	110	550	192.5	357.5	陈纪平
13	3月10日	南京慧通	宝来亚麻脚垫	宝来	套	10	31	310	108.5	201.5	方龙
14	3月18日	南京慧通	索尼2500MP3	索尼	台	5	650	3250	1137.5	2112.5	刘慧
15	3月10日	南京慧通	索尼喇叭S-60	索尼	对	6	380	2280	798	1482	陈纪平
16	南京慧通 计数	5									
17		南京慧通 汇总				32					

图2-5｜销售记录汇总信息

数据汇总完成之后，不管是电子数据还是实体纸质材料，都应该对其进行编码。编码指的是给材料分类编号，一方面是为各项信息资料提供一个概要而清楚的认定，便于存储和查验检索；另一方面可以为以后的资料归档提供便捷的汇总程序，提高信息资料处理的效率和精度，节省处理经费。

3. 市场预测分析

市场预测分析就是在市场调查获得的各种信息和资料的基础上，通过分析研究，运用科学的预测技术和方法，对市场未来的产品供求趋势、影响因素及其变化规律等做出的分析和推断过程。一般情况下，进行市场预测分析应该从以下4个要素着手。

- **趋势**｜一系列数据的长时间发展动向，如根据近几年的销售情况、增幅等判断产品是处于发展上升期、平稳期还是下降期。

- **周期**｜固定时间期限的发展动向，一般指较短的持续时期。例如某些产品会以一年、半年或某一次活动为一个销售周期，根据不同周期制订不同的销售计划。

- **季节性变化**｜主要针对那些会受季节影响的产品进行预测，如棉被、泳衣等，这些产品存在销售淡旺季，销量是随季节波动的。商家根据这种受季节影响而变化的销售曲线，也能推测出产品在同一时期的大致变化情况。
- **不规则变化**｜受经济、社会发展等不可预见性因素的影响而发生的变化，特别是在互联网时代，随时都可能爆发新的热点，这些热点并没有什么规则可遵循，所以这种不规则变化是不可预见的，所有的计划都只能随其变化而变化。

（三）市场分析的内容

对市场分析内容简单的理解就是对货、人、场、法的分析，即卖什么、卖给谁、在哪里卖、怎么卖。

1. 卖什么——产品分析

产品分析可以采用 SWOT 分析法来进行。SWOT 分析可以看作基于内外部竞争环境和竞争条件的态势分析，其中，S（Strength）是优势、W（Weakness）是劣势、O（Opportunity）是机会、T（Threat）是威胁。SWOT 分析法将与研究对象密切相关的主要内部优势、劣势、外部机会和威胁等，通过调查列举出来，并依照矩阵形式排列，然后用系统分析的思想，把各种因素相互匹配并进行分析，从中得出一系列相应的结论。图 2-6 所示为 SWOT 分析模式。

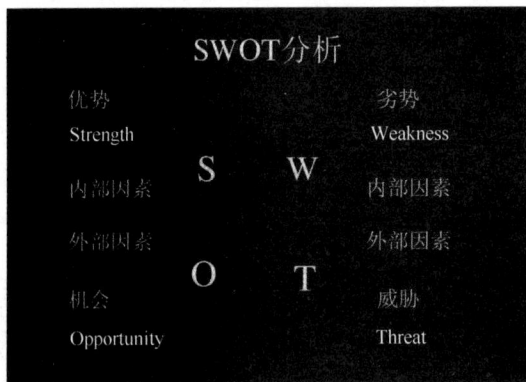

图2-6｜SWOT分析模式

利用 SWOT 分析法可以找出对自己有利的因素，规避不利的因素，发现问题并解决问题。同时，还可以利用 SWOT 分析法衍生出组合分析，如 SO 战略、WO 战略、ST 战略、WT 战略等，分析方法如下。

- **S**｜产品有什么优势。
- **W**｜产品有什么劣势。
- **O**｜产品在市场中有哪些机会。
- **T**｜产品在市场中有哪些威胁。

- **SO战略**｜利用优势抓住市场机会。
- **WO战略**｜利用市场机会弥补劣势。
- **ST战略**｜利用优势消除市场威胁。
- **WT战略**｜分析并突破劣势和威胁。

很多营销策划文案都采用的是 SWOT 分析法，利用以上对 8 个问题的分析结果可以解决企业和产品面临的大部分问题，这也是 SWOT 分析法使用度高的原因。

行业点拨

　　竞争者分析也是非常重要的一种战略分析方法，它主要是对竞争对手的现状和未来动向进行分析。竞争者分析内容包括：识别现有的直接竞争者和潜在竞争者；收集与竞争者有关的情报和建立数据库；对竞争者的战略意图和各层面的战略进行分析；识别竞争者的长处和短处；洞察竞争者在未来可能采用的战略和可能做出的竞争反应。一般可以通过以下分析方法来分析竞争者：①类目的行业趋势，淡旺季的节点分析；②类目下的热销店铺及热销单品的基本数据统计；③选择类目的市场空间分析；④类目下和自己产品货源最接近的直接竞争对手数据统计；⑤行业市场价格的分布；⑥类目下的买家、卖家及搜索人群属性分析；⑦类目下一级词、二级词的数据统计；⑧类目下流量高峰时段及热卖地域的统计；⑨类目下对应人群对产品属性的分析。

---

2. 卖给谁——用户分析

这里的用户分析指的是产品的目标人群分析。不同的产品有不同的目标人群，用户的需求不一样，采购产品时考虑的因素也有差异。想要把产品卖给特定人群，一方面要了解这些人群，另一方面还要重视他们的需求。

（1）用户画像。

用户画像反映了用户特点，是用户的全貌。用户画像转化为具体数据后是一组能体现用户特征的标签，如性别、年龄、消费能力等。用户画像可以使产品的服务对象更加聚焦、更加具体，同时可以提高运营的决策效率，让企业有针对性地服务用户。

用户画像将在项目 6 中详细讲解，这里不过多陈述。

（2）用户需求。

美国心理学家亚伯拉罕·马斯洛于 1943 年在《人类激励理论》一文中提出：人类需求像阶梯一样从低到高按层次分为五种，分别是生理需求、安全需求、社交需求、尊重需求和自我实现需求。基于对产品的分析，可以结合产品的定位来迎合用户的不同需求。具体用户需求分析如表 2-1 所示。

表2-1　用户需求分析

类型	说明	表现	措施
生理需求	表面、本质	表面：只关注价格、价值 本质：关注产品本身的需求	低价策略 "折扣""赠礼"等
安全需求	感官、效应、保障	感官：视觉 效应：功能 保障：功效	店铺装修，产品包装，功能、功效重点营销 "植物""天然"等
社交需求	情感（亲情、爱情、友情）	家庭、爱人、朋友等	情感引导、情感营销 "重阳好礼"
尊重需求	面子、意义	面子：自尊心 意义：小众	定制
自我实现需求	品牌、地位	品牌：自我定位 地位：高端	品牌定位

3. 在哪里卖——平台分析

不同的电商平台有不同的定位，不同的定位有不同的消费群体，不同的消费群体有不同的销售策略，所以选对电商平台很重要。目前，商家在大部分电商平台开店是不需要缴纳费用的，所以在开始电商经营业务前，可以考虑是选择只在某一个平台开设店铺，还是在多个平台开设多个店铺。这两种选择的优缺点如下。

（1）选择一个平台。

- **优点** | 专注性更强，能更好地服务产品和用户，能做到及时地查漏补缺。
- **缺点** | 销售渠道单一，流量可能不高，销售不佳的情况下容易打击积极性。

（2）选择多个平台。

- **优点** | 销售渠道多，机会更多。
- **缺点** | 要管理多个平台上的多家店铺，每个平台规则不一样，所以专注性弱，虽然流量高，但服务品质可能低。

行业点拨

　　对于刚进入电子商务行业的新手卖家来说，由于经验不足、对平台了解不够等，不适合开设太多店铺，而是应该找准自身的定位，在众多平台中选择最适合自己的一个平台，开设一个店铺，一边学习一边经营，等积累了一定经验后，再考虑在其他平台开设店铺。

4. 怎么卖——营销战略分析

营销战略指的是在产品销售阶段利用营销策略来提高店铺的流量及转化率的战略方

法。营销战略分析一般发生在销售准备阶段，企业可通过产品、价格、渠道及促销等分析，来制定具体的营销策略。

（1）产品策略。

在电子商务环境中把产品卖出去并非易事，在确保店铺拥有一定流量的前提下，突出产品本身的价值并为产品赋予附加价值，能够有效地刺激消费行为，这就是产品策略。

消费者浏览产品，说明他们本身就有购买产品的需求，如果在这个需求上增加一定的附加价值，就能让消费者觉得产品物超所值，继而增强他们的购买欲望。在电子商务领域中为产品增加附加价值有以下途径。

① 运费险：运费险意味着产品退换无忧，让消费者安心购买产品。

② 赠品：选择价值高、价格低的赠品，在一定程度上能影响消费者的判断，让他们为了赠品而购买产品。

③ 优质包装设计：高端的设计和包装能提高产品的价值，更能获得消费者的认可。

（2）价格策略。

价格策略是营销策略中最活跃的策略之一，同时也是企业难以把握的策略之一，定价成功与否对产品及企业的营销成败有重要影响。

① 心理定价策略：商家针对消费者的心理特点，采用的是灵活定价策略。例如常见的零头定价，39元、39.9元与40元的差别不大，但比40元更容易被消费者接受。

② 组合定价策略：适用于系列产品的组合销售，这类组合产品一般可以选择套系产品、互补产品等。

（3）渠道策略。

优秀的渠道设计和渠道管理已成为许多产品成功营销的关键因素，良好的销售渠道也是大多数产品取得成功的必要保证。分销渠道也叫"销售渠道"或"通路"，是指促使某种产品和服务顺利经由市场交换过程转移给消费者使用的一整套相互依存的组织。

（4）促销策略。

促销是企业营销活动的最后一个环节，其内容从本质上看是企业与消费者所进行的信息互动，用来互动的手段包括人员推销、广告、营业推广和公共关系等。这些手段都有优点和缺点，因此，企业应该综合协调运用以形成促销组合。

📊 任务实训

市场分析是一门非常深奥的学科，要想运营好一个店铺，就应该进行市场分析，知己知彼才能百战不殆。

请以本项目情景展示中小贸的身份，选择目前一种应季水果进行市场调查与分析，完成以下几项内容。

（1）在周围1千米范围内选择3家水果店，查看每家店铺是否出售该水果，价格如何。

（2）选择3个电商平台搜索选择的水果，查看各平台排名第一的店铺及该水果详情页，对比每家中该水果的单价及销售情况。

（3）制作一份水果销售市场调查问卷，随机邀请50人填写该问卷。

（4）分析该水果的销售情况，填写表2-2。

表2-2　水果市场调查

项目情况			
水果名称		调查时间	
调查人员		调查渠道	
调查内容			
线下	门店 1	门店 2	门店 3
线上	平台 1	平台 2	平台 3
调查问卷结果			
分析结果			
结论			

任务思考

通过本任务的学习及任务实训，思考并回答以下问题。

1. 进行电子商务运营前，是否应该进行市场分析？

2. 市场分析的方法有哪些？

任务二　电子商务选品与规划

电子商务发展初期，电商平台中的商品品类并没有现在这么多，这意味着当时的机会多、利润大、前景好。但随着越来越多的人加入电子商务行业，电商平台的竞争越来越激烈，凡是能够进行交易的商品和服务，都能通过电商平台进行交易，这使得经营同类目商品的店铺越来越多，产品差异化程度越来越小。此时，选择合适的产品并将产品规划好，就显得尤其重要。

📑 任务目标

本任务的内容相对较为简单，主要介绍与电子商务选品相关的知识点，希望大家通过本任务的学习，了解并掌握以下知识及技能：

（1）电子商务选品的方法与技巧；

（2）在差异化程度越来越小的前提下规划好产品。

📝 知识储备

电商行业正蓬勃发展，每天都在不断地进步和改善，想要在这个行业抓住消费者，获得消费者的青睐及认可，一定要做好产品的选择与规划。

（一）电子商务选品

选品指的是选择要销售的商品。对于一个店铺来说，商品是经营的核心，一切运营推广的最终目的都是商品销售，所以选品对店铺十分重要。在现代网络购物中，商品琳琅满目、五花八门，选到优质且适合当前市场环境的商品不是一件容易的事情，此时就需要进行选品。

在竞争激烈的电商平台经营业务，选对了商品，才能打造"爆品"。一名电子商务运营人员，应该知道什么样的商品适合当前市场环境，且不会被轻易替代。了解电商市场、了解商品与竞品的市场营销情况，对选品有重大意义。

既然选品如此重要，那么选品时应该考虑哪些因素，如何确定自己选择的商品没有潜在风险呢？下面依次进行讲解。

1. 选品的方法

选品时可以从以下两个维度进行思考。

（1）产品方面。

- **产品质量**｜尽可能选择质量好的产品。首先当下的网购环境已经相对成熟，消费者已经掌握了不同平台之间相同、相似产品的对比方法，其中产品评价就是值得参考的一个重要标准。对于价格差别不大的产品，质量好的产品更能赢得消费者的青睐，而且好产品能积累口碑，对各种流量转化十分重要。质量好的产品能有效减小消费者退换货物的概率，在一定程度上降低物流成本、时间成本和人力成本。

- **产品受众**｜尽可能选择刚需产品。刚需产品指的是大部分消费者需要的产品，因为需求大意味着成交可能性大。当然刚需产品的市场竞争也非常激烈，这时就要突出产品的差异化，定位好目标消费者，选择那些性价比高的产品，在质量、价格、包装设计、使用体验等方面下功夫。

- **产品利润**｜尽可能选择利润高的产品。这里的利润一定要和质量、价格成正相关关系，也就是说，要兼顾质量、价格与利润。有的商家在选品时只注重利润，忽略产品质量，这种高利润低质量的产品会导致退货率高、回购率低，各种成本增加的同时利润也没有保证。商家应该在坚持高利润的前提下，选择质量优、价格适中的产品，形成自己的特色产品。

行业点拨

　　选品对运营来说是十分有趣且重要的工作。店铺选品选的不是一件产品，在不同产品上规划不同的重点，能给店铺带来更大的流量及利润。例如首先选一款主推产品，尽量做到高质量、低价格，将其作为店铺性价比最高的产品，薄利多销，销量高了，利润自然就大；其次选择两三款次推产品，这类产品可以做到高质量、高利润，这种情况下即便销量不高，也能保证一定的利润。同时，还可以将次推产品和主推产品做搭配销售，这种营销方式能在很大程度上刺激消费者搭配购买，提高整体利润。

　　（2）货源方面。

　　如今的电商早已不像过去街头小贩一般要一件一件地销售，而是通过各平台的直播流量扶持，以及每年大大小小的电商活动进行营销，客户来自天南地北，毫不夸张地说，有的电商一天就有几万、十几万甚至几十万的发货单量，这对货源、人力、物力、时间效率等都是重大的考验。

　　电商与供应渠道之间是相辅相成的，也是互利共赢的。但值得注意的是，对供应渠道应该如何进行管理，怎样才能保证货源的稳定，怎样才能不让货物滞留在自己的手里？

- **渠道管理**｜电子商务发展到今天，进货渠道已经非常多样化了，之前流行的企业采购、批发市场等模式逐渐不能满足快节奏的电商的需求。现在大多数电商平台都能作为采购平台，特别是像1688这样的B2B网站，用户通过移动设备就能完成采购工作。在确认货源时可以进行多方对比，选择一种最便捷、最适合自己的渠道。

- **货源保证**｜店铺在经营前期，在货源采购和渠道选择方面肯定会进行多方比较，一旦遇到合适的货源就要保证货源的稳定，可以选择先小批量采购，确认质量后再谈大批量采购的价格，这样既能保证质量又能保证利润。

- **适当囤货** | 货物采购要贴合店铺实际经营情况，切勿抛开实际情况过度囤货。囤货时要考虑的因素有很多，日常经营不建议囤积太多货物，如果遇到大促活动，可以根据之前的销量计划采购量。

行业点拨

货源和产品一样对店铺十分重要，足够稳定的货源是一切经营活动的保证。很多店铺意识到这一点，所以在刚开始营业时就囤积大量的货物，但实际上店铺销量过低，最后还增加了各项经营成本。不同的货物在采购量上有不同的注意事项，特别是有保质期和使用时效的货物都不能囤积太多。

- **有保质期的货物** | 食品、保健品、化妆品等。
- **有使用时效的货物** | 季节性使用产品，如泳衣、羽绒服、电扇、烤火炉等。

2. 选品风险规避

风险规避是指在选品时除了注意产品本身外，还要注意产品是否可能存在侵权、安全、运输等问题，要尽量做到有效规避以下风险。

① 侵权问题。

侵权问题一般包含品牌侵权、图片侵权和专利侵权等问题。商家选好产品后，最好先在网上查询该产品的基本情况是否属实，特别是产品标明有名人代言和专利权的，一定要仔细查证，一旦发生侵权纠纷，会产生一大笔赔偿费用。

② 安全问题。

食品安全、药品安全、保健品安全、产品使用安全等各种安全问题要在选品时考虑清楚，产品销售应该取得许可的，商家要依法办理许可手续；消费者应该实名采购的，商家要依法要求消费者提供实名信息；应该有效提醒使用风险的，商家要在显眼的位置提示风险。如果不想经营可能有安全风险的产品，商家在选品时就要注意规避相关品类。

③ 运输问题。

运输成本在整个运营成本中占了很大的比例，有时甚至占到采购成本的一半，所以选品时要考虑运输问题。物流公司都是以重量和体积计算运输费用的，所以选品时为了降低运输成本，可以选择体积小、重量轻的产品，这样在包装、运输上就能节约一大笔费用，如果不能在产品重量和体积上降低成本，就多对比几家物流公司，把运输成本降到最低。

（二）电子商务产品规划

目前，越来越多的商家加入电商市场，导致电商市场的竞争非常激烈，产品的同质化也越来越严重，所以只有对选择的产品进行合理的规划，才能做出自己的风格与特色。电

034 子商务产品规划主要包括产品的周期规划和产品差异化规划两个方面的内容。

1. 产品的周期规划

每个产品都有自己的周期，包括产品生命周期和产品销售周期两种。

（1）产品生命周期。

产品生命周期是指产品从准备进入市场开始到被淘汰退出市场为止的全部运动过程。一般来说，产品的生命周期有上新期、成长期、成熟期、衰退期4个时期，且每个时期的长短都不一样，也不固定，如图2-7所示。产品生命周期与产品销售额、用户量、产品利润息息相关。

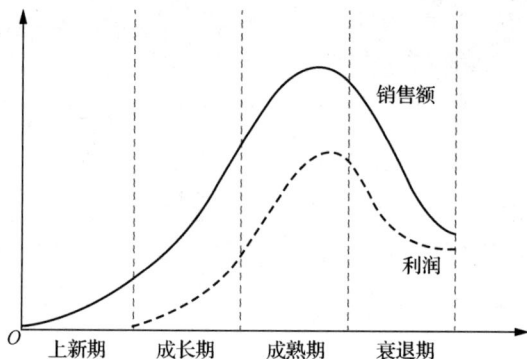

图2-7 | 产品生命周期

产品生命周期由产品需求与运营技术决定，精准把控产品开始时间、推广时间、推广力度等要素，可以帮助企业在产品上架期间调整运营策略，降低运营成本，提高收益。下面简单介绍产品生命周期的4个时期。

① 上新期：新品上架期。这个阶段的消费者对产品还不了解，只有少数追求新奇的消费者可能购买，所以企业在这一阶段需要投入大量的费用进行运营推广，同时因为产品的销量低，销售额增长缓慢，企业不但得不到利润，反而可能会出现亏损的情况。在上新期，企业应该合理囤积产品，既要保证推广活动的销售数量，又要保证仓储的储存压力，还要测算产品的保质期，以免出现更大损耗。

② 成长期：快速增长期。在这个阶段，消费者已经对产品有了一定的了解，上新期积累起来的产品口碑也开始发挥作用，新的消费者加入购买队伍，销量增加，销售额迅速上升，利润也迅速增长。巨大的商机也让竞争者看到有利可图，纷纷参与竞争，使同类产品供给量增加。

③ 成熟期：市场饱和期。由于同类产品竞争激烈，产品价格随之下降，企业利润增长速度逐步减慢，最后达到生命周期利润的最高点，店铺的利润开始逐步下降。

④ 衰退期：这个阶段逐渐出现新的产品或新的替代品，消费者开始转向其他产品，使原来产品的销售额和利润迅速下降。

（2）产品销售周期。

产品销售周期主要针对有时效性的产品，企业必须了解它们的销售周期，针对周期内产品不同的市场需求制定不同的促销方案。在一个销售周期内，产品会有非常明显的生命周期变化，销售周期开始，产品进入上新期；销售周期结束，产品进入衰退期。图 2-8 所示为在产品销售周期内产品销量和利润的变化情况。

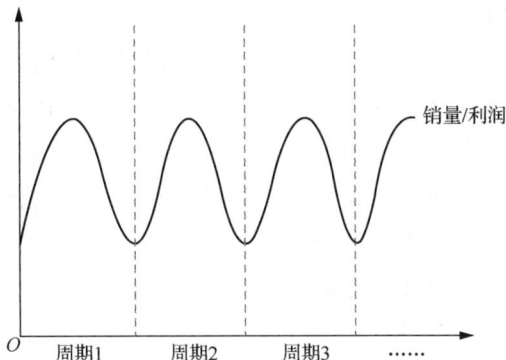

图2-8 ｜ 在产品销售周期内产品销量和利润的变化情况

知识补充

不同的产品有不同的销售周期，这里介绍一种常见的产品销售周期，即淡旺季销售周期。淡旺季销售周期主要分为销售淡季和销售旺季两种情况，这两种情况又分为两种模式，一种称为单峰型，另一种称为双峰型。

（1）单峰型：在一个销售周期内只有一次销售旺季。

① 产品在销售旺季，价格上涨；在销售淡季，价格下降，如服装。

② 产品在销售旺季，价格下降；在销售淡季，价格上涨，如水果。

③ 产品在销售旺季和淡季，价格无变化，如冰棍等。

（2）双峰型：在一个销售周期内有两次销售旺季。例如空调、冰箱，冬季和夏季是销售旺季，春季和秋季是销售淡季。

2. 产品差异化规划

越来越多的人加入电子商务行业，导致同质化产品越来越多，竞争越来越激烈，一个没有自己特色的产品和店铺即便花精力运营，也不一定能获得流量转化。受消费者青睐的产品不一定是市场上从未有过的产品，而是能把"同质化"做成"差异化"的产品。只有创新做好了，才能在夹缝中求生存，才能在偌大的电商市场中分一杯羹。

如何做差异化产品呢？换句话说，当前市场已经有了竞品，需要做些什么才能迅速获得消费者青睐呢？

差异化的特点就是"人无我有、人有我强、人强我专"，差异化一定是符合市场需求和消费需求的差异化，而不是盲目的差异化。那么首先在选品上要把好关，做一些市场上

036 少而优的产品，如果是相同的产品，就可以把重心放在页面设计、产品介绍、包装物流、售后服务上，会买的消费者往往是经过多方对比后做出购买决策的。产品具有更多本身价值外的东西，则更能吸引消费者。

做差异化产品可以从以下几点出发。

（1）服务差异化：主要是客服服务方面，可以根据产品属性开发一些更贴切产品本身的服务方式，如称呼方面，可以正式端庄，可以幽默诙谐，也可以轻松愉快。

（2）设计差异化：主要是页面设计方面，根据不同的产品进行不同的配色，尽量选用温暖的色调；详情页介绍可以丰富完整，再配以视频讲解，给消费者更多了解产品的机会。

（3）包装差异化：包装要有自己的风格，干净、整洁能赢得消费者的好感，让他们觉得店铺是在用心对待每一个产品。

🔍 任务实训

电子商务产品的选择与规划是运营必学的内容，也是店铺经营的首要环节。请以本项目情景展示中小贸的身份，完成以下实训内容。

（1）选择一家水果店，统计水果店中销量排前三的水果。

（2）水果店销量排前三的水果中，是否有适合在电子商务平台销售的，请依次对这3种水果进行选品分析。

（3）这3种水果是否存在销售周期，若存在，请分析其销售周期。

（4）如果选择其中一种水果在电子商务平台销售，请分析能在哪些方面做到差异化。

🔍 任务思考

通过本任务的学习及任务实训，思考并回答以下问题。

1. 小贸在水果选择上要考虑哪些因素？

2. 小贸可以在哪些地方做出产品差异化？

💡 项目习题

一、单选题

1. 下列不属于选品风险规避的是（　　　）。

　　A. 质量问题　　　B. 侵权问题　　　C. 安全问题　　　D. 运输问题

2. SWOT 分析法中，O 代表的是（　　　）。

 A. 劣势   B. 优势   C. 威胁   D. 机会

3. 产品的生命周期中，销售额和利润增长最快的是（　　　）。

 A. 上新期 B. 成长期 C. 成熟期   D. 衰退期

4. 下列关于产品差异化的说法错误的是（　　　）。

 A. 差异化产品更能突破竞争

 B. 差异化产品是符合市场需求和消费需求的差异化

 C. 选择产品只用做好差异化，不需要进行市场调研

 D. 差异化可以从服务、设计、包装等方面着手

5. 下列关于电子商务产品选择与规划的说法正确的是（　　　）。

 A. 电子商务应该选择利润更大的产品

 B. 新品上架后为了供应充足可以多囤积一些货物

 C. 明星效应下的流量保证是选品首要考虑的问题

 D. 产品利润在其生命周期中的成熟期最高

二、多选题

1. 下列属于市场分析流程的有（　　　）。

 A. 市场调研方案策划   B. 制作调查问卷

 C. 数据整理与分析   D. 市场分析报告制作

2. 下列关于历史资料分析正确的有（　　　）。

 A. 历史资料主要包括文字、表格、图片、图形等综合性资料

 B. 历史资料的准确度不高，所以参考性不大

 C. 历史资料应该检查其内容是否齐全，数据是否真实

 D. 对于错误的、重复的、模糊的、无关的信息，应该净化处理

3. 进行市场预测分析可以从（　　　）等要素着手。

 A. 趋势   B. 周期

 C. 季节性变化   D. 不规则变化

4. 下列说法错误的有（　　　）。

 A. 产品分析是市场分析最重要的部分

 B. 市场分析包括产品分析、用户分析、平台分析和营销战略分析

 C. 用户需求包括生理需求、安全需求、社交需求、尊重需求和自我实现需求 5 种

 D. 在电子商务环境中，平台比产品更重要

5. 电子商务产品的生命周期包括（　　　）。

 A. 上新期   B. 成长期

 C. 成熟期   D. 衰退期

三、简答题

1. 简述市场分析的内容。
2. 简述选品时应该规避哪些可能存在的潜在风险。
3. 简述产品差异化应该从哪些方面着手规划。

拓展阅读 📖

柳州螺蛳粉的爆红之路

螺蛳粉是柳州特色小吃，因其汤料加入螺蛳熬制而得名。从现煮堂食到袋装速食，从凭经验制作到标准化生产，螺蛳粉逐渐成了"网红"产品。

（1）口味独特、配料众多。

首先，柳州螺蛳粉能够走红，关键在于其自身辨识度极高的独特风味，抓住了许多人的胃。用螺蛳熬成的鲜美汤汁煮上柳州软韧爽口的米粉，加上酸笋、酸豆角、油炸腐竹、木耳丝、黄花菜、葱花、青菜等配菜，一碗鲜、香、酸、辣、爽兼具的独特风味的螺蛳粉就呈现出来了，如图2-9所示。这独特的味道，备受很多人喜爱。

图2-9｜螺蛳粉

（2）"互联网+"促使螺蛳粉品牌"从无到有"。

柳州螺蛳粉乘着时代发展的风向势头劲猛，在电商销售方面遥遥领先，一跃成了炙手可热的"网红"。而"90后"既是互联网上的中坚力量，又是网购的主力军，他们的传播为螺蛳粉增加了知名度。而打破地域限制的袋装螺蛳粉的出现也使其销量猛增。

（3）紧抓年轻消费人群的"猎奇心理"。

螺蛳粉的火热，刺激着年轻人去尝鲜，尤其是那些从未吃过螺蛳粉的年轻朋友。这种体验需求可以说是心理学上所讲的"猎奇心理"。在现实生活中，人们普遍对新鲜古怪的东西，或者对自己不了解，但一直在身边流传的东西抱有强烈的好奇心。

（4）"网红"、艺人直播"带货"。

尤其是在"网红""带货"、艺人吃播的环境渲染下，这种猎奇心理被放大。加上螺蛳粉的味道本身就非常独特，网友号称"吃螺蛳粉只有一次和无数次"，这一评价，更加激起了年轻人尝新的欲望。

螺蛳粉瞄准市场需求，坚持在创新供给上下功夫，加快推动螺蛳粉产业化、规模化、品牌化的发展。

一碗味道厚重的螺蛳粉，鲜香辣兼具，闻起来味重，吃起来却能让人回味。这也是螺蛳粉能出名且经久不衰的重要理由。

项目三
电子商务平台运营

3

情景展示

　　随着国家乡村振兴战略的推进，小贸的传统农产品加工厂经营的新产品种类越来越多，与朋友合作的电商销售渠道不够用了。小贸思虑再三，决定拓宽网上销售渠道，这需要他学习更多与电子商务平台相关的知识，为下一步扩展电子商务平台销售打下基础。

学习目标

【知识目标】

　｜了解电子商务平台的定义和作用；

　｜熟悉电子商务平台选择方法；

　｜熟悉在电子商务平台开设店铺的方法；

　｜熟悉在电子商务平台运营店铺的方法。

【技能目标】

　｜能够根据不同的产品情景选择合适的电子商务平台；

　｜能够完成电子商务平台店铺开设；

　｜具备电子商务平台店铺运营和推广的能力。

【素质目标】

　｜养成良好思想作风：具有认真的工作态度、较强的责任心、踏实稳健的思想作风；

　｜培养从实际出发，发现问题、分析问题、解决问题的能力；

　｜能用严谨与认真的态度完成学习任务。

【知识导航】

```
                              ┌── 知识储备 ──┬── 认识电子商务平台
              ┌─ 任务一 电子商务平台认知 ─┤            └── 电子商务平台的选择
              │               └── 任务实训
电子商务平台运营 ─┤
              │                              ┌── 开设店铺
              └─ 任务二 在电子商务平台开设与运营店铺 ─┬ 知识储备 ─┤
                                            │          └── 运营店铺
                                            └── 任务实训
```

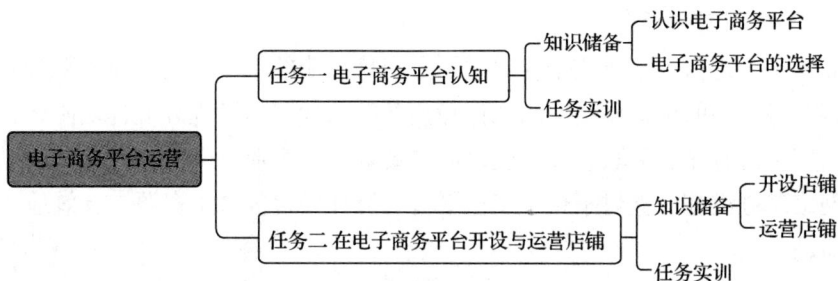

任务一　电子商务平台认知

　　要在线下实体店中开展经营活动需要做哪些工作呢？首先要知道自己卖什么（选品），其次要知道自己在哪里卖（选址），只有看中合适地段的合适商铺后将其租赁下来，装修上货，才能开业迎客，正常经营。在线上开展经营活动的过程亦是如此。首先是选品，然后选择在合适的平台中开一家店铺，这里选择的平台就是本任务要讲解的电子商务平台。

任务目标

　　本任务的内容浅显，贴合电子商务的实际情况，容易学习和掌握，希望大家通过本任务的内容，能够了解并掌握以下知识及技能：

　　（1）了解电子商务平台及其作用；

　　（2）掌握常见电子商务平台的选择方法。

知识储备

　　电子商务平台是电子商务活动的载体，它为电子商务经营者提供经营场所和技术支持，为消费者提供消费场所。电子商务平台制定的交易规则一方面可以规范交易流程；另一方面可以监督交易过程，维护经营者和消费者的切身利益。电子商务平台是所有电子商务经营活动的基础，选择适合自己的电子商务平台也是一门非常重要的课程。

（一）认识电子商务平台

　　《中华人民共和国电子商务法》对电子商务经营者进行了说明，电子商务经营者是指通过互联网等信息网络从事销售商品或者提供服务的经营活动的自然人、法人和非法人组织，包括电子商务平台经营者、平台内经营者，以及通过自建网站、其他网络服务销售商

042　品或者提供服务的电子商务经营者。

1. 什么是电子商务平台

电子商务平台是指为企业或个人提供网上交易洽谈的平台。电子商务平台是建立在互联网上进行商务活动的虚拟网络空间和保障商务顺利运营的管理环境；是协调、整合信息流、物流、资金流有序、关联、高效流动的重要场所。企业、个人可充分利用电子商务平台提供的网络基础设施、支付平台、安全平台、管理平台等共享资源，有效地、低成本地开展商业活动。

2. 电子商务平台的作用

电子商务建设的最终目的是发展业务和应用。一方面，网上商家以一种无序的方式发展，造成重复建设和资源浪费；另一方面，网上商家业务发展比较缓慢，很多业务仅以浏览为主，需通过线下的方式完成资金流和物流，不能充分利用互联网无时空限制的优势。因此有必要建立一个业务发展框架系统，规范网上业务的开展，提供完善的网络资源、安全保障、安全的网上支付流程和有效的管理机制，有效实现资源共享，实现真正的电子商务。

电子商务平台的建设，可以建立起电子商务服务的门户站点，是现实社会到网络社会的真正体现，为广大网上商家及网络用户提供一个电子商务网上生存环境和商业空间。

电子商务平台的建设，不仅是初级网上购物的实现，还能够有效地在互联网上构架安全的和易于扩展的业务框架体系，构建 B2B、B2C、C2C、O2O 等多种模式的应用环境，推动电子商务的发展。

电子商务平台扩展的途径——互联网营销，让用户通过多种途径了解、认知或购买商品。

电子商务平台可以帮助中小企业甚至个人，自主创业，营造一个互联网商城，达到快速实现盈利的目的，而且只需要很低的成本就可以实现这一目的。

电子商务平台可以为同行业中已经拥有电子商务平台的用户，提供更专业的电子商务平台解决方案。电子商务，不是一两家公司就能推动的产业，需要更多专业人士共同参与和奋斗，共同发展。

行业点拨

　　对关系消费者生命健康的商品或者服务，电子商务平台经营者对平台内经营者的资质资格未尽到审核义务，或者对消费者未尽到安全保障义务，造成消费者损害的，依法承担相应的责任。电子商务平台经营者对平台内经营者侵害消费者合法权益行为未采取必要措施，或者对平台内经营者未尽到资质资格审核义务，或者对消费者未尽到安全保障义务的，由市场监督管理部门责令限期改正，可以处五万元以上五十万元以下的罚款；情节严重的，责令停业整顿，并处五十万元以上二百万元以下的罚款。

（二）电子商务平台的选择

在互联网盛行的时代，电子商务平台层出不穷。商家对电子商务平台的选择尤为重要，虽然一些商家可能会自建个人网站，但是大多数商家会选择现有的、提供各种选项和简单注册流程的电子商务平台。

每个平台都有自己的特点，不同平台的规则、入驻条件、入驻流程不同，运营的方法也不同。在选择电子商务平台的时候，商家需要根据自身实际开展的业务进行选择和调整。以下将简要介绍几个主流电子商务平台。

1. 天猫商城

天猫商城原名"淘宝商城"，天猫商城的前身淘宝商城创立于 2008 年 4 月，最初是淘宝网旗下的 B2C 网站，是一个综合购物网站。天猫商城整合数千家品牌商、生产商，为用户提供一站式解决方案、有品质保证的商品、7 天无理由退货的售后服务，以及购物积分返现等优质服务。天猫商城是纯开放平台，利润来自流量、广告和技术服务费。天猫商城具有规模大、商品种类多、流量大、纯平台成本低、知名度高、有阿里巴巴的支持等优势，但是对商品的控制能力有限，其物流需要依靠第三方来完成。

（1）入驻资费标准。

天猫商城的入驻资费包括保证金和软件服务年费两类费用。

① 保证金。

商家在天猫商城经营必须缴存一定金额的保证金。保证金主要用于保证商家按照《天猫商户服务协议》和天猫交易规则进行日常经营活动，是一种约束性的资金保障，一般在申请入驻审核通过后进行缴存。当商家在经营过程中出现违规行为时，平台将根据《天猫商户服务协议》及相关规则直接扣取违约费用，支付给平台或消费者。同时，续约商家须在当年续签入驻协议的规定时间内足额缴存次年保证金。

在天猫商城开设的店铺主要有旗舰店、专卖店、专营店、卖场型旗舰店等不同类型。根据店铺性质不同，店铺保证金金额也不相同，具体金额可以在天猫商城的协议中查看。

② 软件服务年费。

商家在天猫商城经营必须缴纳软件服务年费，年费金额根据商家经营的一级类目，主要分为人民币 3 万元、6 万元两档。涉及跨类目经营的，年费参照相对高的类目标准进行预缴，即年费参照商家经营类目中对应年费金额的最高档进行缴纳；若在经营过程中增加年费金额相对高的类目，根据实际结算结果补交差额部分。

天猫商城为鼓励商家提高服务质量、扩大经营规模，在商家缴纳软件服务年费时有条件地给予商业折扣，折扣比例有部分折扣以及全部折扣两档。商家需要符合以下条件才能享有商业折扣：

- 达到基础服务考核分标准要求；
- 未因违规行为被清退或未出现2次及2次以上"单次扣分大于等于12分"的情形；
- 达到技术服务年费各档返还比例对应的年销售额。

044

（2）入驻资质。

入驻天猫商城需要企业的注册资本在 50 万元以上（含 50 万元），开设店铺时还需要提供企业的审核资料，具体包括企业营业执照、商标、品牌方线上授权 / 授权或采购合同及进货发票、特殊行业经营许可证等相关证件，化妆品、食品等一些特殊类目要有相应的前置许可证。

行业点拨

2018 年 8 月 31 日，第十三届全国人民代表大会常务委员会第五次会议表决通过《中华人民共和国电子商务法》（简称《电子商务法》），自 2019 年 1 月 1 日起施行。至此，我国正式拥有专门的法律来监管电子商务行业。《电子商务法》规定，在我国从事电子商务的经营者应当依法办理市场主体登记，完善税务登记并依法进行税务申报。除此之外，特殊行业开展电子商务活动的，还应该取得对应的经营许可。因此，开展电子商务活动的不管是平台方还是店铺经营者，都应该按照法律的规定依法取得各类证件，合法合规经营，共建良好的电子商务环境。

2. 淘宝网

淘宝网是亚太地区较大的网络购物平台，由阿里巴巴集团在 2003 年 5 月创立。淘宝网在成立初期主要面向的是女性用户，但经过不断发展以及网购市场的不断完善，淘宝网已然成为我国老少皆宜的网购平台。

（1）入驻资费标准。

淘宝开店费用中，最主要的就是保证金，一般类目都是支付 1000 元保证金。淘宝保证金系统于 2021 年 4 月 20 日起进行优化升级，保证金额度计算发生了变化：将卖家上个自然月成交的订单对应的商品类目额度的最高值，及卖家违规带来的费用缴纳要求等作为基础保证金额度判断依据，若上个自然月无成交，则以 1000 元为保证金额度；个别特殊类目需要支付的保证金是有差异的，一般为 2000 ~ 100 000 元。保证金是可以随时申请退款的。

另外，淘宝网联合保险公司为淘宝集市商家推出"保险保证金"，投保的资格根据店铺经营状态进行综合评估，一般常规账号保险保证金为 30 元。投保保险保证金后，商家可以免交现金保证金。当发生维权纠纷需要赔付时，保险公司先行垫付赔款，商家后续补款。

（2）入驻资质。

淘宝店铺有个人和企业两种店铺，不同类型的店铺入驻条件也不同。淘宝企业店铺主要是通过支付宝商家认证，并以营业执照开设的店铺。入驻企业店铺比入驻个人普通店铺要严格很多。

- **入驻个人普通店铺** │ 入驻个人普通店铺很简单，只需要上传卖家个人身份证（身份证正反面照片），注册相关支付宝账号。
- **入驻企业店铺** │ 入驻企业店铺需要上传营业执照，上传法定代表人身份证（身份证正反面照片），注册相关支付宝账号。

行业点拨

淘宝网和天猫商城都属于阿里巴巴集团旗下的网购平台，其交易规则基本相同，在淘宝网中有天猫商城的平台入口，在淘宝网中搜索出来的产品页面也有天猫商城的产品，如图 3-1 所示。淘宝网和天猫商城同属一家企业，二者之间没有竞争关系，所以这种平台入口之间的链接有助于二者更好地利用彼此的流量，给消费者提供更好的网购体验。

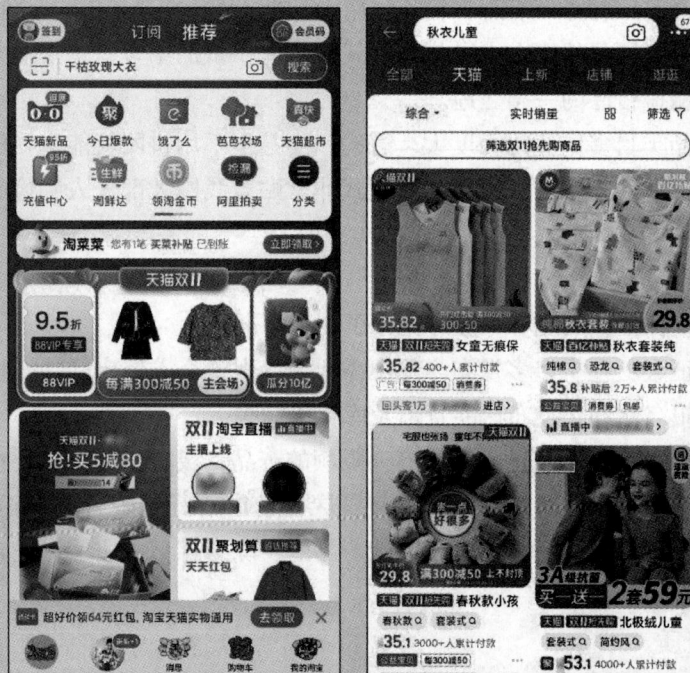

图3-1 │ 淘宝网中的天猫商城入口

3. 京东商城

京东商城是一家专业的综合网上购物商城，销售数万种品牌、超四千万种商品，包括家电、手机、母婴用品、服装等品类。京东商城是自营模式（B2C 模式），它有自己的仓库与物流，京东商城中大部分商品都是京东自主经营的（产品链接中会出现"自营"字样以区分商品及提示消费者）。同时，京东商城也是开放性平台（C2C），企业或其他组织可以入驻京东商城经营业务。

（1）入驻资费标准。

京东商城入驻资费标准主要包含保证金、平台使用费和费率扣点 3 个方面。

① 保证金：入驻不同类目的保证金不同，具体可在网页中查询。

② 平台使用费：入驻京东商城的平台使用费一般是 1000 元 / 月，但是和保证金一样，具体费用需要根据入驻类目确定。

③ 费率扣点：因入驻类目而异，一般是销售客户的 3% ~ 10%。

（2）入驻资质。

京东商城的入驻资质基本上和天猫商城相同。企业注册资本 50 万元以上（含 50 万元），同时需要企业营业执照、商标、品牌方线上授权 / 授权或采购合同及进货发票、特殊行业经营许可证等相关证件，化妆品、食品等一些特殊类目需要前置许可证。

4. 拼多多

拼多多成立于 2015 年，它虽然起步较晚，但发展极为迅速，在 2018 年就成功在美国上市。拼多多的模式和前面介绍的 3 个平台有一定的区别，它是"拼购"网站，也就是说，多人拼团能够享受拼团价优惠。这种拼团模式与智能手机的结合，使拼多多迅速在电商市场站住脚，同时赢得自己的一席之地。

拼多多的产品类目多、优惠力度大，有的产品甚至不用拼团就能享受优惠，产品整体的价格是低于其他电商平台的，它的经营模式非常贴合我国大部分人勤俭的品质，所以拥有非常稳定的消费群体。

（1）入驻资费标准。

入驻拼多多，保证金的缴存一般分为以下 3 种情况。

① 不缴存保证金：在拼多多发布产品不需要缴存保证金，但店铺功能将受到一定的限制，包括提现、报名活动、发布产品货值及库存限额等。

② 缴存保证金：在发布超过货值或库存限额的产品，或者想要提现、报名活动时，需要先缴存足额的店铺保证金；一般类目商家需要缴存 1000 元基础店铺保证金。

③ 缴存特殊店铺保证金：店铺发布特定产品的，除缴存基础店铺保证金外，还应缴存特殊店铺保证金。

（2）入驻资质。

目前，拼多多店铺有个人店和企业店两种类型，其入驻资质如表 3-1 所示。

表3-1　拼多多店铺入驻资质

类型		所需资质
个人店	个人开设	中国居民身份证正反面照片、实名认证
	个体工商户	中国居民身份证正反面照片、实名认证、入驻人本人的个体工商户营业执照
企业店	普通店	上传营业执照
	专营店 / 专卖店 / 旗舰店	上传营业执照、品牌信息

行业点拨

　　天猫商城、淘宝网、京东商城和拼多多 4 个平台的入驻资费标准与入驻资质各不相同，每个平台中不同的入驻对象所需的费用及资质也不相同，表 3-2 所示为常见平台入驻资费标准及资质。

表3-2　常见平台入驻资费标准及资质

平台	项目	内容		
天猫商城	入驻资费标准	①保证金：店铺性质不同，资费不同； ②软件服务年费：人民币 3 万元、6 万元两档，跨类目经营的，以年费高的类目为准		
	入驻资质	①入驻资格：企业注册资本 50 万元以上（含 50 万元）； ②审核资料：包括企业营业执照、商标、品牌方线上授权 / 授权或采购合同及进货发票、特殊行业经营许可证等相关证件，化妆品、食品等一些特殊类目要有相应的前置许可证		
淘宝网	入驻资费标准	①一般类目：1000 元； ②特殊类目：2000 ～ 100 000 元，具体规定可在平台查验		
	入驻资质	个人普通店铺	上传卖家个人身份证（身份证正反面照片），注册相关支付宝账号	
		企业店铺	上传营业执照，上传法定代表人身份证（身份证正反面照片），注册相关支付宝账号	
京东商城	入驻资费标准	①保证金：入驻不同类目的保证金不同，具体可在网页中查询； ②平台使用费：入驻京东商城的平台使用费一般是 1000 元 / 月，但是和保证金一样，具体费用需要根据入驻类目确定； ③费率扣点：因入驻类目而异，一般是销售额的 3% ～ 10%		
	入驻资质	和天猫商城基本相同		
拼多多	入驻资费标准	①不缴存保证金：可免费发布产品但功能受限； ②缴存保证金：开通基础功能需缴存 1000 元保证金； ③缴存特殊店铺保证金：可发布特定产品		
	入驻资质	个人店	个人开设	中国居民身份证正反面照片、实名认证
			个体工商户	中国居民身份证正反面照片、实名认证、入驻人本人的个体工商户营业执照
		企业店	普通店	上传营业执照
			专营店 / 专卖店 / 旗舰店	上传营业执照、品牌信息

任务实训

电子商务平台为店铺和卖家提供了开展电子商务活动的场所，根据自身情况选择电子商务平台是每一个参与电子商务的人应该学习和掌握的内容。

请以本项目情景展示中小贸的情况，结合所学内容，分析并解决以下几方面的问题。

（1）小贸贩卖蜂蜜的经营活动可以选择的电子商务平台有哪些？

（2）小贸在不同的平台中可以开设什么样的店铺？

（3）小贸开设店铺需要提供哪些资料？

（4）小贸贩卖蜂蜜是否需要取得食品经营许可证？

任务思考

除了本任务介绍的4家电子商务平台外，还有很多优秀的电子商务平台，如苏宁易购、唯品会、网易严选等。大家课余可以搜索查询这些平台是否支持第三方入驻，若支持，是否有资质方面的要求。除了这些电子商务平台外，常见的电子商务平台还有哪些？

任务二　在电子商务平台开设与运营店铺

选好平台、准备好所需的开店资金和资质材料后，就可以在平台中申请开设一家新店铺。此时作为一名运营，要对不同平台中的开店流程有一定的认识，并且知道在平台中运营推广店铺的思路。

任务目标

本任务的内容涉及实际经营活动，贴合电商开店的最初环节，要记忆的知识点较多，操作性强，学习本任务时可以在平台中同步操作。希望读者通过本任务的学习能够了解并掌握以下知识及技能：

（1）在平台中注册账户、开设店铺的操作过程；

（2）在平台中运营店铺的思路及方法。

知识储备

选择好平台后，进入平台查看注册店铺所需资料，准备好资料之后，再根据平台注册的流程提示依次进行注册。本任务将以拼多多平台为例，介绍在该平台注册店铺的实际操作过程，以及在拼多多平台开设店铺的相关规则。图 3-2 所示为拼多多平台的入驻流程。

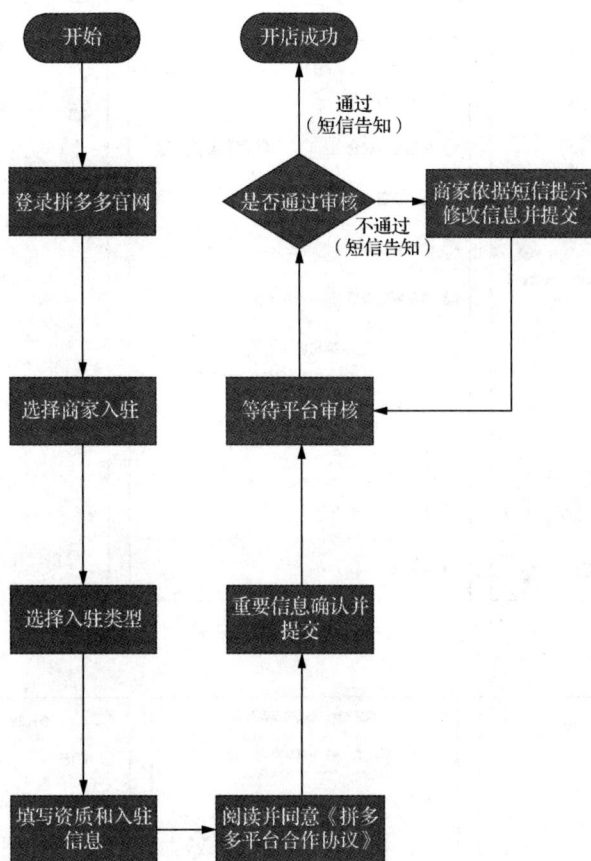

图3-2 | 拼多多平台的入驻流程

（一）开设店铺

在拼多多平台开设店铺首先应该有一个平台账号，利用这个账号申请开店，没有账号的可以先注册一个新账号。下面分别介绍在移动端和 PC 端用已有账号或无账号开设店铺的方法。

1. 在移动端开设店铺

移动端是目前电子商务平台非常大的流量入口，为了方便用户入驻，大部分平台都提供了移动端开设店铺的功能，并且操作方法十分简单。下面以拼多多为例，介绍入驻拼多多的方法。

（1）使用手机号登录拼多多，在"个人中心"点击"设置"按钮，在"设置"页面下方选择"免费入驻拼多多"选项，在打开的页面中选择"商家免费入驻"选项，如图 3-3 所示。

（2）打开"仅需 3 步，完成拼多多开店"页面，根据提示完成账号设置、实名认证、店铺名称设置，如图 3-4 所示。

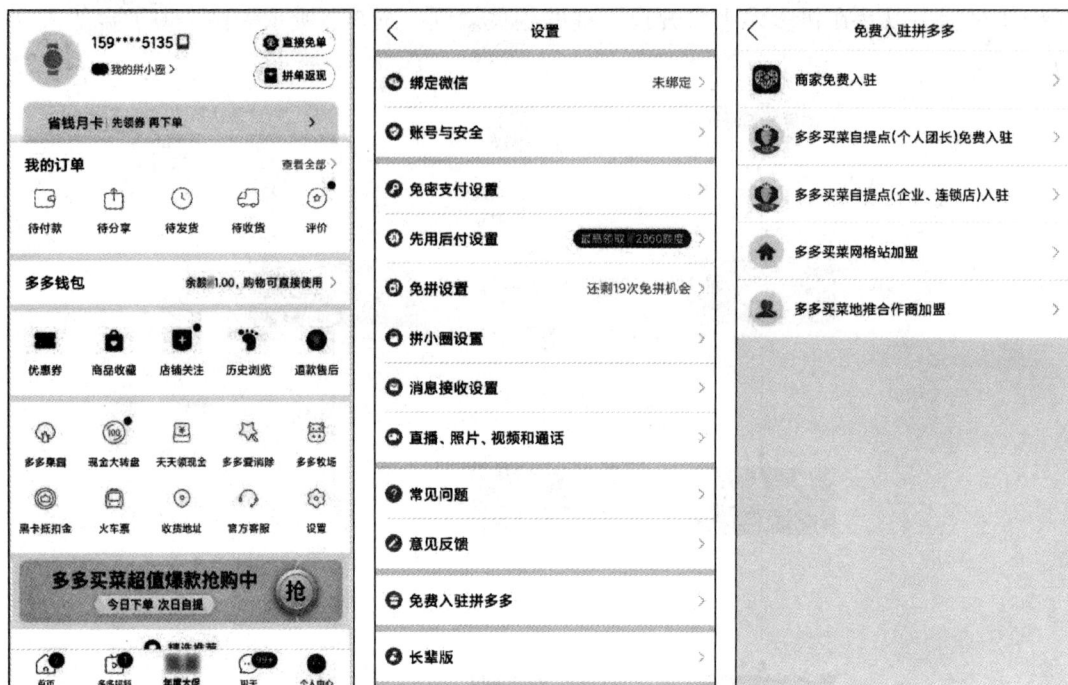

图3-3 | 免费入驻拼多多

图3-4 | 拼多多开店的三个步骤

（3）完成以上操作后，提交的资料需要经过拼多多平台审核，审核通过后，拼多多会提示成功开店，如图 3-5 所示。此时完成了拼多多开店的所有操作，要继续在店铺上发布产品需要下载拼多多商家版 App，在该 App 中完成其他相关操作。

图3-5｜资料审核通过即完成开店

（4）下载拼多多商家版 App，打开该 App 后登录账号，进入店铺操作后台，如图 3-6 所示。在其中可以完成店铺的相关操作，也可以通过做任务为店铺赚取流量。

图3-6｜拼多多商家版App的店铺操作后台

行业点拨

因为原先注册的账号是属于个人的，所以开设的拼多多店铺就是个人店铺，在开店时只需要提供个人身份证正反面的照片完成实名认证就可以成功开设店铺。如果需要开设其他类型的店铺，可以在个人店铺的基础上进行升级，如图 3-7 所示。

图3-7 | 店铺升级

2. 在PC端开设店铺

商家在 PC 端（计算机端）也可以开设店铺，和移动端一样需要先申请一个账号，然后再申请商家入驻。这里介绍在 PC 端申请一个账号，再根据账号入驻拼多多的步骤。

（1）打开拼多多首页，选择"商家入驻"选项，打开"境内商家入驻"页面，填写商家后台的账号名和密码，即入驻时填写的手机号和自己设置的密码并输入验证码，如图 3-8 所示。单击"入驻手册"超链接，可以了解拼多多入驻流程与店铺运营中常见的问题。

图3-8 | 填写入驻信息

（2）打开"拼多多商家后台"页面，填写注册的账号信息，单击"登录"按钮，登 **053**
录商家后台，如图 3-9 所示。

图3-9 | 登录拼多多商家后台

（3）打开"请选择您的店铺类型"页面，根据自身需要选择入驻的店铺类型，然后
单击"下一步"按钮，如图 3-10 所示。在拼多多入驻不同的店铺类型需要准备不同的资
质证明，可以单击右下角的"店铺类型和资质说明"超链接，在打开的页面中可以查看不
同店铺类型需要上传的资质证明。

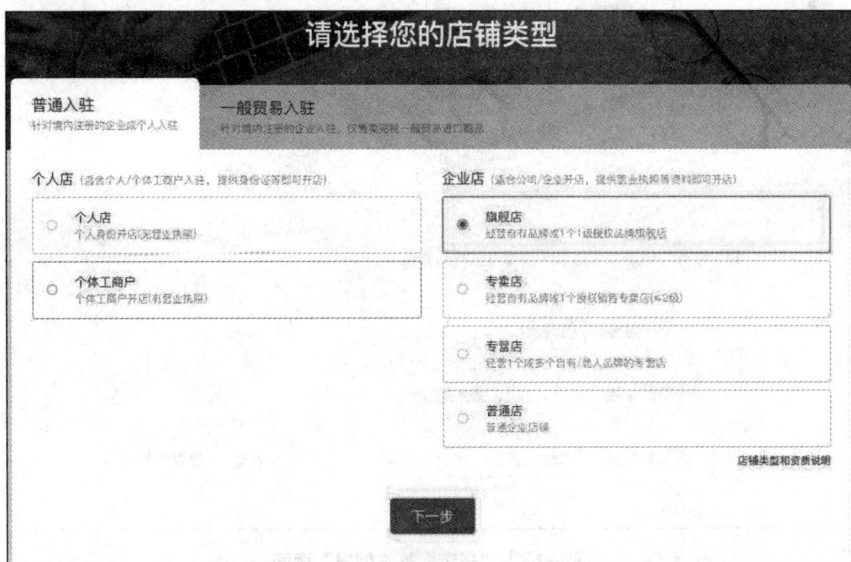

图3-10 | 选择店铺类型

（4）打开"入驻企业信息"页面，如图 3-11 所示。在该页面中填写企业入驻资质，
并按照售卖的商品选择相对应的主营类目。

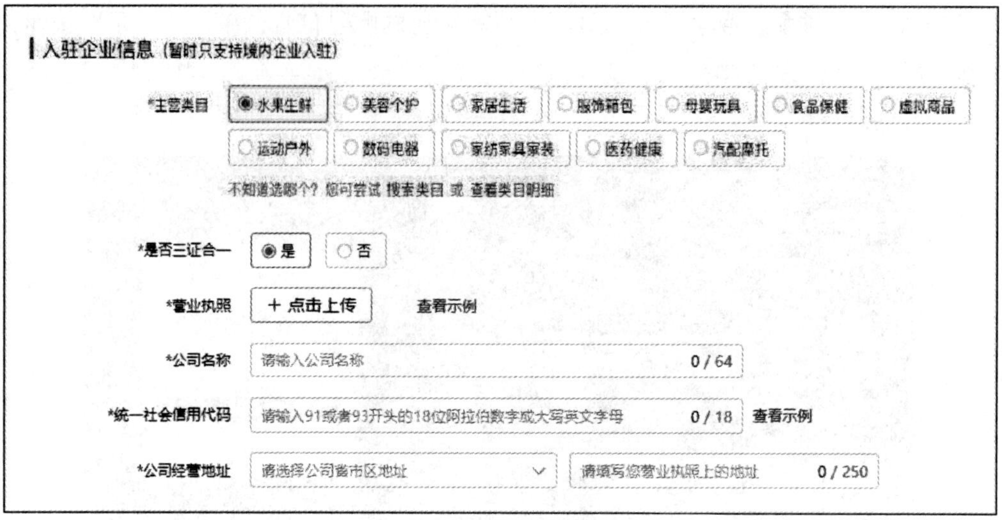

图3-11｜"入驻企业信息"页面

（5）打开"开店人基本信息"页面，如图 3-12 所示。在该页面填写店铺入驻人基本信息，上传身份证正反面照片，等待签约认证。

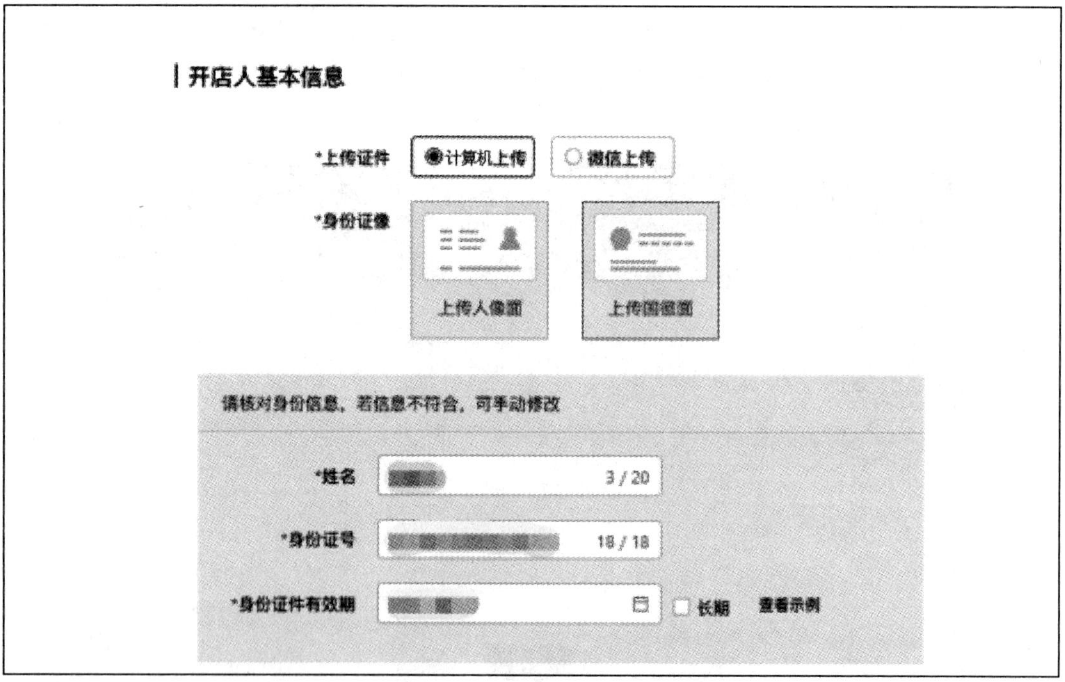

图3-12｜"开店人基本信息"页面

（6）填写完信息之后，单击"创建店铺"按钮。弹出确认信息提示框，核对无误后，单击"确定"按钮，如图 3-13 所示。在确认成功之后，系统将自动创建一个店铺，并以短信形式通知商家。商家可登录招商平台查看店铺的账号与初始密码，并可单击链接跳转至拼多多商家后台登录。

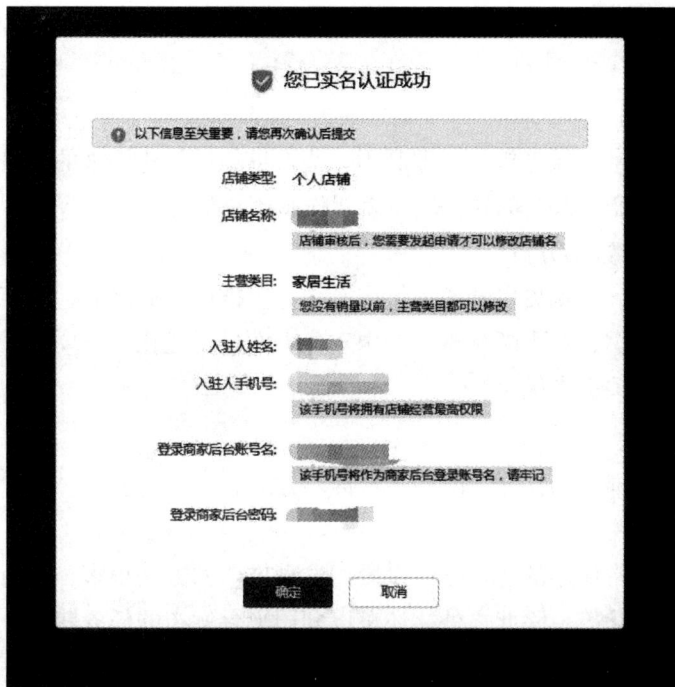

图3-13｜确认信息

（二）运营店铺

开设好店铺后就要开始运营店铺。任意一个平台都有运营店铺和推广商品的办法，商家可以选择免费的推广渠道，也可以选择付费渠道。在运营店铺之前要梳理好运营思路，再按思路运营。

1. 平台运营思路

每个平台都有优势与劣势，商家选好平台之后，应该根据平台的优劣势规划店铺的商品，完成平台运营。商家主要通过以下几点来完成。

（1）选择优势商品。

平台会给大多数新店一个月的流量扶持，这时商家应该在众多上架商品中选择一两款商品作为店铺的优势商品，将店铺的流量主要引导到这一两款商品上，这样在流量少的情况下也能将这一两款商品作为主打商品，保证店铺销量。

（2）根据情况上新。

每个店铺的运营类目和团队人数都不同，所以店铺商品的数量要根据实际情况进行调整。如果运营团队人数较多，那么上架商品的款式可以多一点；如果只有两三个人管理店铺，那么尽量将商品款式控制在30款左右，再根据销售情况做调整，否则商品款式太多，商家经营不过来，就有可能导致商品滞销，影响整个店铺。

（3）新品推荐。

新品推荐活动对新店来说门槛是非常低的，通过率是非常高的，所以商家要抓住这个机会让店铺的优势商品参加活动，这样有可能让商品成为平台的热销款，达到事半功倍的效果。

（4）积累基础销量。

基础销量指的是基本保障销量，即利用一些常见渠道转化而来的销量。例如店铺商品在朋友圈被转发时，微信好友的转化销量就叫作基础销量。

（5）做好直通车数据分析。

有了基础销量之后，就可以开通竞价推广。竞价推广开通之后，商家要持续跟踪前一天发布商品的各个数据，在不断分析总结中对各方面进行优化；还要每天分时段查看关键词的排名情况，做好关键词优化。

2. 平台推广方法

以拼多多平台店铺为例，介绍两种平台推广方法。

（1）免费推广。

免费推广是商家常使用的优化推广手段。这种推广的方法很多，如商品标题关键词优化、主图和详情图优化等。除此之外，还可以利用平台发布的任务获得一定的免费流量。商家可以利用以下几种免费推广的方法。

① 促销推广。

促销推广包括短信营销优惠券和多件优惠两种。

- **短信营销优惠券** ｜采用这种方式，需要分清楚受众，这主要用于对分层的买家做推广，只需要商家将优惠券链接复制后手动添加到短信模板。优惠券链接需要等到审核通过后才可以在设置优惠券页面找到，找到优惠券链接后点击二维码，再复制链接即可添加链接到短信模板。

- **多件优惠** ｜商家还可以根据商品的维度设置多件优惠，如购买第二件商品减5元，或者购买第二件商品享受7折优惠，或者购买三件商品享拼多多店铺优惠券等，这些都能够有效地提高店铺的GMV（商品交易总额）。这类活动还能够带动其他销量不怎么好的商品的销售。

② 活动推广。

活动推广包括拼多多新品活动和拼多多9.9特卖活动。

- **拼多多新品活动** ｜拼多多新开店铺可以报名参加新品活动，新品活动要求较低，没有高的销量要求，商品销量为0的店铺也是可以参加的。需要注意的是，拼多多一个资源位只能有一个"爆款"商品，要与其他"爆款"商品相区别，不要想着模仿别人的商品配一模一样的文字、图片等，应该提升自身商品的竞争力，这样才更利于选品的通过，为参加新品活动增加有利因素。同时，拼多多店铺的刚上架的新品也可以参与拼多多新品活动。

- **拼多多9.9特卖活动** ｜拼多多9.9特卖活动对店铺有一定的要求，但是要求不是很高，参加这个活动需要近三个月店铺的评论超过400条。对接程序简单，店铺评论超过400条的就可以报名，但是这些评论必须是有效的。

③ 站外推广。

站外推广指的是在拼多多平台外的其他平台发起推广活动，如微博、微信朋友圈、抖音和小红书等。不同的平台有不同的受众，特别是在"互联网+"时代，人们的生活、学习、工作都离不开网络平台，所以一切平台都可以被当作推广工具，但值得注意的是，不同的平台有不同的规则，只有适应这些规则，才能做好推广。

行业点拨

对于利用社交平台进行推广的方法，要注意以下误区。

误区一：社交圈是需要维护关系的圈子，所以切勿发布过多的硬性广告类的内容，这很容易引起他人的反感。

误区二：发布的内容要围绕商品展开，要选择性地发布，切勿高谈阔论，否则无论是对塑造自己的个人形象还是商品品牌形象都是没有优势的，反而会让人丧失阅读兴趣。

（2）付费推广。

几乎每个平台都为商家提供了付费推广渠道，商家可以根据店铺的实际情况进行选择。下面以拼多多平台的付费推广工具为例介绍付费渠道的使用。

① 多多进宝。

多多进宝是基础的CPA（每行动成本）推广方式，运用关系链营销。多多进宝和主站正常销售一样，权重是1：1。在多多进宝推广一单就相当于在主站卖出一单，会提升商品在站内的排名，适合商家开店初期付费推广。多多进宝分为通用推广、专属推广和招商推广3种。

- **通用推广** | 所有推手都可以推送，获取相同的佣金比例。
- **专属推广** | 指定推手才能享受此佣金。
- **招商推广** | 招商多多客联络的所有推手，都可以享受该招商推广计划的佣金。

拼多多推广页面如图3-14所示。

② 多多搜索。

消费者在准备购买商品时，一般会在平台操作页面的搜索栏中搜索关键词，多多搜索的功能就是将商品展示在搜索结果的前面。这样一来，消费者很容易就能找到推广的商品，达成交易。这种推广方式的转化率很高，但同时要求商品的关键词、商品主图等要有辨识度。多多搜索的推广费用较高，以点击量进行结算，通常点一下就算一次点击量。图3-15所示为多多搜索推广页面。

图3-14 | 拼多多推广页面

图3-15 | 多多搜索推广页面

③ 多多场景。

多多场景推广和多多搜索推广相反，属于货找人，即将商品推到消费者的浏览页面中，如果消费者正好有这方面的需求，就能吸引其购买。在大数据时代，通过消费者的浏览喜好进行商品推广的方式非常方便，且转化率也很高。

④ 聚焦展位推广。

聚焦展位是商家通过打价格战而获得的首页曝光位置。商家能够自行选择单品推广或拼多多店铺推广，面向人群也是由各位商家自行决定。

⑤ 明星店铺推广。

通过明星店铺拉近与粉丝的距离，消费者在搜索关键词的时候，就能够在搜索页的顶部看到店铺。这种方式既能推广商品，又能推广品牌，这样就达到了商品和品牌双重推广的效果。

任务实训

电子商务不断发展，平台也根据消费者和卖家的需求在不断地进行更新，开发了很多辅助功能来服务于电子商务经营活动。以淘宝平台为例，其主页推出了"领淘金币""芭芭农场"等功能板块，如图 3-16 所示。查看这些功能板块，回答以下问题。

图3-16 | 领淘金币和芭芭农场功能板块

（1）领淘金币和芭芭农场属于淘宝的收费推广项目吗？如何参与？

（2）小贸如果在淘宝开店，是否可以采用以上几种推广方式？

任务思考

在不同平台开设店铺的流程基本相似，但推广店铺的方法却有很大差别，大家课余可以针对淘宝网、天猫、京东商城等比较经典的电子商务网站进行查询，了解并掌握每个网站的开店流程（所需资料），每个网站的推广手段，以及各网站免费推广和付费推广的工具。

通过本任务的学习及任务实训，思考并回答以下问题。

1. 以淘宝平台为例，思考卖蜂蜜的淘宝店铺应该如何运营。

2. 淘宝平台的站外推广途径有哪些？

项目习题

一、单选题

1. 下列不属于电子商务平台的是（   ）。

   A. 淘宝　　　　　B. 阿里巴巴　　　　C. 百度　　　　　D. 京东商城

2. 下列关于电子商务平台的说法错误的是（   ）。

   A. 电子商务平台对平台内的经营者有资质审核义务

   B. 电子商务平台对消费者不具有安全保障义务

   C. 电子商务平台对侵害消费者合法权益的行为要及时采取必要措施

   D. 电子商务平台未尽义务的，市场监督管理部门可以责令其改正

3. 下列不属于天猫店铺类型的是（   ）。

   A. 个人店　　　　B. 旗舰店　　　　　C. 专卖店　　　　D. 专营店

4. 下列关于淘宝店铺的说法正确的是（   ）。

   A. 在淘宝平台经营一般类目的店铺需要支付 10 000 元保证金

   B. 淘宝店铺有个人店、专卖店、专营店、旗舰店 4 种类型

   C. 淘宝个人店铺需要买家提供身份证明及实名认证

   D. 开设淘宝专卖店需要提供企业资质和相关许可证件

二、多选题

1. 京东商城属于（   ）模式。

   A. B2C　　　　　B. C2C　　　　　C. C2B　　　　　D. B2B

2. 京东商城入驻资费标准主要有（   ）。

   A. 保证金　　　　　　　　　B. 平台使用费

   C. 费率扣点　　　　　　　　D. 软件服务年费

3. 多多进宝的推广方式包括（   ）。

   A. 通用推广　　　B. 专属推广　　　C. 流量推广　　　D. 招商推广

4. 下列关于拼多多店铺推广的说法正确的有（   ）。

   A. 店铺上架商品可以选一两款商品作为优势商品

   B. 上架新品应该根据情况进行调整，切勿一次性上新太多

   C. 要想办法做任务获取店铺免费流量

   D. 可以参与平台推广活动来增加店铺流量

三、简答题

1. 简述拼多多付费推广方式。

2. 简述电商平台的作用。

3. 简述在电商平台开设店铺的流程。

依托电商优势发展产业　带动一方百姓脱贫致富

小文，1984年出生于竹山县官渡镇，2005年嫁到房县万峪河乡，迫于生活，她与丈夫外出打工，后来返回家乡发展食用菌产业。在创业期间，为解决销路，二人开办了乡村电商服务中心。创业致富后，他们不忘乡亲，通过电商销售、土地流转、基地务工等方式，带动300余村民就业，人均年增收4000元以上，受到当地干部和群众的好评。

创业伊始，自学充电

经过在外10年的漂泊，小文决定返乡创业。2015年，小文做起了香菇生意，由于经验不足，第一年就亏损了18万元。2016年，一次偶然的机会，小文参加了湖北省电商联盟平台的学习，这次学习让她开阔了眼界。经过市场调研和外出考察，小文成立了房县第一家"乡镇物流快递电商服务中心""农村电子商务服务站"。多年打工所积累的管理经验和平时学习的专业知识，终于有了用武之地。在她的精心管理下，电商服务站逐渐步入正轨。

砥砺前行，发展壮大

在房县，人们亲切地称呼小文为"香菇妹"。因为房县小花菇远近闻名，还上过《舌尖上的中国》第二季。在偏远农村，商品容易存在滞销问题，小文就在房县青峰镇、沙河乡、万峪河乡、尹吉甫镇建立电商服务站，帮助群众解决了香菇销路问题，还帮助沙河乡12个村的村民在网络上销售木耳、黄酒、盐荷、猕猴桃、天麻、魔芋等商品。2017年，小文成立湖北神龙小阿姨电子商务有限公司，以有机食品、绿色食品、无公害和湖北特色农产品为主打，通过流转农民土地、成立农业专业合作社、农副产品网上销售等方式带领家乡人民脱贫致富。

不忘初心，继续前行

因为自身的努力，小文先后荣获了"房县第十届政协委员""十堰十佳电商创业先锋""房县巾帼楷模""十堰市三八红旗手标兵"等荣誉称号，同时也是国家级农业职业经理人、科技特派员等。小文用自己的勤劳和智慧去拼搏，壮大合作社集体经济，针对不同的家庭和劳动力，做订单式驱动，让村民有目标地生产。这样就让青壮年实现了在"家门口"就业，让父母不再牵挂，孩子不再孤独，老人不再无助。

项目四
电子商务内容运营

4

情景展示

小贸学习了电商平台的知识，为传统农产品加工厂的一组新产品开设了新的网店。刚开始经营时，店铺的生意很好，但随着时间的推移，店铺销量降低了。在做了市场调查之后，小贸发现很多开网店的商家开始使用短视频和直播进行销售，销量非常可观，于是小贸决定开始学习短视频和直播的一些知识。

学习目标

【知识目标】

│ 了解内容电商的形式；

│ 了解常见短视频、直播平台。

【技能目标】

│ 掌握短视频的运营方法；

│ 掌握直播的运营方法。

【素质目标】

│ 掌握电子商务内容运营中涉及产品的相关法律法规、政策等。

```
                                        知识储备 ─┬─ 认识内容电商
                         任务一 内容电商运营 ─┤        └─ 内容电商的特点
                         │              └─ 任务实训
                         │
                         │              知识储备 ─┬─ 短视频认知
电子商务内容运营 ─┼─ 任务二 短视频运营 ─┤        └─ 短视频创作及运营
                         │              └─ 任务实训
                         │
                         │              知识储备 ─┬─ 互联网直播的认知
                         └─ 任务三 直播运营 ─┤        └─ 直播运营及策划
                                        └─ 任务实训
```

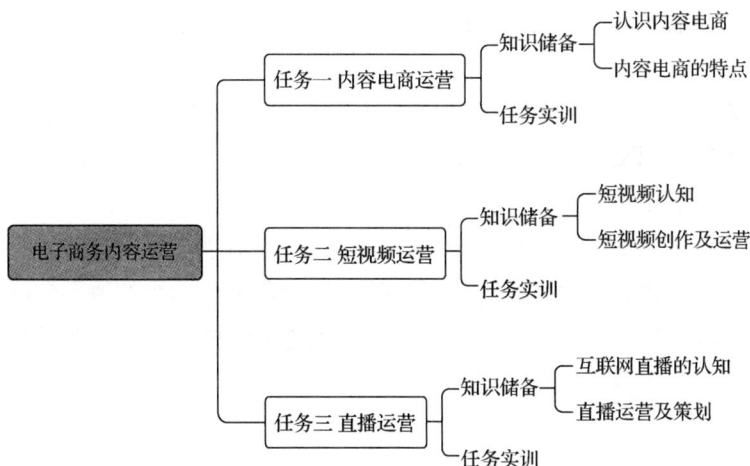

任务一　内容电商运营

内容电商是近几年比较火的一种电商形式，几乎所有电商平台都开始注重"内容"的产出。这里的内容是区别于碎片信息而存在的，利用这些优质内容的传播可以引发消费者的兴趣，从而引导他们购买产品。与传统电商相比，内容电商的趣味性、可阅读性、转化率等要高得多，所以作为一名运营工作者要重视内容电商的运营。

任务目标

本任务的内容属于理论知识，学习难度不大，主要围绕基础内容电商展开。希望大家通过本任务的学习，能了解并掌握以下知识及技能：

（1）内容电商的形式；

（2）内容电商的特点。

知识储备

内容电商是一个比较模糊的概念，这里的"内容"没有特指，电商环境中的文字、图片、视频、直播等都可以称为"内容"，但这些内容要优质、合理地配合产品输出，才能达到好的转化效果，这才是"内容电商"的本质所在。

（一）认识内容电商

在电子商务发展的初期，商务模式从线下逐步转移到线上。随着微信公众平台、今日头条等新媒体内容平台的兴起，新媒体和电商平台开始广泛融合，越来越多的人开始通过文章、短视频、直播等内容形式销售商品，从而形成了一种新电商模式——内容电商。

内容电商是指在互联网信息碎片化时代，通过优质的内容传播引发消费者兴趣和购买的一种购物方式。内容电商的本质仍然是"变现"，所以做内容电商需要持续产出内容，让消费者在看到这些图文、短视频或直播时，被它刺激消费，从而促成交易，这是内容电商变现的模式。

早期在微信朋友圈做商品销售的形式就是内容电商的雏形。随着越来越多的平台加入，内容电商的模式也越发成熟，不再局限于微信公众平台，在其他平台也迅速发展，如微博、抖音、小红书等新平台；内容电商的形式也越发多样，软文、短视频、直播等逐渐出现，收获了一批忠实消费者。

从内容上看，内容电商可以简单分为以下 3 种形式。

1. UGC、PGC图文形式

UGC 指的是用户生成内容，PGC 指的是专业生成内容。这里主要是指 UGC 和 PGC 的图文形式，对应的就是那些专业产出图文内容的社交平台，如微信公众号、小红书、简书、花瓣网等。既然是专业产出图文内容的平台，那么在内容上的要求就相对较高，不管是图片还是文字，最好是原创内容，转载也应获得授权并注明出处。图 4-1 所示为小红书笔记页面。

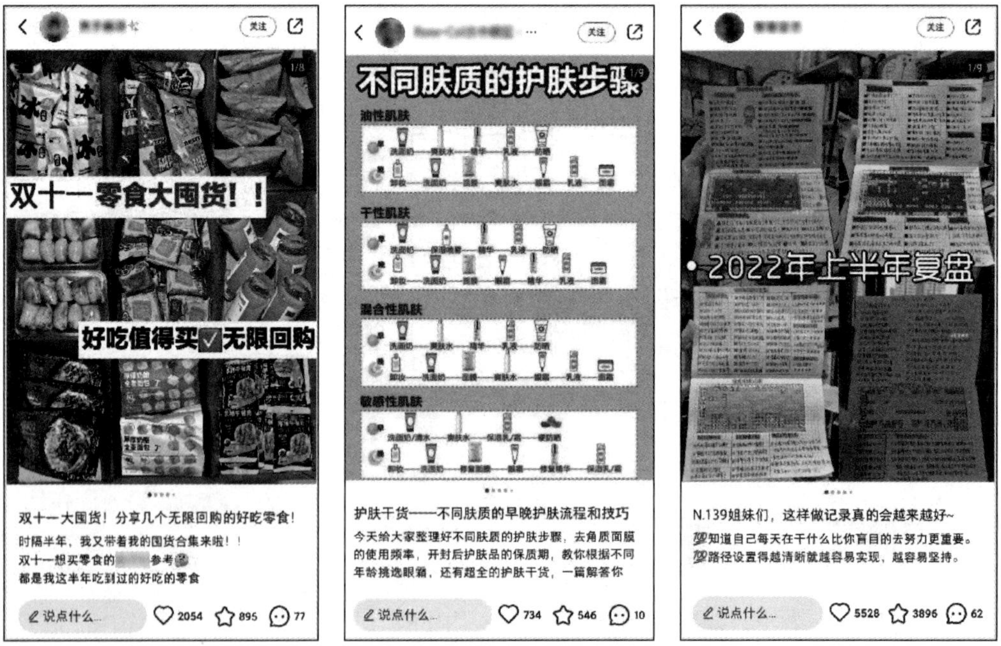

图4-1 | 小红书笔记页面

2. 短视频形式

短视频是继文字、图片、传统视频后的一种新兴的内容传播媒体。它融合了文字、语音、图片和视频，可以直观、立体地满足用户的表达需求，以及用户的展示和分享诉求。

短视频的时长一般在 10 分钟以内，创作者结合拍摄手法和视频剪辑方式可以形成一些自己特有的视频风格。目前，市场认可度较高的短视频平台包括抖音、快手、微信视频号、梨视频、抖音火山版等。图 4-2 所示为抖音短视频播放页面。

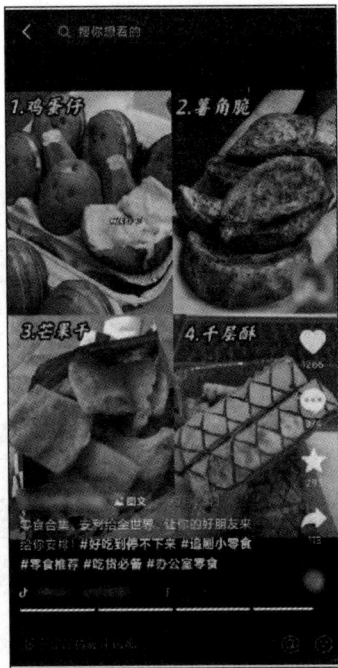

图4-2 | 抖音短视频播放页面

3. 直播形式

这里的直播形式主要指的是网络直播，它和传统认知上的电视直播是同一种类型，就是通过电视、手机等工具实时播出内容的一种形式。电商网络直播是目前十分火的一种内容电商形式，消费者进入直播间就可以听主播介绍、展示产品，能更清楚地了解产品。同时，主播也可以在直播间与消费者实时互动，带动直播间的氛围与把握节奏，从而刺激消费者购物。

网络直播平台有很多，主要有抖音直播、淘宝直播、一直播、花椒直播、微信视频号直播等。

（二）内容电商的特点

传统电商的特点是以文字和图片展示产品的信息，消费者需要自己找店铺、找产品，在页面中了解产品，然后决定是否购买。而内容电商则是以内容服务产品，消费者在观看内容的时候能全方位了解产品，最终被吸引。与传统电商相比，内容电商具有以下两个方面的特点。

1. 带来场景式购物体验

从粗放式的流量运营过渡到精细化的用户运营，"网红"、达人、自媒体、社群和垂直社区等都是基于内容这种新型流量形式来提升价值的。内容电商带给消费者的是不同于以往任何形式的销售模式，它更在乎消费者的感受，不管是图文、短视频，还是直播，所有的内容产生都是基于消费者的。例如在抖音中销售某一样产品，那录制的视频有以下 3 种模式。

（1）基于产品使用方法的说明性视频，如图 4-3 所示。

（2）基于产品使用体验的分享性视频，如图 4-4 所示。

（3）在任何地方展现产品的生活性视频。

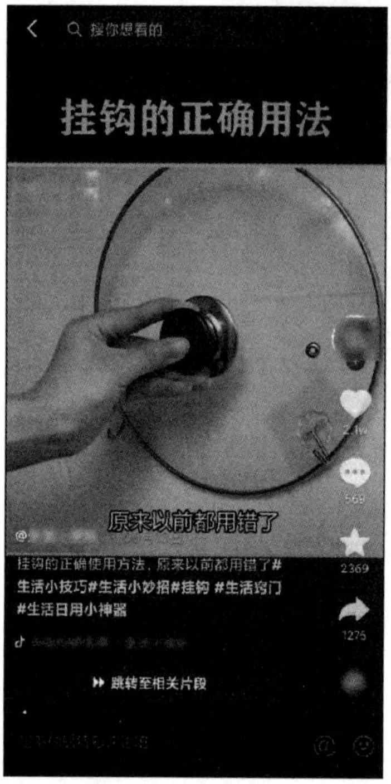

图4-3｜说明性视频

图4-4｜分享性视频

可以发现以上 3 种模式都有场景加持，第一种是产品的使用场景，第二种是用户体验场景，第三种是生活场景，所以带来场景式购物体验是内容电商的一大特点。

2. 主动创造需求

内容电商是主动创造需求的，这也是内容电商与传统电商的核心区别。传统电商把产品信息展示出来，让消费者自己阅读，做出决策，消费者是主动寻找、接收信息的。这种模式非常适合有一定消费者积累的大店铺，它们的搜索排名比较靠前，新消费者访问概率大，老消费者回购概率大；但是这种模式对出售同类型、相似类型产品的小店铺、新店铺就不友好了，它们只能靠各种推广方式获取流量，这也是传统电商越来越难发展的原因。内容电商主要突出产品核心卖点，让最能引起共鸣的点不断在消费者面前被重复、被强调，消费者本来是冲着内容去的，在阅读内容的过程中被迫接收产品信息，于是就在这种特定氛围中进行消费。

换句话说，消费者在传统电商中只有需要的时候才会购买，而在内容电商中是有没有需要都会购买。

- **传统电商** | 采用"信息输出"模式，主要产出信息、描述信息、表达信息，尽可能详细地给消费者介绍产品。

- **内容电商** | 采用"需求创造"模式，主要创造需求、刺激需求、满足需求，尽可能多地引导消费者进行购买。

内容电商需求的创造是根据消费者具体制定的，产品能够卖给哪些人，就针对哪些人创造内容，这里又包含了两个方向：一是创造的内容既能展现创造者自己的个性，也能符合消费者的个性；二是平台根据内容定向推荐给特定消费人群。

行业点拨

内容电商的发展势头猛，各大电商平台在原有的基础上也逐渐向内容电商开始转变，在平台中推出了许多相关功能板块。图4-5所示为淘宝平台中的"逛逛"和"订阅"功能板块，卖家可以发布产品相关的图文、视频，用户通过这些图文和视频能够直接链接到产品的购买页面，这就是电商内容化的具体体现。

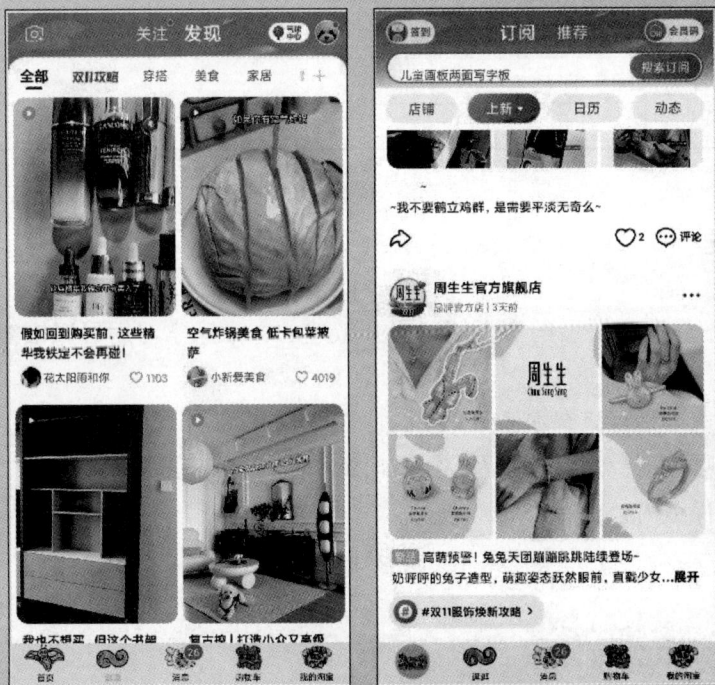

图4-5 | "逛逛"和"订阅"功能板块

📊 **任务实训**

　　电子商务中的内容创作发展至今，覆盖率已经非常高了，内容电商化和电商内容化在电商环境中已是常态，消费者在这种常态化内容电商的影响下，对电商平台的要求也越来越高，电商与内容的融合也越来越好。同时，各大电商平台在这种需求下不断进行开发创新，不再保持单一的电商形式。

　　请根据本任务介绍的 3 种内容电商形式搜索当前主流电商平台，分析平台为卖家提供了哪些模式辅助经营，若平台非单一模式经营，请列出其他模式并填写表 4-1。

表4-1　内容电商平台

模式	平台	是否采用单一模式	其他模式
UGC、PGC 图文形式			
短视频			
直播			

◎ **任务思考**

　　本任务是结合电商发展的实际情况展开叙述的，大家学习后可以围绕以下问题进行思考。

　　（1）内容电商是否只有本任务介绍的这 3 种形式？

　　（2）还有哪些平台开发了"内容"产出的功能？

　　（3）如何保证内容有受众？

任务二　短视频运营

　　近几年互联网飞快发展，网络中各种信息十分繁杂且数量巨大，这些碎片化信息的可读性差，同时越来越多的人开始追求"精"与"简"。在这些前提下，短视频应运而生。但同时，短视频运营也变得复杂起来。

任务目标

本任务的理论知识较多，但都与实际生活相关，学习难度不大。希望大家通过本任务的学习，了解并掌握以下知识及技能：

（1）主流短视频平台及特点；

（2）常见的短视频类型；

（3）短视频运营的思路及方法。

知识储备

短视频，顾名思义就是简短的视频，它是一种互联网内容传播方式。随着"网红"经济的出现，短视频行业逐渐崛起一批优质 UGC 制作者，微博、秒拍、快手、今日头条纷纷入局短视频行业。截至 2020 年 12 月，中国短视频用户达 8.73 亿人，较 2020 年 3 月增长 1.00 亿人，占网民整体的 88.3%。

（一）短视频认知

短视频是继文字、图片、传统视频后的一种新兴的内容传播媒体。它主要有以下 3 个特点。

- 时长较短，传播速度快，创作流程简单，参与门槛低。
- 使用了算法时代的机制。
- 社交属性强。

1. 短视频发展历程

短视频的发展经历了以下几个关键阶段。

（1）萌芽期：2004—2011 年。

在视频网站和微电影的影响下，短视频开始萌芽，以土豆网、优酷网（二者现已合并）为代表的平台首先上线了短视频功能。

（2）探索期：2012—2015 年。

4G 的应用和智能手机的普及，推动了各大平台向短视频转型，出现了如快手、抖音、秒拍等平台。这个阶段属于快速发展期。

（3）爆发期：2016—2018 年。

越来越多的人加入短视频平台，成为短视频博主，各种视频内容不断产出、传播。同时淘宝推出微淘功能，短视频进入电商营销领域。但由于缺乏规范监管，一些低俗、恶搞、价值观偏离的视频也逐渐出现，短视频的发展面临风险。

（4）成熟期：2019 年至今。

短视频市场逐渐成熟，拥有稳定的用户群体，相关政策也开始对电商和短视频等进行约束与管控。2020 年微信公众平台推出视频号，以"社交推荐"的分配机制，将短视频的社交分享功能最大化。

2. 主流短视频平台

短视频进入发展成熟期，各大短视频平台用户数量激增，获得稳定受众、稳定创作者的平台也越来越多。图 4-6 所示为当前热度较高的几个短视频平台的图标，分别是抖音、快手、哔哩哔哩、小红书、微视。

图4-6｜主流短视频平台的图标

在以上几个短视频平台中，抖音和快手是主打视频、直播及电商融合的平台，小红书则是图文、视频、直播、电商一把抓，哔哩哔哩和微视的业务相对简单一点。除此之外，微信中推出的视频号也是目前热度很高的短视频平台，视频号与朋友圈都是微信的附属功能，使用十分便捷。图 4-7 所示为微信视频号入口及页面。

图4-7｜微信视频号入口及页面

行业点拨

短视频内容的制作者在上传视频内容时，不能逾越法律和道德底线，也不能侵犯他人的合法权益，应传播积极向上的内容，避免低俗。同时，短视频平台还应担负起维护网络空间的社会责任，严格审核、把控短视频内容，营造风清气正的网络空间。

3. 常见短视频类型

短视频行业巨大的用户规模使短视频的发展呈现出前所未有的繁荣趋势，越来越多的风格不一的短视频涌现。常见的短视频类型有以下几种。

- **才艺技能类**｜才艺技能类视频是短视频中比较常见的一种形式，如才艺表演、厨艺展示、专业技能展示等都属于这种类型。

- **日常分享类**｜这种类型的视频可以是日常生活的记录，也可以是生活感悟分享、产品"种草"等。这类视频一般没有特别的要求，创作起来比较简单。

- **幽默搞笑类**｜幽默搞笑类视频的受众广、流量高，是十分受欢迎的一种视频类型。但幽默搞笑类视频的创作并非易事，创作者只有坚持发布原创、不低俗的视频才能长期稳定地获得用户青睐。

- **创意剪辑类**｜创意剪辑类视频主要依靠拍摄视频时的运镜和剪辑视频时的手法来实现创意，形成有别于其他类型视频的一种内容产出。

- **街头采访类**｜街头采访类视频属于随机采访型的短视频，每一个视频就是一个独立的采访主题，但要注意获得被采访人的授权，并且保证采访内容和平台要求不存在冲突。

- **情景短剧类**｜情景短剧类视频的创作比较难，一般时长会比其他类型略长，对入镜者的要求很高，可以后期配音，但表演一定要流畅。

- **其他**｜除了以上类型外，还有如宠物、挑战等类型的短视频。

短视频创作并没有特别严格的规定，只要不违反法律法规和平台规则，可以尽量产出有创意的优质视频内容。

（二）短视频创作及运营

任何一个行业同质化内容产出过多，竞争力就会变大。要做好短视频、做有自己风格的短视频不是一件容易的事情，必须要提前创作与运营。

1. 创作短视频

短视频创作要从视频拍摄和视频剪辑两方面着手，只有先产出质量高、内容优的短视频，才能为短视频运营打好基础。

（1）视频拍摄。

移动设备的普及使视频拍摄成为日常，但不同的拍摄器材、不同的拍摄手法都会影响视频的拍摄效果。下面介绍在视频拍摄中常用到的摄影器材和影响拍摄效果的要素。

- **手机/相机**｜手机是使用频率最高、最方便的摄影器材，对清晰度没有很高要求的博主，可以选择有高像素拍摄镜头的手机；如果需要获得更高清晰度的视频或运动型视频，拍摄者就可以根据需求和预算选择各种类型的相机。常见类型的相机如图4-8所示。

图4-8 | 常见类型的相机

- **稳定器** | 稳定器是辅助拍摄器材，是保证拍摄画面不抖动的必备品，包括三脚架、手机稳定器、相机稳定器等。拍摄者可以根据自身需求选择合适的稳定器。稳定器如图4-9所示。

图4-9 | 稳定器

- **光源** | 不管是拍摄照片还是视频，光源都是非常重要的，所以拍摄者可以根据画面需求来布置光源或增加如反光板这样的辅助材料，以增强画面质感。
- **场景** | 不同类型的视频需要不同的拍摄场景，如产品的展示视频需要布置展示台，才艺分享视频需要布置展示才艺的场所，街头采访视频需要处在街头环境下……根据拍摄需要选择合适的场景时，要注意场景应简单一点，切勿喧宾夺主。

（2）视频剪辑。

大多数视频都不是一镜到底完成拍摄的，利用视频剪辑软件将拍摄的各个小视频剪辑组合在一起，形成一个完整的、流畅的视频才是视频创作的终点，所以视频剪辑是短视频创作非常重要的一个环节。

为了提升用户体验，短视频平台陆续发布了能与平台联合使用的视频剪辑 App，创作者可以使用这些视频剪辑 App 直接剪辑发布视频到短视频平台中。图 4-10 所示为当前使用率较高的 4 款视频剪辑 App，分别是剪映、快影、必剪和小影。

图4-10｜常见的视频剪辑App

视频剪辑软件的使用方法相对于专业的剪辑软件来说十分简单。图 4-11 所示为剪映操作页面，创作者在其中既可以自由创作视频，也可以套用视频模板一键生成视频，甚至还可以在软件中学习剪辑视频的方法。

图4-11｜剪映操作页面

为了获得优质的视频内容，在视频剪辑过程中还应该遵守以下 3 个方面的要求。

① 保证视频的连贯性：视频与视频之间要连贯，要合理利用转场与运镜。

② 适当添加音频：如果原始音频不好，就应该在视频中使用专业配音，但要注意音频应与视频内容贴合，不要出现声音与画面不一致的情况。

③ 添加字幕：为了便于观看，可以添加字幕，字幕最好在视频最下方居中或居左显示，字号不要太大。

2. 运营短视频

短视频运营初期的关键环节就是找准定位，要对视频内容的定位、受众的定位有明确认知，然后根据这些定位制定详细的运营推广策略。

（1）内容运营。

首先是账号的定位，在建立账号初期就要确立视频内容、发展方向等；然后要注意视频内容应围绕产品展开，抓住用户的心理需求和痛点来发布视频；最后在视频发布后要根据用户的评论、私信等反馈及时对内容做出调整，再进行下一步的拍摄计划的策划和安排。

（2）用户运营。

用户运营的核心是转化潜在的用户，引导其关注并完成消费行为。这些需要创作者对数据进行复盘、对用户数的增长和流失及用户评论等进行总结分析，再对内容创作进行改进和提升。

任务实训

淘宝的"逛逛"内容渠道作为购物类平台内容营销的代表，逐渐成为商家建立品牌口碑的阵地。它通过持续可触达的通道，直接将内容展现给精准用户，打着好货推荐、潮流搭配等名义，在品牌宣传上下功夫，通过模特展示、有吸引力的内容维护用户群体。请以本项目情景展示中小贸的身份，结合他的实际情况，给他的产品制作 3 个主题短视频。

要求：

（1）短视频主题明确、有特色、创意突出；

（2）视频时长不超过 2 分钟，画质清晰，搭配文字解说。

任务思考

短视频在萌芽期和探索期的主要内容都是娱乐休闲类型的，在爆发期才开始进入电子商务领域。请大家在学习完本任务后，在不同的短视频平台中调研并回答以下几个问题。

（1）在创作与产品相关的短视频时应该如何拍摄和剪辑？

（2）创作好的短视频在运营环节可以采取哪些有效手段？

（3）不同的短视频平台中，短视频的创作是否有区别？

任务三　直播运营

直播和短视频一样最初主要在娱乐休闲领域发展，后来因为互动性强、观看方便等特点，逐步进入电商领域。随着近几年电子商务不断发展，直播在电商促销活动中推动营销份额增长更迅速，甚至超过传统电商。

任务目标

本任务主要介绍直播的一些基础知识，包括直播间的组成、直播团队配置以及直播运营的方法等内容，理解难度不高，学习起来比较容易。希望大家通过本任务的学习，能了解及掌握以下知识与技能：

（1）直播间关于人、景、物的要求；

（2）直播间标题和封面的设置要求；

（3）直播间节奏把控的方法。

知识储备

"直播"一词由来已久，最初是指基于电视或广播等传统媒介的现场直播，但随着互联网的发展，尤其是智能手机的普及，直播的形式开始出现多样化的特点。截至 2022 年 6 月，网络直播用户达 7.16 亿人，占网民整体的 68.1%。

本任务介绍的直播特指利用互联网直播平台开展的互联网直播。

（一）互联网直播的认知

基于互联网的直播形式主要包括人、景、物三个要素。人指的是直播间的主播或嘉宾、模特，景指的是直播间场景，物指的是物品。总结起来，直播就是某人在某地做某事。直播间根据"物"的不同分为不同的类型，如常见的游戏直播、电商直播、教学直播等。下面分别进行介绍。

1. 常见直播类型

互联网直播发展至今已经非常成熟了，几乎每个直播平台都有自己的签约主播，不同平台之间也在竞争，相继推出了很多激励机制来鼓励用户开直播，所以直播的类型是非常多样化的，有功能非常具体的直播间，也有没具体功能的直播间。鉴于此情况，这里就简单介绍以下几种直播类型。

- **游戏直播**｜网络直播的最初形式，发展至今拥有一大批忠实观众。游戏直播的形式有很多种，一种是直接向观众展示游戏技法的直播，观众参与度低；另一种是主播和观众一起玩的直播，主播会在直播过程中和观众互动，还会根据观众的要求操作游戏。图4-12所示为抖音直播中的游戏直播界面。

- **电商直播**｜目前较火、观众较多的一种直播形式，它最主要的目的就是向观众销售产品，主播相当于一名售货员，担负起介绍产品、推荐产品、疑问解答等多种工作。电商直播是非常考验主播"带货"能力的，所以这类直播对主播的要求比较高。图4-13所示为淘宝直播中的电商直播界面。

- **教学直播**｜应用范围非常广，凡是能够开展教学的领域都可以开设教学直播间。教学直播对主播的要求很高，主播一般是这个领域的老师或者高技术人才。很多培训学校利用教学直播间进行授课和卖课，教学直播是非常常见的一种直播形式。图4-14所示为厨艺教学和绘画教学的直播界面。

图4-12｜抖音直播中的游戏直播界面

图4-13｜淘宝直播中的电商直播界面

图4-14｜教学直播界面

- **其他**｜除了以上几种常见的直播外，还有很多其他类型的直播，如才艺表演类、音乐分享类等。在当前的经济社会环境下，一方面可以出售与直播相关的产品，另一方面直播的流量在平台也可以变现。图4-15所示为某直播平台中的一些其他类型的直播界面。

图4-15│其他类型直播界面

　　为了进一步加强网络主播职业道德建设，规范从业行为，强化社会责任，共同营造积极向上、健康有序、和谐清朗的网络空间，国家广播电视总局、文化和旅游部于2022年6月共同联合发布《网络主播行为规范》。该规范对直播间的价值取向、主播的个人品德都进行了倡议与约束，抵制违反法律法规的直播行为出现，要求主播引导用户文明互动、理性表达、合理消费。当然，各大直播平台也应该对直播间和主播行为进行严格审核、培训，将《网络主播行为规范》与平台规则密切结合，共造一个健康、向上的网络直播环境。

2. 直播的三要素

一个直播间主要由3个重要元素组成，分别是人、景、物。

（1）人。

人指的是直播间的工作者，包括主播、主播助理、模特等，不同规模的直播间在这些角色的人数上有一定的区别。

- **主播**｜有的直播间有一名主播，有的直播间则有两名主播。
- **主播助理**｜一些直播间除了有两名主播外，还安排了1～3名主播助理。

- **模特** │ 需要用到模特的直播间，可能还会安排1～3名模特，这种直播间一般很大，有很多分镜设备。

主播是直播间的主要成员，一名优秀的主播首先应该具有主持功底，好的口才、准确的逻辑思维、清楚的表达能力；其次应该具有销售功底，要有好的节奏感，了解产品、会推销产品并能鼓励消费者下单购买。表4-2所示为主播的职业素养和工作内容。

表4-2　主播的职业素养和工作内容

职业素养	工作内容
①个人魅力：每个主播都有自己的个人风格，风格越明显，越容易给观众留下印象，对产品转化、粉丝积累都有很大帮助； ②应变能力：直播是实时对外播放的，所以经常会出现一些意外，这对主播的应变能力要求很高，如何沉稳冷静、幽默风趣地化解意外让直播继续有序进行，是对主播很大的考验； ③学习能力：主播每天要学习、记忆的东西很多，如产品信息、活动信息、销售信息等，这就要求主播要有比较强的学习能力，要不定时地学习，为直播做好准备工作	①介绍产品、推销产品； ②与观众互动，活跃直播间气氛； ③维护直播间秩序、引导观众关注； ④进行直播规划与直播销量规划； ⑤自我学习，提高专业技能水平； ⑥配合公司的其他业务

（2）景。

景指直播间的场景等，场景是直播间的重要组成部分，干净、整洁的直播间能给观众留下良好的印象，主播也能在良好的场景中完成直播工作。直播间场景布置可以从场地、背景、灯光3个方面着手。

① 场地。场地大小一般在8 ～ 20平方米，具体大小应该根据不同类型的直播间进行规划。例如小型产品的直播间场地只需要8平方米，用于配置一个双人书桌，主播坐着就能完成产品介绍；如果是中大型产品的直播间，场地就需要15平方米以上，需要有充足的空间展示产品。

② 背景。直播间背景可以直接选择一面浅色、纯色的背景墙，也可以进行绿幕抠图。另外，还可以根据主播形象或直播风格调整背景，直播前可以先试看直播效果，要让主播与背景互相衬托，形成舒适的视觉效果。

③ 灯光。直播间要干净明亮，离不开灯光的布置。一般情况下，一套完整的灯光设备，包括环境灯、主光灯、补光灯、辅助背景灯等。环境灯主要起照明的作用，负责整个直播间的亮度；主光灯一般选择环形灯，可以使打在主播和产品上的光看起来比较柔和；补光灯一般选择球形灯，打出来的光足够柔和；辅助背景灯作用于背景墙，可以装饰环境与烘托氛围，让直播间的明暗对比更加明显。

（3）物。

物指的是物品，包括直播要出售的产品、直播设备等。

① 产品。直播间产品是直播的主要组成部分，所有直播行为都是为产品服务的。不同类型直播间的产品陈列方式不同。例如服饰类直播间，需要用到衣架或衣柜；美妆类直播间就需要放一个桌子，将产品陈列在桌子上。

② 直播设备。直播需要的设备和短视频拍摄所需要的设备大致相同，包括手机、手

机支架、话筒、灯光等，此外还需要用到声卡，这样直播的效果会更好。

（二）直播运营及策划

由于直播用户量巨大，因此直播在电子商务行业领域所占的比重越来越大，直播运营及策划就显得尤为重要。

1. 直播团队配置

很多人以为直播间只有一两个人，其实能看到的这一两个人只是出现在镜头前的主播或主播助理，镜头外的团队人员还包括编导、运营等其他工作人员，所以如何给直播间配置人员呢？是否需要组建一个专业的直播团队呢？直播团队配置应该根据直播需求进行策划。

（1）个人直播间。

个人直播间对主播的要求特别高，一般由1名主播组成。一场直播往往会持续数小时，主播需要不间断地介绍、推荐产品，和观众互动，这对主播的身体素质、心理素质、专业素质等都是一种考验。

（2）基础团队。

基础团队一般由2名人员组成，分别为1名主播和1名运营，具体分工如下。

- **主播**｜负责撰写直播脚本，熟悉产品特性，准备直播服装及道具，引导观众关注、促成销售、营造直播氛围以及复盘总结。
- **运营**｜负责前期市场分析，选品，制定产品组合销售策略，竞品分析，研究平台规则，策划促销活动海报、视频，上架和下架产品，调试直播设备并监测直播效果等。

（3）高级团队。

高级团队一般至少需要6名成员，可以设置如主播、编导、助理、运营等工作岗位，高级团队的岗位分工更加明确，每个环节都有专人负责，这种情况下，直播的时长可以适当延长，主播可以轮流进行直播。同时，商品的数量和单品推销时间占比可以适当增加，增强观众的体验感。高级团队成员的具体分工如下。

- **主播**｜主播负责主要直播工作，要控制直播进程和速度，有时主播还会配有助播，助播负责辅助主播完成直播，查漏补缺，二者相辅相成，缺一不可。
- **编导**｜研究市场、平台的规则，把控商品介绍节奏，策划直播前后视频推广活动，监测直播效果。
- **助理**｜负责上架和下架商品，负责设备调试、提醒主播话术和准备商品道具。
- **运营**｜关注直播平台的活动、规则等，策划促销活动和文案海报的推广活动。

2. 直播运营的方法

直播运营可以使用以下两种方法。

（1）设置一个吸引人的直播间封面图和标题。

封面图和标题，就是一场直播的门面。当直播间没有稳定的观众时，封面图和标题的好坏在很大程度上能决定观众是否会进入直播间，所以要在封面图和标题上下功夫。

① 封面图。

封面图是首先进入观众眼中的内容，主播的直播间和品牌的直播间一般采用不同风格的封面图。

- **主播的直播间**｜一般直接使用主播照片作为封面图，一是因为固定的人物照片的辨识度更高，更容易被忠实观众找到；二是有利于打造主播自己的直播间，可以积累口碑，对后续发展有帮助。

- **品牌的直播间**｜一般情况下使用品牌Logo、产品图片、活动信息等作为封面图，品牌的直播间是服务于品牌及产品的，所以直播间的封面图一般都是围绕品牌和产品展开的。品牌的直播间封面图如图4-16所示。

图4-16｜品牌的直播间封面图

② 标题。

标题一般配合封面图使用，直播间标题类型如表4-3所示。

表4-3 直播间标题类型

标题类型	说明	案例
活动标题	突出活动名称	羽绒服清仓大甩卖；"双十一"抢先购
产品标题	突出产品＋卖点	空气炸锅9.9元；洗地机解放你的双手
名人效应	突出名人＋产品	××都在使用的精华液；×××推荐过的按摩仪
客户	突出客户＋产品	儿童羽绒服换新福利；大码女装专场
利益诱导	突出利益点	关注红包抢不停；0.1元抢大肚杯

（2）有效把控直播间氛围和节奏。

把控直播间的氛围与节奏并不是一件容易的事情，需要主播兼顾很多方面，如介绍产品时不能自顾自话，还要注意观察留言区观众的问题，对观众不明白的地方进行重点解答，让观众切身感受到主播的诚意。

主播可以从以下几个方向把控直播间氛围与节奏。

① 语言上要让观众听得懂。

直播间面向的是天南地北、形形色色的观众，不同的观众对信息的接收能力和处理能力各不相同，所以主播要尽量使用标准的普通话介绍产品，吐字清晰、抑扬顿挫，意思表达简洁明了，观众只有听得懂，才会留在直播间。

② 语速上要让观众听得到。

有的主播说话速度快，观众还没获取有效信息，直播就进入下一环节；有的主播说话速度慢，很久都说不到重点上，观众听半天都不知道主播在讲什么。这两种情况都会导致直播间流失观众，其实语速慢和语速合适都是很好的表达形式，但一定要少说不重要的信息，反复强调重点信息，兼顾观众需求，这样才能将观众留下。

③ 语言表达要让观众听得开心。

网络直播与电视直播不同，它没有很严格的表达要求，直播间的气氛可以轻松一点，主播与主播之间、主播与观众之间的语言表达也可以更加日常化，时不时还可以开几个小玩笑来活跃直播间的气氛，让观众觉得这是一个充满人情味的、有趣的直播间。

行业点拨

增强直播间氛围还可以使用一些小道具，如小黑板、节拍器、计算器、倒计时等。这些小道具的使用可以穿插在上产品链接的前后，是营造紧张气氛、烘托时间和氛围的好方法。

任务实训

某箱包厂家计划在抖音店铺做一场为期一周的五周年店庆直播活动，请你帮它组建直播团队，为这场直播活动进行详细策划，具体包括以下内容：

（1）直播团队人员配置；

（2）直播间封面图设置与标题撰写；

（3）直播内容规划；

（4）直播福利安排。

任务思考

《网络主播行为规范》和直播平台的规范条例对主播在直播过程中的行为进行了约束与规范，在这种影响下，网络主播的就职要求是否更为严格呢？请大家在网络上调研网络主播的就职要求，以及违反相关条例时的处罚情况。

项目习题

一、单选题

1. 短视频发展至今进入（　　　　）。

　A. 萌芽期　　　　B. 探索期　　　　C. 爆发期　　　　D. 成熟期

2. （　　　　）主要是指通过图片、文字、音频、视频等形式，采用创作、采集、编辑等手段生产内容来满足用户需求，达到吸引并留住用户、为产品或品牌带来商业转化的目的。

　A. 内容运营　　　B. 口碑传播　　　C. 活动统筹　　　D. 规则引导

3. 下列关于短视频拍摄与剪辑的说法错误的是（　　　　）。

　A. 对像素要求不高的创作者可以直接用手机拍摄

　B. 手持拍摄比用三脚架辅助拍摄效果更好

　C. 为了保持视频内容的连贯，拍摄完成后还需要剪辑视频

　D. 如果现场收音不佳可以后期配音

4. 下列选项中不属于直播要素的是（　　　　）。

　A. 人　　　　　　B. 景　　　　　　C. 物　　　　　　D. 事

5. 下列关于直播运营的说法错误的是（　　　　）。

　A. 主播的直播间可以使用主播照片作为封面图

　B. 品牌的直播间可以使用活动信息作为封面图

　C. 主播应该不断增强自身的专业素养

　D. 直播时长有限，主播要尽可能快地介绍产品，统一节奏

二、多选题

1. 内容电商的特点包括（　　　　）。

　A. 交易流程清晰　　　　　　　　　B. 带来场景式购物体验

　C. 资金安全保障　　　　　　　　　D. 主动创造需求

2. 内容电商的形式包括（　　　　）

　A. 图文形式　　　B. 短视频　　　　C. 直播　　　　　D. 团购

3．拍摄短视频时最好准备（　　　）等设备。

　　A．声卡　　　　　　B．稳定器　　　　　　C．手机　　　　　　D．补光灯

4．下列软件中属于视频剪辑软件的有（　　　）。

　　A．剪映　　　　　　B．快影　　　　　　　C．必剪　　　　　　D．小影

5．下列关于内容电商的说法错误的有（　　　）。

　　A．内容电商应该只关注内容创作

　　B．内容电商的形式包括图文、短视频和直播等

　　C．内容电商的内容应该保持原创，要注意规避版权问题

　　D．内容电商优于传统电商的一点在于内容电商的受众范围更大

三、简答题

1．简述内容电商的特点。

2．简述直播间的三要素。

3．简述短视频创作的两个关键环节。

拓展阅读 📖

青春榜样　前行力量
"90后"小伙带领农民走上电商创业致富路

　　"90后"电商创业青年伍肇杰深耕南药产业，借助电商平台的发展，不仅带动农户在家门口就业，增加收入，还把高要南药销售到全国各地，以电商销售的模式为乡村振兴助力。因带动农民致富能力突出，2020年，伍肇杰被评为全国"双带"农村致富青年、先进个人，并上榜2020年第四季度"广东好人"。

　　伍肇杰是闻着南药的味道长大的。2010年，他看到家乡农民种植的巴戟天、佛手等优质南药以传统的模式卖不到一个好价钱，便萌生了通过电商平台销售南药的想法。开始的时候，很多农民并不相信可以通过网络销售南药，而伍肇杰也是到2011年4月才成交了真正意义上的网络第一单。当年7月，江西一个药厂的采购员经过实地考察后，下单了一吨左右的巴戟天和佛手，这给了伍肇杰很大的信心和动力，也坚定了他要走电商销售南药这条路的想法。

项目五
电子商务品牌运营

5

情景展示

　　小贸计划打造传统农产品加工厂产品的品牌，于是成立了电子商务品牌运营项目部，安排新入职的员工小经来负责电子商务品牌运营工作。小经接到任务以后，通过互联网查询资料、熟悉案例，学习知识点，按照学到的知识开展工作，对重点产品进行了品牌打造，市场反应非常好，品牌产品销量不断提高。

学习目标

【知识目标】

| 了解电子商务品牌的建立；

| 了解电子商务的营销工具；

| 了解品牌推广与维护及优化与创新的方法。

【技能目标】

| 掌握电子商务品牌运营的策略。

【素质目标】

| 培养注重细节、精益求精的工作态度；

| 培养创新意识。

【知识导航】

```
                                        ┌─ 品牌的建立
                          ┌─ 知识储备 ─┼─ 电商品牌运营策略
        ┌─ 任务一 电商品牌建立与策划 ─┤            └─ 营销工具介绍
        │                             └─ 任务实训
电子商务品牌运营 ─┤
        │                             ┌─ 知识储备 ─┬─ 品牌推广与维护
        └─ 任务二 电商品牌推广与优化 ─┤            └─ 品牌优化与创新
                                      └─ 任务实训
```

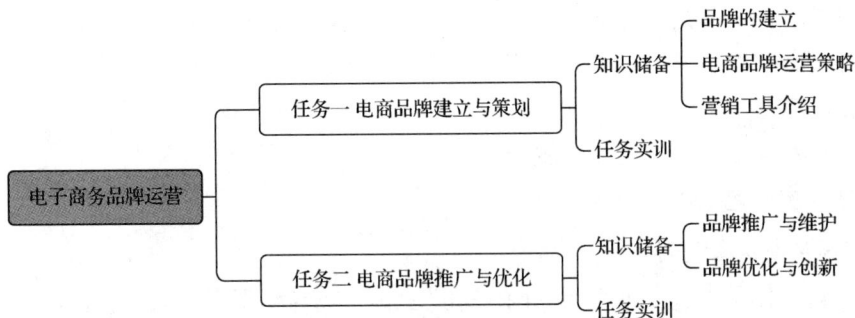

任务一　电商品牌建立与策划

近几年，随着互联网的不断发展，越来越多的新兴行业在电子商务平台出现，商家借助互联网将产品充分展现在消费者眼前，让消费者可以根据自己的喜好选择各种类型的产品。在电子商务平台要想经营和建立自己的品牌，提高品牌知名度，就需要对品牌进行策划和运营。

任务目标

本任务主要是学习电商品牌的建立和策划，希望大家通过本任务的学习，能够掌握以下知识及技能：

（1）建立电商品牌的方法；

（2）电商品牌的运营策略；

（3）营销工具介绍。

知识储备

电子商务行业是一个全新的领域，若在前期没有做好充分的市场调查，那么后期的品牌效果很可能会大打折扣。在建立和策划品牌之前，首先要对产品以及品牌进行定位，这样可以形成固定的消费群体，避免一些不确定因素对品牌造成影响。如今的电商品牌竞争激烈，做好自身品牌策划和运营策略，才能让消费者更好地区分产品，加深对品牌的印象。

（一）品牌的建立

品牌建立是指人们为了达成某种特定的目标，借助一定的科学方法和艺术表达方式，为决策、计划而构思、设计、制作策划方案的过程。从深层次的角度来讲，品牌策划就是使企业品牌或产品品牌在消费者心中形成一种个性化的区隔，以区分其他品牌并使消费者与企业品牌或产品品牌之间形成统一的价值观，从而建立起自己的品牌声浪。

为什么要做品牌？从企业的角度来看，当下市场是一个看重颜值的时代，也是一个追求个性化的时代，尤其是产品和服务同质化的今天，消费者选择成本增加，而打造品牌可以让自己的产品从众多同类产品中脱颖而出。

品牌建立主要包括以下内容。

1. 市场及消费者调研

在整个营销体系中，尤为重要的两个元素就是市场与消费者。市场包括品牌所运营的环境和产品的目标消费者。我们研究市场，需要了解整个行业的发展方向，顺势而为。

而消费者的消费习惯、产品需求、生活方式等更是企业需要深入研究的，这样企业便可以根据消费者的爱好和需求，生产消费者认同的产品。市场是服务于消费者的，把握住消费者，才能更好地抓住市场机遇。市场份额和销量，并不仅仅是靠大量的广告投入得来的。天猫新品创新中心联合天猫宠物行业等共同发布了《宠物清洁市场趋势报告》，宠物清洁行业的主要消费人群分析如图5-1所示。这些行业市场信息可以为后面的品牌定位提供一定的参考。

用户群	宠物清洁用户	基础清洁用户	五官清洁用户	环境清洁用户	身体清洁用户
人群概述	整体以一、二线城市女性消费者为主，她们年轻、爱美，对自己和宠物都关爱有加	人群与宠物清洁用户整体类似，以一、二线城市爱美的年轻女性人群为主	女性更多，消费能力强，在意自我的形象，舍得给宠物花钱（买零食、保健品）	大体特征与五官清洁用户相近，以女性为主，但更年轻，会买更多的宠物零食	年龄相对较大，以消费高水平的白领或妈妈为主
男女比例	65%女性	68%女性	72%女性	72%女性	69%女性
平均年龄	32.5	32.0	32.2	31.5	32.8
年龄段分布	23% 41% 20% 16% [18,24] [25,34] [35,44] ≥45	25% 42% 19% 14% [18,24] [25,34] [35,44] ≥45	24% 42% 19% 15% [18,24] [25,34] [35,44] ≥45	26% 43% 18% 13% [18,24] [25,34] [35,44] ≥45	23% 41% 20% 16% [18,24] [25,34] [35,44] ≥45
城市级别	22% 37% 18% 23% 一线 二线 三线 更低	17% 36% 19% 28% 一线 二线 三线 更低	18% 36% 19% 27% 一线 二线 三线 更低	18% 36% 19% 27% 一线 二线 三线 更低	16% 35% 20% 29% 一线 二线 三线 更低

图5-1 宠物清洁行业的主要消费人群分析

2. 品牌定位

品牌定位是指根据消费者对品牌的认识、了解和重视程度，给品牌规定一个市场定位，塑造产品在消费者心中的形象，以满足消费者的某种偏爱和需要。品牌定位的目的是获取行业的竞争优势。由于一个品牌之下可以有多个产品项目或者产品线，因此塑造品牌形象，进行品牌定位，就是对产品定位的统一化和简明化。

也就是说，消费者的需求是企业获利的源头。品牌定位是找到一类消费者的需求之后，给它起一个名字，并想办法让品牌成为这个领域的第一或者唯一。这样做的目的就是让产品卖出高价，使企业能够有更高的利润。

归根结底，品牌定位是找到消费者的需求，把它归结为一个品类，然后针对该品类设计一个品牌，让消费者有这个需求的时候，就会想到这个品牌，消费者通过不断地购买来记住品牌，甚至向他人推荐这个品牌。品牌的市场方向和产品属性是十分重要的两个元素，市场方向是指细化目标消费群体，做某一领域的第一；而产品属性则决定了能否成功创造出一个带有专属属性的品牌，符合目标消费群体的功能需求、视觉审美，获得消费者认可，以提高销量及创立知名品牌。

品牌定位需要尽可能地遵循几个原则，如图 5-2 所示。

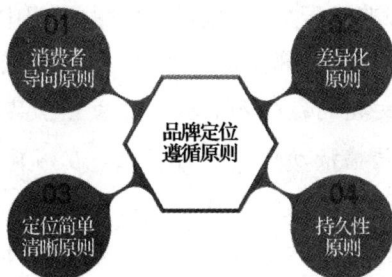

图5-2 | 品牌定位遵循的原则

- **消费者导向原则** | 品牌定位的重心是消费者心理。对消费者心理把握得越准确，品牌定位策略就越有效。我们要根据目标市场和目标消费者进行定位，在对目标消费者有深入了解并满足他们需求的基础上，才能够获得正确的定位。

- **差异化原则** | 任何品牌在进行定位时，都必须将自身品牌与竞争对手的品牌区分开来，通过品牌定位来突显竞争优势，与竞争对手形成差异化。一个企业不可能在各个方面都和竞争对手存在差异，但即使只有一个方面特别突出，也同样能取胜。

- **定位简单清晰原则** | 品牌的定位要简单明晰。在信息爆炸时代，大量信息充斥人们的大脑，企业想要在众多的品牌竞争中脱颖而出，就要定位简单清晰，让消费者一看即知，不用费心费力就能领会品牌定位。面面俱到、过多地罗列品牌特点一般都会失败。抓住关键的一两个独特点，以简单明了的方式表达出来，让消费者充分感知和产生共鸣是成功的关键，如"沃尔沃——安全""Jeep——征服"。

- **持久性原则** | 企业完成品牌定位后，切忌再行更换，因为任意更换品牌定位会耗费大量资源，同时也会引起消费者的反感。一个品牌一旦在消费者头脑中形成特定形象，有了清晰的定位，就不易改变，而且这种印象越深，改变的难度也就越大。贸然改变品牌形象，失败的可能性很大。

3. 品牌文化

品牌文化的形成与发展是一个循序渐进的过程，它需要企业整合智力资源、财力资源等，以品牌的核心价值为主线，不断注入与品牌定位或品牌个性相适应的文化背景元素，并通过坚持不懈、持之以恒的演绎与传播，获得消费者广泛认可。

（1）品牌文化的界定。

品牌文化就是体现品牌人格化的一种商业文化现象。例如李宁的"让改变发生"等，就是向消费者传达品牌的文化理念。品牌文化的核心实际上就是企业通过品牌向目标消费者传播价值观，包括生活态度、审美情趣、个人修养、时尚品位、情感诉求等意识形态领域的精神属性。品牌文化的核心要素大多源自企业文化，因此，塑造品牌文化必须首先建立和完善企业文化。

（2）品牌文化的构成要素。

品牌文化是企业在品牌战略进行全面规划与建设的过程中不断积累和发展形成的，其构成要素主要包括品牌精神文化、品牌物质文化和品牌行为文化3个方面。

- **品牌精神文化**｜品牌文化的核心和灵魂，它决定了品牌的个性、品牌形象、品牌态度以及品牌在营销传播活动中的行为表现。在消费感性化的现代社会，品牌的魅力在于其凝结了理念、情感、象征等文化内涵。例如国货香水品牌野兽青年，便是将"做中国人自己的国潮香水品牌"作为品牌的起点，相信只有中国人才能创造出更懂中国人情感的味道。野兽青年在品牌价值观和文化上都有着独特的态度，其品牌精神文化如图5-3所示。品牌精神文化满足了消费者在情感、心理层面的需要，也是市场竞争的关键要素之一。

图5-3｜野兽青年的品牌精神文化

- **品牌物质文化**｜主要由构成产品或者品牌的物质和符号构成，其内涵通过产品的物质形态或品牌的传播符号等各种表现方式向目标消费者传递并予以体现。因此，品牌物质文化常常可以帮助消费者对品牌产生基础的判断。

- **品牌行为文化**｜品牌行为文化是品牌精神文化通过品牌的营销与传播活动，将品牌的价值观和相关理念予以动态表现的过程，包括品牌的营销行为、品牌的传播行为和品牌的个人行为等。

4. 品牌个性塑造

鲜明、独特的品牌个性能够提升企业的竞争优势，帮助企业不被竞争者模仿。品牌个性塑造是企业品牌建设环节中重要的内容之一。

品牌个性是指品牌对外展示的个性，能与消费者进行情感方面的交流。它在简单的产品功能价值上赋予了更深层次的情感价值，是人们的情感寄托。消费者感受到品牌个性的魅力之后，由于情感需求得到了满足，对品牌的依恋会越来越深。

在品牌个性的塑造过程中有以下几点注意事项。

- 企业要深刻了解品牌个性，才有利于品牌个性的塑造。
- 品牌个性的塑造，必须要考虑品牌的核心价值是什么，一切要从企业的核心价值出发。
- 要考虑品牌定位并了解消费者需求。
- 品牌个性的塑造要满足目标消费者的需求。
- 品牌个性必须是积极的、正面的，能够在精神层面满足消费者的需求。
- 品牌个性要根据目标市场进行相应的改变。
- 企业要不断地维护和管理品牌个性，使品牌个性深入消费者的内心。

5. 品牌命名

在产品同质化时代，一个好的品牌名，不仅能让消费者容易记住，还能影响消费者的购物选择，让产品营销推广更加顺利。品牌命名的步骤，如图 5-4 所示。

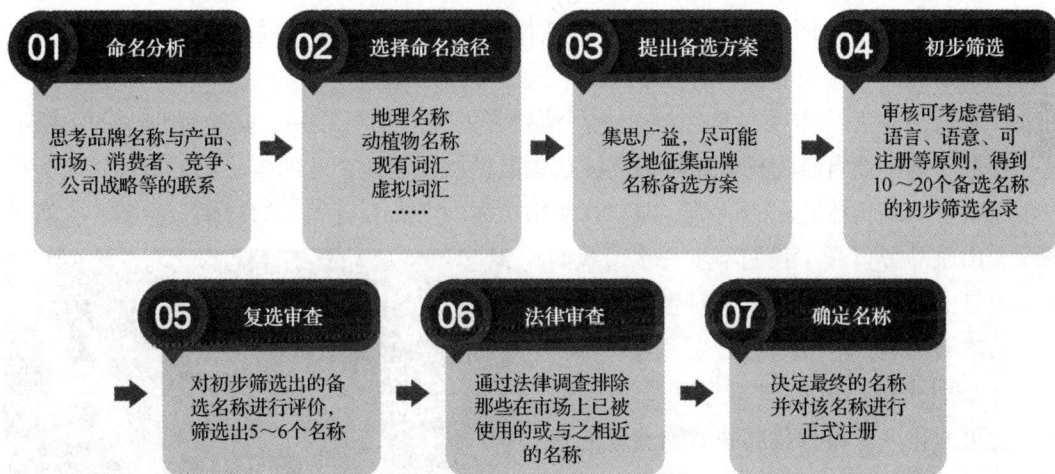

01 命名分析	02 选择命名途径	03 提出备选方案	04 初步筛选
思考品牌名称与产品、市场、消费者、竞争、公司战略等的联系	地理名称 动植物名称 现有词汇 虚拟词汇 ……	集思广益，尽可能多地征集品牌名称备选方案	审核可考虑营销、语言、语意、可注册等原则，得到 10～20 个备选名称的初步筛选名录

05 复选审查	06 法律审查	07 确定名称
对初步筛选出的备选名称进行评价，筛选出 5～6 个名称	通过法律调查排除那些在市场上已被使用的或与之相近的名称	决定最终的名称并对该名称进行正式注册

图5-4｜品牌命名的步骤

下面分别对各个步骤进行介绍。

- **命名分析**｜在这一步要思考品牌名称与产品、市场、消费者、竞争、公司战略等方面的联系。例如，本品牌产品的性能和独特卖点是什么、目标消费者是谁、市场发展前景如何、与竞品关系如何等。
- **选择命名途径**｜在完成对品牌命名的分析后，即可考虑通过哪些途径予以命名。例如可以以品牌创始人的名字、地理名称、动植物名称、现有词汇、虚拟词汇、数字等命名，还可以根据产品功能性、情感性、历史感等命名。

- **提出备选方案** | 从确定的命名途径出发，采用集思广益的策略尽可能多地征集品牌名称备选方案。具体的征集方法可以考虑以下几个：发动全公司的所有员工参与命名，激发每个人的想象力；采用头脑风暴法邀请专业人士命名；邀请消费者代表参与命名；搜寻名称库等。

- **初步筛选** | 由公司内部专业人士（营销、传播、产品开发人员）组成的团体对所有备选名称根据相关要素进行审核，去除有语言错误和明显法律纠纷以及与品牌定位有明显冲突的名称，得到10~20个备选名称的初步筛选名录。审核可考虑营销、语言、语意、可注册等原则。

- **复选审查** | 对初步筛选出的备选名称进行评价，筛选出5~6个名称。评价方法有以下两种。一是专家分析法，由语言学、心理学、美学、社会学和市场营销学等专家对名称进行初步审议、反馈、修改，并取得共识。二是消费者调查法，可以采用问卷调查等方法。

- **法律审查** | 通过法律调查排除那些在市场上已被使用的或与之相近的名称，确保所定名称的专有性。

- **确定名称** | 从留下的几个名称中决定最终的名称，然后正式注册该名称。

6. 品牌口号

一个好的口号，同样可以将广告费的效用发挥到最大。如果说品牌名称是产品价值点，那么品牌口号就是消费者的触动点。

口号对品牌尤为重要，是连接企业与消费者的核心信息之一，是企业理念的浓缩表达。口号要将企业自身的核心竞争力（往往也是创始人创建企业的核心竞争力）转化为可以帮消费者解决具体问题的话语，即"我使用了你的产品会有怎样的结果"。图5-5所示的农夫山泉品牌口号"我们不生产水，我们只是大自然的搬运工"，便是对企业理念和文化的浓缩表达。

对企业来说，好的口号意味着将企业"信念可视化"。口号是品牌对消费者的承诺，品牌只有对消费者兑现承诺，言行一致，才能被建立。而品牌策划的作用，在于

图5-5 | 农夫山泉品牌口号

科学地指导品牌口号的确定，避免发生品牌口号不接地气，脱离用户，过于假、大、空，将企业的目标强加给消费者等情况。

7. 品牌标志设计

标志（Logo）是品牌形象的核心部分，在企业形象传递过程中，是应用最广泛、出现频率最高，同时也最关键的元素。标志主要以易识别的形象、图形或文字符号为直观语言进行表达。品牌标志是企业的无形资产，是企业综合信息传递的媒介。图5-6所示为旺旺品牌标志设计和营销设计，以小男孩为主要形象进行创作设计。该品牌期望通过该标志让

消费者联想到品牌永远年轻、充满活力的形象。该品牌不管在产品设计上还是在品牌营销宣传上，都广泛使用了这个人物形象，以强大的品牌营销理念让品牌深入人心。

图5-6｜旺旺品牌标志设计和营销设计

（1）品牌标志设计原则。

一个好的品牌标志是独特的、合适的、实用的、独立的，相对于其他视觉传达方式，它可以在较少的空间里，以更简练、更概括的方式传达出更丰富的内容。在设计品牌标志时应该遵循以下原则。

- **简洁明了**｜现在的品牌有很多，人们不会刻意去记住某一个品牌，只有那些简单的标志才能更容易留在人们的脑海中。
- **准确表达品牌特征**｜品牌标志归根结底是为品牌服务的，标志要让人知道这个品牌是干什么的，它能带来什么利益。例如，食品行业的特征是干净、亲切、美味等；药品行业的特征是健康、安全等。品牌标志要很好地体现相应特征，才能给人以正确的联想。
- **设计有美感**｜品牌标志的造型要优美流畅，富有感染力，保持视觉平衡，既具静态之美，又具动态之美。
- **时代性与持久性**｜标志的设计要兼具时代性与持久性。如果不能顺应时代，就难以让人产生共鸣；如果不能持久，就会让人产生反复无常的混乱感觉。
- **运用字体策略**｜首先，品牌标志的字体要体现产品的属性与特征，例如化妆品牌标志的字体多为纤细、秀丽的，以体现女性的秀美，如图5-7所示。其次，品牌标志的字体要容易辨认，不能让消费者猜，否则不利于传播。最后，品牌标志的字体要体现个性，与同类品牌相区别。

图5-7｜化妆品的品牌标志

（2）品牌标志设计方法。

品牌标志设计是在一定的原则下，选择特定的表现元素，结合创意手法和设计风格进行的。常见的有四种不同风格的标志设计方法：字体型、象征型、抽象型和具象型。

- **字体型标志设计方法**｜以文字或字母符号作为标志图形，构成设计元素。可以采用品牌名称，也可以采用品牌名称的缩写或代号。这种方法的优点是识别性强，便于口碑传播，容易为消费者所理解。图5-8所示的品牌标志便是以字母或汉字作为设计元素的。

图5-8｜字体型标志

- **象征型标志设计方法**｜采用自然界的客体图形作为标志设计的主要元素，通过这类图形所象征的意义向目标受众传达品牌的类别、性能等相关特征。但此种方法有不足之处，就是作为主要构图元素的自然界客体图形难以在视觉上形成独特性和专有性，在商标注册和保护上常常会有争议。

- **抽象型标志设计方法**｜运用抽象的几何图形或其组合，画龙点睛地向目标受众传达品牌商品的核心价值和意义。使用抽象型标志设计方法的品牌标志更具有现代感、信息感和商业感，如图5-9所示。

- **具象型标志设计方法**｜以具象的自然形态为构图原型，在此基础上进行概括、提炼、组合，最后形成品牌标志设计所需的视觉图形。自然界的一切元素包括人物、动物、植物、风景等都是具象型标志设计方法取之不尽的设计素材。这种设计方法的优点是简洁明了，便于目标受众对品牌内涵与意义的识别、理解和记忆。具象型标志如图5-10所示。

图5-9 | 抽象型标志

图5-10 | 具象型标志

8. 产品包装设计

产品包装是指产品的包装设计师根据产品的市场定位、产品的特征及目标消费者的审美偏好，采用适当的原材料，通过科学的结构设计和艺术的视觉表现创作出的产品的包装容器或展示制品。我们经常说的"人靠衣装马靠鞍"就是在说明包装的魅力和重要性，而如今各个行业市场竞争异常激烈，就必然对产品包装设计提出更高的要求。图 5-11 所示为插画风格和复古风格的产品包装设计。

图5-11 | 插画风格和复古风格的产品包装设计

包装设计在品牌市场推广以及对品牌形象的提升方面发挥着重要的作用，主要体现在以下几个方面：包装设计有助于增加产品销量，包装设计有助于消费者识别品牌，包装设计有助于提升品牌形象。那么如何进行包装设计呢？

① 运用电商思维设计包装。不能完全按照甲方的喜好来设计包装，包装设计是为了让产品能够在电商平台上产生足够多的销量，所以在选择包装设计公司的时候，一定要考虑到这个设计公司是否有电商运营的经验，这样包装设计才是符合电商基础需求的。

② 结合电商运营大盘数据分析排名靠前的品牌的包装设计。确定产品所属品类排名前十的品牌在包装设计上用到了哪些信息，分析卖得好的产品有哪些，这些产品都使用什么类型的包装，以及其他的相关信息。

③ 融入差异化的点。差异化是包装设计取胜的关键，通过对竞品的研究，找出与竞品有差异的点，把这个点无限放大，融入包装设计。

④ 符合品牌的视觉风格。包装设计除了商标、产品名称、产品质量、生产许可之外，更能吸引消费者眼球的是包装上面的插画或者符号，独特的视觉风格可以快速吸引消费者关注品牌。

⑤ 指定品牌色。品牌色是很多企业容易忽视的地方。品牌色确立后应该长期使用，不要轻易更换，一旦确定了品牌色就应该在包装上坚持使用，这样才能加深品牌在消费者心中的印象，让其能够快速识别品牌。

行业点拨

在进行产品包装设计时，要注意包装图片的版权。图片版权侵权的认定标准是没有经过著作权人的许可就发表了该图片，或未经合作者许可，将与他人合作创作的图片当作自己单独创作的图片发表，或歪曲、篡改、剽窃他人作品的行为，以及使用他人作品应当支付报酬而未支付报酬的行为。以上行为都涉嫌构成图片版权侵权。

（二）电商品牌运营策略

今天电商行业已经越来越成熟，进入一个注重品牌文化、品牌期许与消费者价值主张共鸣的电商 3.0 时代。电商 3.0 时代的关键词就是生态体系。电商 3.0 时代继承了电商 1.0 时代和电商 2.0 时代的某些特性，依托强大的生态体系，有望打通消费者、需求、入口、线上线下渠道、企业和商家，使电商行业真正成为一个完善的整体。

生态体系的核心，就是品牌运营。现在想要做好电商，就要从产品本身和消费者诉求同时入手，增强品牌消费者黏性和品牌影响力。电商时代打造品牌，主要有以下几种品牌电商策略：运营策略、产品策略、定价策略、分销策略、推广策略。

运营策略主要包括运营动作、内容投放、数据指标及营销活动。在此将运营策略分为店铺方面、内容方面、营销方面进行分析。

1. 店铺方面的运营策略

店铺方面的运营策略主要强调的是维护好店铺运营。以天猫旗舰店为例，讲解店铺不同阶段的具体任务及目标。以下的运营内容都以站内的营销工具为基础进行介绍，不涉及站外的推广内容。

（1）天猫旗舰店阶段一（店铺基础阶段）。

在这个阶段需要测试商品，确定 3 款主推商品并打造"爆款"商品。开始内容投放并开通逛逛和订阅发布店铺动态，投放方式可以是"图文＋短视频"形式。对商品标题及详情页进行优化，开通直通车、钻石展位（简称钻展）和淘宝客进行推广。店铺基础阶段的具体任务如表 5–1 所示。

表5-1　店铺基础阶段的具体任务

阶段	任务名	任务描述	任务目标
店铺基础阶段	基础动作	商品测试	确定3款主推商品
			打造"爆款"商品
	内容	开始内容投放	逛逛、订阅
		开通订阅	1. 做好订阅图文创作 2. 开通订阅并在30天内发布至少15条店铺动态
	流量承接和效率提高	商品标题优化	建立搜索流量监控机制，养成优化习惯
		商品详情页优化	通过商品属性，以消费者浏览顺序为前提规划全店商品详情页布局
	广告	直通车	开通并执行2个以上计划明确的开车目标，商品以1个SKU或2个SKU为主，账户金额足以支持2个计划至少消费21天
		钻展	开通钻展，上传6张创意图片，执行至少1个投放计划，商品以1个SKU或2个SKU为主
		淘宝客	设置淘宝客店铺通用计划，设置1～5个主推商品的佣金，再设置全店佣金

（2）天猫旗舰店阶段二（店铺优化阶段）。

在这个阶段需要调整用户运营方案，进行拉新，或调整用户试运营方案，进行流量聚集等。打造"爆款"商品，开通客服号及购物群以提升服务能力，通过数据衡量店铺运营效果，提升GMV和运营能力。开通直通车、引力魔方、淘宝客等进行推广。店铺优化阶段的具体任务如表5-2所示。

表5-2　店铺优化阶段的具体任务

阶段	任务名	任务描述	任务目标
店铺优化阶段	基础动作	调整用户运营/试运营方案	调整用户运营方案：拉新
			调整用户试运营方案：流量聚集、转化与留存、做好服务、针对人群进行商品营销
	服务能力	打造"爆款"商品	提升服务能力
		开通客服号及购物群	
	数据指标	提升GMV	用数据衡量店铺运营效果
		提升运营能力	
	广告	直通车	对比所在类目优秀商家，优化直通车各项KPI；制定一档活动（如聚划算或Opening Day）投放计划
		引力魔方	1. 建立并投放自定义计划，主要针对自身店铺人群及竞争对手人群； 2. 对比所在类目优秀商家，优化钻展各项KPI；制定一档活动（如Opening Day）投放计划
		淘宝客	1. 查看投放效果，提升流量获取能力； 2. 针对一档活动或主打商品设置定向计划（如有需求可尝试如意投计划等）完成佣金优化

（3）天猫旗舰店阶段三（店铺高阶动作阶段）。

在这个阶段需要参加S级的大促活动（S级为流量最大的一个级别，S级大促是指如"双十一""双十二""6·18"等的促销活动），从而引进更多的UV（独立访客）来完成GMV目标。店铺继续打造主推"爆款"商品，提高转化率。查看数据是常规工作，在这个阶段可以使用直通车、引力魔方、淘宝客、达摩盘、品牌数据银行、站外媒体等进行推广，并可借助品牌数据银行、购物群及专属客服等工具来连接老客户，提升其忠诚度及复购能力。店铺高阶动作阶段的具体任务如表5-3所示。

表5-3　店铺高阶动作阶段的具体任务

阶段	任务名	任务描述	任务目标
店铺高阶动作阶段	基础动作	参加S级大促	引进更多UV，完成GMV目标
		新品打爆	打造主推"爆款"商品
		提高店内效率	提高转化率
	数据指标	提升GMV	用数据衡量店铺运营效果
		提升运营能力	
	广告	会员运营	精准客户营销
		直通车	能够获得稳定的点击及成交，并达成KPI
		引力魔方	1. 尝试更多类型的计划（如内容型抖音等新媒体广告）； 2. 达成KPI
		淘宝客	建立其他类型计划
		达摩盘	获取一定的标签效果数据，标签点击总量达到200次
		品牌数据银行	争取落地一个圈定人群的计划并实施
		站外媒体	结合活动进行站外媒体的广告投放（也可资源置换）
	工具	品牌数据银行	提升老客户忠诚度及复购能力
		购物群	
		专属客服	

行业点拨

淘宝大促活动对平台的商家来说，是一次提高店铺流量的好机会。通过报名获得活动的参与资格，然后制定合适的促销方案，就有机会赢得大量消费者的关注。淘宝大促活动期间，平台会花大量的资源去推广，这对商家来说是一次非常好的机会，商家只要抓住机会，就可以让店铺流量大幅度增加。淘宝S级大促主要有："6·18"大促，针对全网卖家，是每年年中的大型折扣活动；"双十一"狂欢节，是主要针对天猫卖家的折扣活动；"双十二"活动，是主要针对淘宝集市卖家的折扣活动。

2. 内容方面的运营策略

在淘宝平台中，淘宝流量的渠道可以分为站内流量和站外流量两种类型。站内流量是指整个阿里巴巴平台带来的流量，包括通过各种免费、付费的方式得来的流量。站外流量是指阿里巴巴之外的平台引入的流量，如搜索引擎、微信、微博等，各种社交平台都算在内。这里只讲站内流量，以天猫店铺为例，分析淘宝内部操作事项，运用淘宝站内内容进行推广种草，从而获取站内流量。

- **短视频** | 淘宝短视频适应人们现在的快节奏浏览方式，从而能吸引更多的消费者。商家达到要求发布内容之后，能否被系统抓取推荐，就要看短视频的内容质量。想要获得更多的推荐，就要掌握短视频的拍摄技巧，内容要新颖有趣。表5-4所示为短视频账号的升级指南。

表5-4　短视频账号的升级指南

短视频能力	账号活跃度的要求	账号视频质量的要求	账号自运营能力的要求	
			私域短视频运营	头图短视频运营（仅针对店铺在线商品＞3个，且未签约机构的店铺账号）
入门	累计发布视频数≥1	无	无	无
1星	本月发布视频数≥2	本月公域采纳视频数≥1或累计公域采纳视频数≥6	无	本月日均在线有主图视频商品数≥10或本月日均主图视频覆盖率≥10%
2星	1. 本月发布视频数≥4 2. 本月发布天数≥2	本月潜力视频数≥1	本月私域（非主图场景）日均播放量≥20	本月日均在线有主图视频商品数≥20或本月日均主图视频覆盖率≥20%
3星	1. 本月发布视频数≥6 2. 本月发布天数≥4	本月潜力视频数≥4	本月私域（非主图场景）日均播放量≥100	本月日均在线有主图视频商品数≥20或本月日均主图视频覆盖率≥20%
4星	1. 本月发布视频数≥6 2. 本月发布大数≥4	1. 本月潜力视频数≥4 2. 本月潜力视频数占比≥20% 3. 本月热门视频数≥1 4. 内容调性符合要求	本月私域（非主图场景）日均播放量≥250	本月日均在线有主图视频商品数≥20或本月日均主图视频覆盖率≥20%
5星	1. 本月发布视频数≥6 2. 本月发布天数≥4	1. 本月潜力视频数≥4 2. 本月潜力视频数占比≥40% 3. 本月热门视频数≥3 4. 内容调性符合要求	本月私域（非主图场景）日均播放量≥1000	本月日均在线有主图视频商品数≥20或本月日均主图视频覆盖率≥20%

知识补充

达人账号和商家账号的能力星级考核维度基本一致，但是有店铺但未签约机构的账号需要满足日均在线有主图视频商品数或本月日均主图视频覆盖率的要求，无店铺或有店铺但已签约机构的账号则不需要满足主图视频的要求。

- **店铺动态**｜通过店铺动态，消费者可以了解店铺近段时间发布的新品，有哪些优惠活动等。图5-12所示为不同店铺的店铺动态。店铺可每周发布1篇深度"种草"文章，每天更新不少于1个动态，大促活动期间可做各类互动活动。

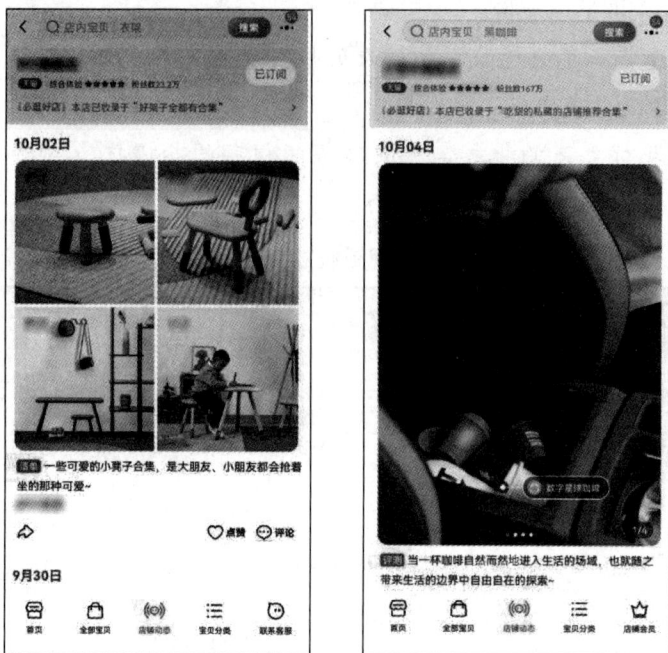

图5-12｜店铺动态

- **直播**｜直播采用专场形式、混场形式或专场+混场形式视预算情况而定。大促期间要求头部主播直播，日常由腰部主播直播，尾部主播可采用纯佣形式直播。

3. 营销方面的运营策略

品牌在营销方面需要做的是借势营销，借力电商赋能，打造品牌大事件。品牌可以通过天猫欢聚日、超级品牌日、国货大赏、品牌团等进行品牌营销活动，这些都是针对品牌类的天猫活动。商家要结合店铺所处的状态和商品的生命周期适当地报名活动，定位好目标人群，通过人群来提升品牌认知，从而影响更广泛的潜在消费群体。

（三）营销工具介绍

电商平台站内常用的营销工具包括淘宝直通车、引力魔方、万相台、淘宝客、达摩盘、品牌数据银行、淘宝订阅等。

1. 淘宝直通车

淘宝直通车是为淘宝和天猫卖家量身定制的按点击付费的效果营销工具，能使卖家实现商品的精准推广。它是由阿里巴巴集团下的雅虎中国和淘宝网进行资源整合，推出的一种全新的搜索竞价模式。直通车的竞价结果不仅可以在雅虎搜索引擎上显示，还可以在淘宝网上充分展示（以全新的图片＋文字的形式显示）。每件商品可以设置200个关键词，卖家可以针对每个关键词来自由定价，并且可以看到在淘宝网上的排名位置，排名位置可用淘大搜查询，并按实际被点击次数付费。每个关键词最低出价 0.05 元，最高出价 99 元，每次加价最低为 0.01 元。图 5-13 所示为某商品的直通车排名位置出价。

图5-13｜某商品的直通车排名位置出价

现在直通车可以设置 8 个推广计划。重点主推计划可以做主推"爆款"商品，提高质量得分、点击率、"爆款"商品的转化率；亦可主推觉得有潜力的"爆款"商品，其是消费者咨询的商品，价格符合消费者能承受的心理价位；也可进行全店直通车，把全店商品都放进去，统一默认出价，监测有潜力的商品；还可以测试图片的点击转化率，进行图片优化，测试类目的主要转化率高的精准词和长尾词等。在直通车中最多可以开通 8 个计划，如果资金充足，建议商家开通 8 个计划，因为只有精细化的计划推广才能让推广更有效果，达到精准引流的目的。图 5-14 所示为正在进行直通车推广的商品，其中显示了花费的金额、点击率、展现量等参数。

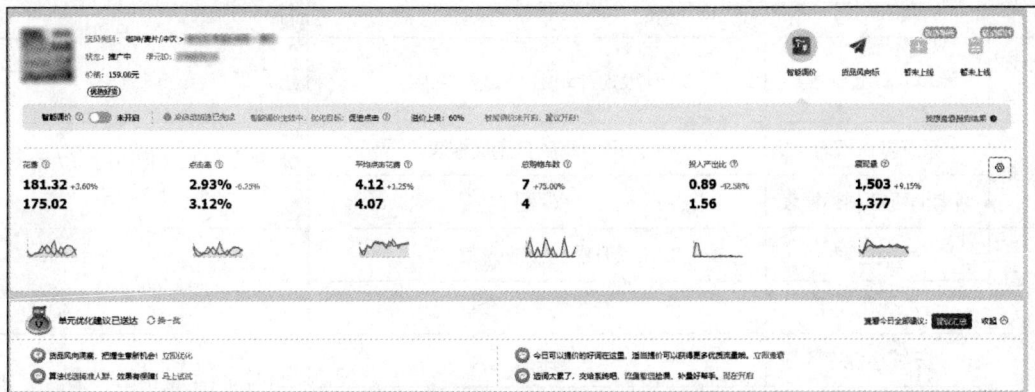

图5-14｜正在进行直通车推广的商品

2. 引力魔方

如果说淘宝直通车是一个以搜索关键词为主的精准推广商品的营销工具，那么引力魔方则是融合了猜你喜欢信息流和淘宝焦点图的全新的推广营销工具。引力魔方全面覆盖了消费者购前、购中、购后的消费全链路，通过淘宝焦点图、猜你喜欢等核心资源位推荐展现商品；再基于阿里巴巴大数据和智能推荐算法，帮助店铺发现潜在目标消费者，激发他们的消费兴趣，高效拉新，强效促转化，形成营销闭环，助力提高店铺整体流量，促进店铺利润增长。

引力魔方主要做的是定向展示，会针对该商品有需求的人群进行专门展现，其展现位置主要包括淘宝首页猜你喜欢、淘宝焦点图、购中猜你喜欢、购后猜你喜欢、微详情、红包互动权益场等。也就是说，引力魔方包含了超级推荐和钻展的功能，是二者的结合升级版。表5-5所示为引力魔方与超级推荐的功能对比。

表5-5 引力魔方与超级推荐的功能对比

模块	改动 / 升级		新增功能
	超级推荐	引力魔方	
资源	信息流资源位	保留	新增焦点图资源位
	基础流量包	升级为优选资源位	
主体	商品、橱窗	保留	新增店铺、自定义主体
定向	智能定向	升级为 AI 优选	新增目标人群 AIPL 能力、行业专属定向、计划再营销定向
	常用人群	模块整体保留，仍为常用人群	
	更多人群	模块整体保留，仍为更多人群	
出价	手动出价	当营销目标选择促进曝光、促进点击时可选	强化自动出价能力
	系统出价	当营销目标选择促进加购、促进成交时可选	
	时间折扣	手动出价下，支持时间折扣	
创意	各类信息流资源位对应创意	保留	新增创意库、智能化创意、组件化创意
计划结构	计划 / 单元 / 创意	升级为计划组 / 计划 / 创意	
报表	系统默认报表	升级为高度自定义报表	新增投放后 AIPL 洞察 / 流转报表
	新老消费者洞察报表	保留	
工具	超级管家	升级为投放管家	冷启动加速
	账户优化助手	升级为智能诊断	
其他	无线小程序	保留	
	拉新、"爆款"等营销场景计划类型	自定义类型，可在自定义情况下通过人群等方式调节实现	

3. 万相台

万相台是从投放场景（如拉新、上新、会员、打造爆品等）出发，整合阿里妈妈搜索、展示、互动、视频等全渠道资源，能一站式投放，有效达成营销需求，助力商家营销增长的推广工具。

万相台的投放场景主要有消费者运营、货品运营和活动加速。图 5-15 所示为天猫某商家万相台下的拉新快过去 14 天的数据。

图5-15｜万相台拉新快过去14天的数据

- **消费者运营**｜推广目标为店铺新客。其中，拉新快主要针对店铺老品快速拉动新客户增加商品流量；会员快主要针对新会员转化和老会员激活，如推荐设置店铺会员券并强化对应商品的创意，提高会员激活效率和促使会员产生购买行为。

- **货品运营**｜推广目标不区分新老客，旨在围绕货品特征寻找成交人群。其中，上新快适用于新品场景，帮助店铺新品加速成长；货品加速可以提高货品销量，促进营销转化，通过货品扩大相似人群范围。

- **活动加速**｜包括预热蓄水和爆发收割，支持商品和店铺主体推广，适用于大促场景。

4. 淘宝客

淘宝客，是一种按成交计费的推广模式，也指通过推广赚取收益的一类人。淘宝客只要从淘宝客推广专区获取商品代码，任何买家（包括淘宝客自己）经过淘宝客的推广（链接、个人网站、博客或者社区发的帖子）进入淘宝卖家店铺完成购买后，淘宝客就可得到由卖家支付的佣金。简单来说，淘宝客就是帮助卖家推广商品并获取佣金的人。淘宝卖家加入淘宝客推广后，可以在自己的店铺中最多挑选 30 件商品作为推广展示商品，并根据商品的情况设定不同的佣金比率，这些商品的佣金比率称为个性化佣金比率。

5. 达摩盘

达摩盘是钻展里面用来投放和解析精准人群的一款营销工具。达摩盘是阿里妈妈基于商业化营销场景打造的人群精细化运营定向平台，涵盖消费行为、兴趣偏好、地理位置等海量数据标签，用于为商家提供个性化人群圈选，识别店铺高价值人群，进行人群画像洞察与偏好分析，以满足商家个性化的精准营销需求。

6. 品牌数据银行

品牌数据银行用于帮助品牌构建一个可洞察、可追踪、可应用的消费者资产中心。在品牌数据银行中，品牌能够了解分布于认知、兴趣、购买、忠诚 4 个不同阶段的消费者质量，其中还有消费者渗透率、AIPL 转化率，以及消费者终身价值等指标，可帮助品牌了解消费者与它们之间的关系、行业基准值的对比，帮助品牌判断其在行业中的表现。品牌数据银行是品牌人群的资产中心，其本质是消费者行为的数据呈现和应用，主要通过人群的行为对品牌人群进行分类和分析，从而进行人群精细化运营及定向投放广告，最终消费者能找到合适的产品，品牌也能找到合适的人群。

7. 淘宝订阅

淘宝订阅就是微淘的升级，是以关注关系为核心的生活消费类内容社区，为商家提供内容平台服务，为账号提供确定性的粉丝触达，为用户提供新的消费资讯。用户订阅后可持续关注店里的新品、热卖品，而且开通淘宝订阅功能的商家可以向用户发送促销或者新品上架的信息，有利于拉回即将流失的用户。

在新的订阅后台，平台向商家提供四大类玩法——货品动态、导购内容、互动玩法、人群权益，如图 5-16 所示。

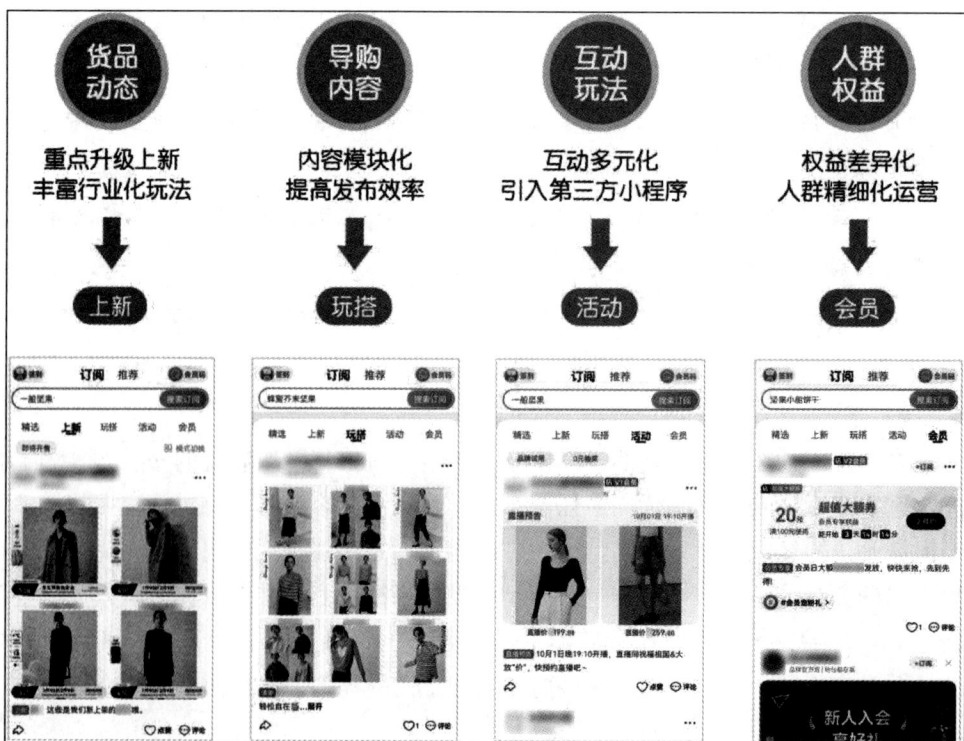

图5-16 | 淘宝订阅玩法

知识补充

推广必须要有目标，店铺应结合目前阶段需要优化的数据来制定目标，特别是新版生意参谋公布以后，店铺可在其中看到店铺基础数据与同行平均数据的对比情况，可以参考同行平均数据制定目标。

任务实训

电商常用的营销工具有很多，常见的有淘宝直通车、引力魔方、万相台等。公司领导安排小周为电商部门的产品设计营销策略，但是小周并不清楚这些营销工具到底有什么区别，无法根据特定的工具设计策略。为了能尽快完成工作任务，小周需要通过网上调研，完成电商常用营销工具的调研报告。

请结合所学知识，并通过互联网平台查阅电商营销工具的相关信息，找到它们之间的区别。请将研究成果做成展示 PPT，并将要点记录在表 5-6 中。

表5-6　电商营销工具的差异分析

调研项目	调研目标	调研内容	调研结果
电商常用的营销工具	淘宝直通车	优点	
		缺点	
	引力魔方	优点	
		缺点	
	万相台	优点	
		缺点	

任务思考

通过本任务的学习，完成电商品牌建立与策划的认知。请在此基础上，思考并回答以下问题。

1. 简述电商品牌的建立需要考虑哪些问题。

2. 除了淘宝直通车、引力魔方、万相台以外，你还知道哪些电商常用的营销工具？请简单描述。

3. 我们知道淘宝直通车是按点击付费的效果营销工具，可为卖家实现商品的精准推广，其目的就是引流，提高商品销量。那么淘宝直通车怎么使用效果最好？怎么才能提高淘宝直通车关键词的点击率？怎么才能提高淘宝直通车的关键词得分？

任务二　电商品牌推广与优化

随着网络购物的普及，电商已经成为当下最热门的行业之一，越来越多的商家开始入驻电子商务平台。在电商竞争越发激烈的现在，品牌的推广和优化显得尤为重要，商家只有做好了品牌推广和优化，才能在众多竞争者中崭露头角。而品牌推广不能独立运营，要与产品、市场、运营、设计等各个部分进行有效拉通，这样才能有利于品牌的整体形成，从而通过品牌推动销售。

任务目标

本任务主要介绍在电子商务中如何推广和优化品牌，让大家对品牌的推广、优化等有一个系统的认识。希望大家通过本任务的学习，了解并掌握以下知识及技能：

（1）了解品牌的推广方法和维护方式；

（2）了解品牌优化与创新的过程。

知识储备

品牌是给企业带来溢价、增值的一种无形资产。企业的品牌优化策略，可以让市场和消费者更好地了解企业的优势与特点，让消费者对产品质量、服务等产生信任感和认同感，因此企业在初期就要注重品牌形象的建立、推广和创新等。只有建立起品牌与消费者之间的信任，企业才能具备真正的核心竞争力，拥有更加广阔的发展空间。

（一）品牌推广与维护

品牌推广，是指企业有意识地塑造企业品牌形象，提高消费者对市场的认可度，进而提高市场占有率的过程。品牌推广有很重要的两个目的，第一个是提高产品的知名度，第二个是提高产品的市场占有率。对于品牌推广策略，现在广为运用的、比较有借鉴意义的方法是"三元论"。

1. 品牌推广的"三元论"

品牌推广的"三元论"以消费者和产品的情感因素为根本，采取步步为营的策略，并各有侧重，以长久而成功地塑造和推广一个品牌。

（1）基本概念。

品牌宽度：品牌在市场上的影响程度，主要是指品牌知名度。

品牌深度：品牌在消费者心目中的影响程度，主要包括品牌美誉度和品牌忠诚度。

（2）品牌推广"三元论"的基本内容。

一个成功、完整的品牌推广应该包括以下 3 个层次。

- 第一，品牌宽度推广阶段，即建立品牌知名度。

- 第二，品牌深度推广阶段，这个阶段的主要任务是提高品牌美誉度、品牌忠诚度、市场对品牌的认可度。
- 第三，品牌维护阶段，这一阶段既要注重对品牌宽度的推广，也要注重对品牌深度的推广，注重对品牌的维护和保养，使品牌保持长久的生命力，更多地体现企业的产品价值。

所有的品牌推广策略都必须基于一个中心，即以消费者的市场需求为中心。只有在对现有消费者和潜在消费者进行彻底的需求分析的基础上，才能建立起被消费者认可的推广策略。在品牌推广过程中，品牌宽度是基础，是品牌的第一生命；品牌深度是根本，是品牌的第二生命。

（3）品牌推广"三元论"的基本操作模式。

品牌推广是树立和维护品牌的重要阶段，再好的品牌创意，若没有强有力的推广执行，将难以成就品牌。品牌的不同时期所适用的推广模式也不同，下面简要介绍品牌的不同推广阶段所需的推广方式，如图 5-17 所示。

图5-17 | 品牌推广"三元论"的基本操作模式

- **品牌宽度推广阶段** | 品牌宽度推广阶段的目的是建立品牌知名度，可以从线上和线下两个渠道进行宣传推广，具体推广方式如表5-7所示。这个阶段的品牌推广主要通过一些传统的推广手法宣传、推广品牌，让广大消费者了解、知晓品牌的基本内涵、产品特点、品牌文化等，属于和消费者的初级沟通。

表5-7 品牌宽度推广阶段推广方式

推广目的	建立品牌知名度
推广策略	强势打造，强制灌输
推广方法	广告宣传，活动、事件传播
推广渠道	线上：基于网络进行一系列宣传，包括互联网、电视宣传等； 线下：主要与消费者面对面宣传，如路演、举办大型活动、派发传单等

- **品牌深度推广阶段** | 品牌深度推广阶段的目的是让品牌深入人心，让消费者加深对品牌的印象，培养消费者对品牌的忠诚度。品牌深度推广阶段的具体推广方式如表5-8所示。

表5-8 品牌深度推广阶段推广方式

推广目的	让品牌深入人心，提升品牌美誉度、品牌忠诚度、品牌销售力
推广策略	深度互动，创新传播

• **品牌维护阶段** | 品牌维护阶段的目的是维护品牌高度。当品牌达到一定的高度之后，就需要进行品牌的维护工作，这样才能保证品牌永葆青春活力和持续拥有市场竞争力。在这个阶段的品牌推广可以采用宽度推广和深度推广相结合的方式。

在品牌的推广阶段离不开创新，创新是策划的生命，尤其是在品牌的深度推广阶段，要和消费者达成深度互动，让消费者从内心深处体验、认可、接受品牌和品牌文化，就要另辟蹊径，大胆创新，从而提升品牌销售力。

① 推广方法一：建立品牌文化，与消费者互动。

具体操作示例：某生鲜电商平台在繁华地段自建仓库，同时和各个酒吧、咖啡屋等场所联合，全面推广品牌文化，让消费者深度了解和认识品牌文化，感受品牌文化氛围，并借助消费者口碑进行宣传。

② 推广方法二：完善员工管理，实现员工互动。

具体操作示例：某生鲜电商平台每一个员工都是企业品牌宣传的渠道，它通过员工持股、员工进行企业文化的学习等方式，从企业内部形成传播源，借助员工对企业文化的认可在生活、工作中传播品牌文化。

③ 推广方法三：丰富品牌文化，建立品牌和消费者之间的情感联系。

具体操作示例：以品牌文化为宗旨，塑造能打动目标消费者、得到消费者认同和让消费者感动的品牌故事等，让品牌文化生动、形象、丰满起来，使品牌文化广为流传，以赢得人心，赢得市场。

总之，品牌推广只有找对目标消费者和品牌的情感切入点与燃点，和消费者进行心灵对话，让消费者产生共鸣，才能大大提升品牌推广的效果，降低推广费用。从需要与动机、感觉和知觉、消费者的态度出发，迅速捕捉和寻找、定位、剖析消费者的情感因素，才能做好品牌推广，从而达到提升品牌销售力和解决问题的目的。

知识补充

需要注意的是，品牌的推广模式并不是一成不变的。在实际进行品牌推广时要根据不同的产品以及不同的市场表现来确定使用何种推广方法，这就要求企业针对自身的产品、具体的目标市场状况等制定适合自己的推广模式。

2. 品牌推广方式

企业立足市场靠的是品牌的响应，任何一个初建的企业第一步都是打响企业品牌，让消费者知道该品牌的存在。也就是说，企业创业初期的首要工作就是创建品牌、推广品牌。品牌的推广方式有 5 种，如图 5-18 所示。

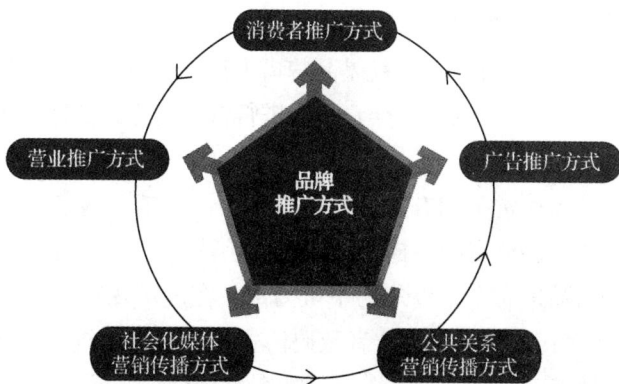

图5-18 | 品牌推广方式

（1）消费者推广方式。

消费者推广方式具体分为：发放优惠券、满减、给予现金折扣、设计特价包装、发放赠品、发放奖金、免费试用、提供产品保证、联合促销、直播销售现场展示等。这些推广方式比较常用，在电商环境下能较好地实现。图 5-19 所示为电商店铺优惠信息。

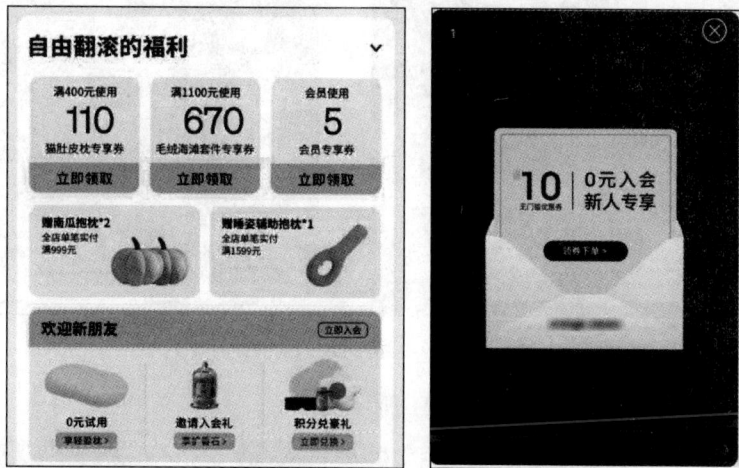

图5-19 | 电商店铺优惠信息

（2）营业推广方式。

营业推广方式是品牌推广方式中针对性、灵活性都非常强的方式，可以是固定的，也可以是不定期的。常用的营业推广方式主要有举办展览会、展销会，抽奖、时装表演等。在以下情况中，营业推广方式是非常有效的。

- **品牌类似**｜品牌经营者有意利用心理学的方法使品牌对消费者产生差异，形成本品牌的特色，这就需要大规模地进行推广活动，多采用营业推广方式。

- **新品牌刚上市阶段**｜由于消费者对新品牌是陌生的，品牌经营者需要采用营业推广方式，促使广大消费者认知新品牌。

- **品牌处于成熟期**｜为了维持品牌的市场占有率，营业推广方式被广泛采用。

（3）社会化媒体营销传播方式。

社会化媒体营销是指社会化营销，就是品牌借力社会当下的发展，站在社会、品牌和用户三者的角度思考，借力热点（或者社会责任）进行营销的方式。社会化媒体营销传播不单单是做传统的公关传播或者广告传播，而是二者相结合的一种品牌曝光方式。

社会化媒体营销传播通常采用有创意的海报、事件营销、网络（社区）互动等。社会化媒体营销通常是有节点、节奏的传播，一般分为预热期、传播期、传播后 3 个阶段。

就像一场手机的新品发布会，以华为手机为例，在确定发布会的时间后，在预热期总能在各大媒体、KOL（关键意见领袖）或者数码博主处看到该手机发布之前的未曝光信息，如外观、中央处理器性能、相机、代言人等，如图 5-20 所示。发布会当天也就是传播期，在今日头条、百度可以看到各种 KOL 的评测，以及与其他机型的对比情况。发布会结束即传播后，会看到各大购物网站的广告、朋友圈信息流等"种草"推荐。

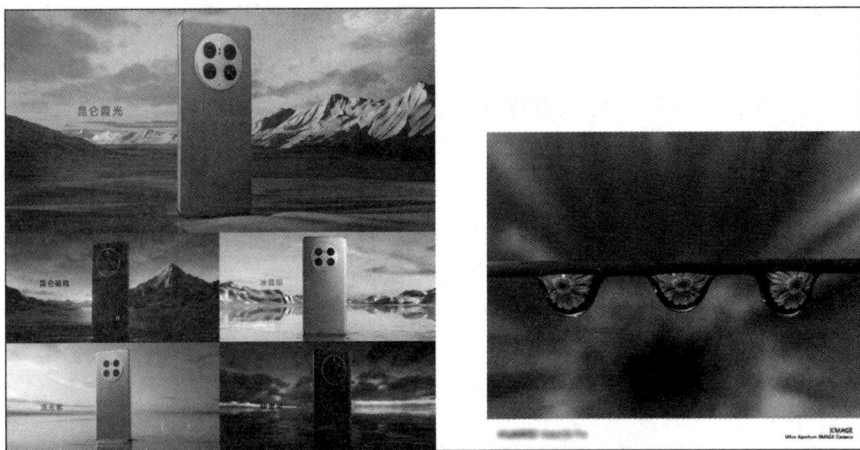

图5-20｜华为手机外观和镜头宣传

一场社会化媒体营销的步骤如图 5-21 所示。

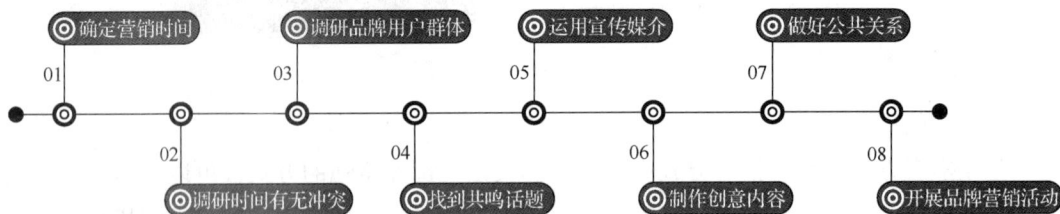

图5-21｜社会化媒体营销的步骤

- 第一，确定社会化媒体营销的时间。
- 第二，调研时间有无较大热点节日冲突。
- 第三，调研品牌用户群体。
- 第四，找到与社会、用户、品牌之间的共鸣话题。
- 第五，运用传播工具与媒介，如地铁站台、微博、微信公众平台等。
- 第六，制作有创意的内容，包括制作视频、制造话题等。

- 第七，做好公共关系，运用各大媒体进行宣传。
- 第八，开展品牌营销活动，提高交易总额。

假设我们要做一场品牌社会化媒体营销，首先要确定传播引爆的核心时间，有无热点可以借势，如母亲节、父亲节等，这些都是较大的节日；了解平台或者品牌的画像，如社区类型的 App 年轻人居多、美妆类型的平台女性居多。其次要了解用户的行为喜好；找到用户的痛点，放大痛点。以美妆为例，假设用户群体为一线或者二线城市的职场人员，那么他们的痛点可能是"每天忙于工作""不舍得给自己买一套护肤品"。最后选择合适的传播工具投放广告，如地铁、公交站台等，尽量选择离用户近的地方。投放广告之后记得利用媒介话题的不同维度传播，当然内容创意有很多引爆方式，如短视频、微博话题等，如"你有多久没有给自己买口红了"。

（4）公共关系营销传播方式。

对于企业品牌来说，公共关系营销是不可或缺的一种营销手段，除了能和终端市场产生有效互动沟通之外，还能为企业带来长期的口碑效应，让受众对品牌产生良好印象。

常见的公共关系营销传播方式有以下两种。

- **媒体邀约** ｜ 简单地说就是企业为了宣传企业或者产品，直接和网络媒体、电视台、报刊媒体等联系，邀请其参加活动并加以报道，并将内容发布在各大媒体网站上。媒体邀约的营销方式属于直接的营销方式，一般企业举行活动及产品发布会时都会用到此种营销方式。具有代表性的就是苹果公司举办的苹果新品发布会，其发布会预告如图 5-22所示。每年的苹果新品发布会都是"果粉"十分期待的，发布会现场由媒体进行对外报道，能吸引不少网友的关注。

- **网站投稿** ｜ 企业直接通过邮箱或者在线投稿的方式，主动给一些媒体网站投稿，媒体收到企业发来的稿件后需要让媒体编辑审核，审核通过后即可直接发布。网站投稿常见的就是网络写手给网站投稿以取得发布的机会，很多网络写手都是依托网站媒体将其小说收录在搜索引擎中才得以成名的。

（5）广告推广方式。

做品牌非常常见、简单的方式就是花钱投广告，这一方式虽然效果明显，但比较耗费资金。如今，互联网广告已经超越传统的电视广告、户外广告等成为企业十分喜爱的形式，它按照触发机制的不同可以分为搜索广告和社交广告两大类，前者如百度搜索广

超前瞻

北京时间9月8日
凌晨1点

提前两周约定你，
来观看这次极具前瞻性的
Apple 特别活动，
老地方 Apple 官网，不见不散。

图5-22 ｜ 苹果新品发布会预告

110 告，后者如微信朋友圈广告。除了前文介绍的电商平台中常见的营销工具，如淘宝直通车、引力魔方、淘宝客等，我们还可以利用搜索引擎的 SEO、SEM 等进行推广。

知识补充

SEO（Search Engine Optimization，搜索引擎优化），利用搜索引擎的规则提高网站在有关搜索引擎内的自然排名，目的是让其在行业内占据领先地位，获得品牌收益。

SEM（Search Engine Marketing，搜索引擎营销），是利用搜索引擎进行网络营销的一种手段，所有在搜索引擎平台的营销方式都可以被称为 SEM，也可以看作"竞价推广""广告投放"。

3. 产品迭代

产品的质量是消费者特别关心的问题，只有将产品质量提高了，各种品牌营销活动才能有效发挥作用。任何产品都会经历初创期、成长期、成熟期和衰退期 4 个阶段，而产品更新迭代是保证初创期的快速上线、成长期的高速增长、成熟期的稳定营收和衰退期的创新突破的有效手段。那么在产品更新迭代的过程中需要注意以下几点。

（1）保证第一判断点不变。

企业需要达到消费者看一眼之后就能记住品牌或者产品的目的。因为企业刚开始做品牌的时候能让消费者产生购买行为，这时候产品留给消费者的第一印象一般情况下都较好，所以无论产品如何更新，留给消费者好的第一印象是不能改变的。

（2）基本功能要一直满足消费者需求。

这个要求可能看起来非常简单，但在实际运用中，很多企业却经常犯错误——产品更新后的功能越来越多，却忽视了最基础的功能。因此，产品更新迭代要符合消费者的喜好，符合消费者的认知。

（3）区隔符号不变。

所谓区隔符号，就是能体现产品特点，并且与其他同类产品拉开巨大的差距，包括品牌或者产品的 Logo、颜色、设计等。

4. 多元化渠道布局

在当前移动信息化时代下，消费者获取信息的手段多样，多元化渠道布局将带来多流量的入口。电商平台流量红利渐弱，主流头部电商平台线上新增活跃用户营销成本逐年增加，在电商平台的高获客成本压力下，渠道多元化和社群平台的兴起能够降低品牌的入驻成本。因此，对品牌运营的诉求不再局限于天猫官方旗舰店，微信公众平台、短视频直播平台等新兴渠道的运营日益重要。

企业在稳住原有运营渠道的基础上，要不断加快多元化渠道布局，为品牌抢占多维度

的流量入口，同时为品牌提供多元化渠道营销方案。对品牌而言，过于依赖单一渠道平台会影响其经营模式与盈利模式的可持续性，不利于保持业务的稳定性及扩大未来业务的增长空间。

在大数据时代背景下，为了能够快速适应消费者需求的不断变化，提升品牌的市场竞争力，品牌的运营策略需要数据的支撑。企业可以通过有效的系统工具对数据进行整合，例如用天猫平台生意参谋工具（见图 5-23）对消费人群进行数据对比，定期跟踪分析数据，同时将数据应用于品牌建设与多元化渠道布局。通过分析品类、区域、目标客群等，企业可及时捕捉消费者需求偏好，结合大数据为品牌建设与多元化渠道策略制定提供依据，降低品牌试错成本，提高决策效率。

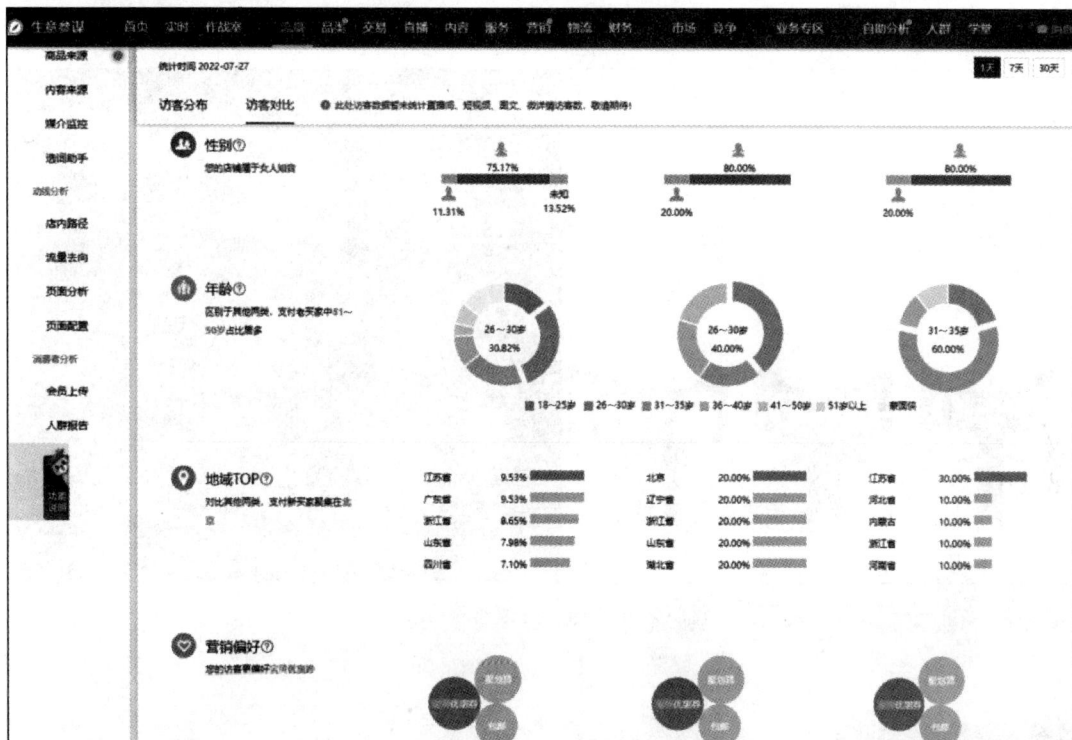

图5-23 | 通过生意参谋工具查看消费群体数据

（二）品牌优化与创新

品牌是市场竞争的结果，也是企业参与市场竞争的核心资源。广义上的品牌优化与创新有以下几个层面的含义。

1. 品牌产品

品牌就像一个有机体，产品是这个有机体系统的子系统，只有每个子系统都通过创新达到最优，才能产生 1+1>2 的效果，才有有机体系统的整体最优。产品创新主要集中在新产品的开发、新包装的设计和运用、技术的创新和应用、新产品的市场推广等方面。产品创新有以下 4 种类型。

- **结构创新**｜重新界定产品和工艺机构，为以后的竞争和创新构建基本框架。
- **空缺式创新**｜使用现有的技术获取新的市场机会是这类创新的核心。
- **渐进性创新**｜针对产品进行的局部或改良性的创新。
- **根本性创新**｜首次向市场引入的、能对经济产生重大影响的产品创新。

2. 品牌本身

这一层面的创新主要集中在品牌视觉、品牌形象、品牌延伸、品牌理念以及品牌化策略和战略等方面。例如将品牌形象IP（知识产权）化或创作品牌形象的表情包，如天猫的IP形象，它可以被运用到各种宣传中。天猫IP形象的变更和运用如图5-24所示。品牌本身的创新的直接目的就是增加知名度，提升品牌形象，增强品牌忠诚度和品牌联想，它的最终目的是提高重复购买率，厚积品牌资产，塑造强势品牌。

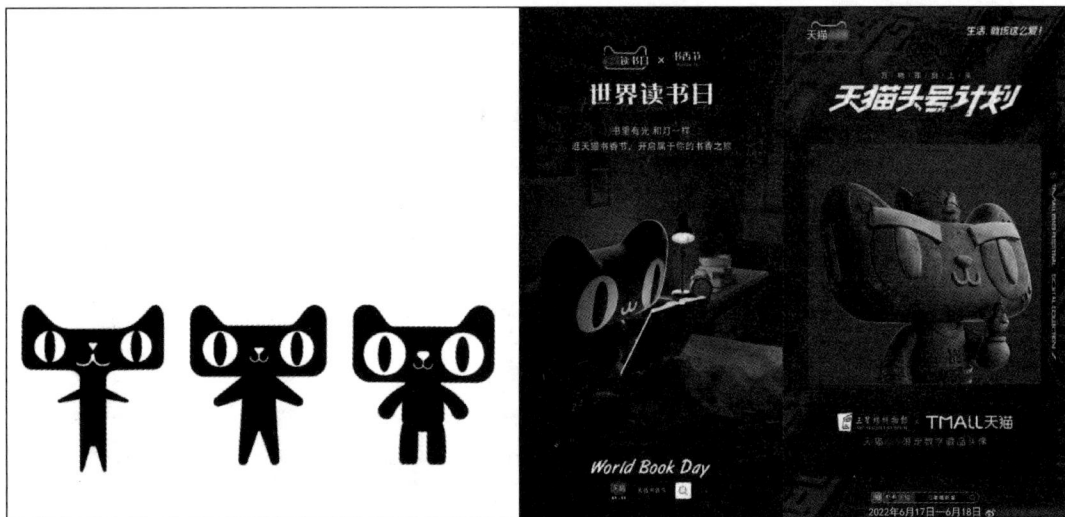

图5-24｜天猫IP形象的变更和运用

行业点拨

IP是一种新工具和新方式，会产生极大的收益回报，可以说，在IP时期，品牌占有了一个IP就等于占有了一个长期的消费通道。品牌IP化实际上是品牌的第二形象，将品牌动漫化、公仔化、人物化，从而形成人格化的Logo或吉祥物。品牌IP化后，能够凭借其与众不同的内容，自带话题势能，自行散播，从而产生口碑，最终进入消费者的生活中，实现商业变现。

3. 利用品牌进行扩张

一个成长型的、有前景的品牌在内部强大之后，自然会产生"品牌效应"，必然会扛起品牌的大旗向外扩张，这是品牌经营的最高层面，是品牌创新的结果，也是品牌创新的又一领域。这一领域的品牌创新主要集中在依据品牌战略对品牌扩张的方式和方法的创新上，如麦当劳的品牌特许经营。

品牌经营的方式和方法的创新有一个最大的原则，即合适的才是最好的。这方面的创新由于是向外扩张，因此需要与自身的优势和外部环境的条件相结合，不能故步自封。

知识补充

OEM（Original Equipment Manufacture）的意思是原始设备制造商，基本含义是定牌生产合作，俗称"代工"。OEM，就是品牌生产者不直接生产产品，而是利用自己掌握的关键的核心技术负责设计和开发新产品，控制销售渠道。为了增加产量和销量，赢得市场时间，降低上新生产线的风险，OEM便通过合同订购的方式委托同类产品的其他厂家生产，低价买断所订产品后直接贴上自己的品牌商标。

任务实训

品牌策划是指通过品牌上对竞争对手的否定，与竞争对手的差异、距离来引导目标群体的选择。领导安排小周对电商部门的产品进行品牌策划分析，为了明确工作内容，现需要根据产品具体情况完成调研。

查找一个品牌，对品牌的策略与策划进行分析。请将研究成果做成展示PPT，并将要点记录在表5-9中。

表5-9 品牌策划分析

研究目标		调研结果
该品牌的目标人群及市场	目标人群	
	目标市场	
该品牌的特点	品牌定位	
	品牌文化	
该品牌的名称及口号	品牌命名	
	品牌口号	
该品牌的外形	品牌视觉设计	
	品牌包装设计	

任务思考

通过本任务的学习，完成对电商品牌的推广与优化的认识。请在此基础上，思考并回答以下问题。

1. 请列出你最喜欢和最讨厌的两条广告，并说明理由。
2. 品牌运营的本质是什么？请简单描述。

项目习题

一、单选题

1. 下列属于电商营销工具的是（ 　　）。

   A. 淘宝直通车 　　　　　　　　　　B. 淘宝

   C. SEO 　　　　　　　　　　　　　D. 京东

2. 下列不属于品牌标志设计原则的是（ 　　）。

   A. 准确表达品牌特征 　　　　　　　B. 设计有美感

   C. 运用字体策略 　　　　　　　　　D. 形状复杂多变

3. 下列关于引力魔方的说法正确的是（ 　　）。

   A. 通过淘宝焦点图、猜你喜欢等核心资源位推荐展现商品

   B. 引力魔方同以前的超级推荐功能一样，没有差别

   C. 只覆盖了消费者购前的消费链路

   D. 不能帮助店铺有效提升整体流量

4. 下列关于品牌定位遵循的原则说法错误的是（ 　　）。

   A. 消费者导向原则 　　　　　　　　B. 定位简单清晰原则

   C. 独特性原则 　　　　　　　　　　D. 持久性原则

二、多选题

1. 淘宝的营销工具有（ 　　）。

   A. 淘宝直通车 　　　　　　　　　　B. 淘宝客

   C. 淘宝直播 　　　　　　　　　　　D. 达摩盘

2. 品牌推广的"三元论"包括（ 　　）。

   A. 品牌深度推广阶段 　　　　　　　B. 品牌维护阶段

   C. 品牌初期阶段 　　　　　　　　　D. 品牌宽度推广阶段

3. 品牌优化与创新包括（ 　　）等方面的创新。

   A. 品牌本身 　　　　　　　　　　　B. 利用品牌进行扩张

   C. 企业组织 　　　　　　　　　　　D. 品牌产品

4. 淘宝订阅就是微淘的升级，为商家提供内容平台服务，是以关注关系为核心的生活消费类内容社区。下列关于淘宝订阅的说法正确的有（　　）。

A. 淘宝订阅涵盖消费行为、兴趣偏好、地理位置等海量数据标签

B. 消费者在订阅店铺后可持续关注店铺的新品、热卖品等

C. 包括4种玩法：货品动态、导购内容、互动玩法和人群权益

D. 淘宝订阅可以为店铺提供确定性的粉丝触达，为消费者提供新的消费资讯

5. 品牌策划是指人们为了达成某种特定的目标，借助一定的科学方法和艺术表达方式，为决策、计划而构思、设计、制作策划方案的过程，主要内容包括（　　）。

A. 市场定位　　　　　　　　B. 品牌定位

C. 品牌形象　　　　　　　　D. 品牌结构

三、简答题

1. 如果你是一个创业者，从无到有打造一个品牌，你会怎么做？请简要描述。

2. 任意选择一个现在已有的电商品牌，简述该品牌的定位和塑造过程。

3. 思考如何才能打造一个成功的品牌IP形象。

拓展阅读 📖

蕉内品牌营销战略拆解

众所周知，蕉内现在已成为"基本款品类"代名词。蕉内是一个新锐黑马品牌，仅用4年时间，就从一众大牌中脱颖而出，强势进入人们的视野。其品牌营销策略如表5-10所示。

表5-10　蕉内的品牌营销策略

	策　略	内　容
洞察	社会文化	消费者自我本位、自我差异的表达意识逐渐觉醒，消费观念也从悦人向悦己转变，多元化、个性化需求崛起
	经济市场	传统内衣行业设计老化、渠道单一、同质化严重的短板，加速了市场洗牌
	细分品类	衣物上的化学纤维"洗水标"令人刺痒，市场现有的贴身衣物具有体感缺陷

续表

策略			内容
品牌策略	定位		定位于无感标签内衣，抓住"基本款"品类创新的机会，开创性讲述"体感科技"的故事
			"体感科技"：通过技术的迭代，持续提升人的感觉和体验。这一差异化的定位，为消费者留足了想象空间，也为蕉内在消费场景的扩充埋下伏笔
	品牌名：蕉内（Banana in）	Banana	源自"有苹果就有香蕉"的联想，表达了创始人对苹果公司革新与改变精神的致敬；蕴含一种朴素的期望和初心：将日常物品作为纽带，重塑生活的独特体验与感受
		in	insight（洞察）、invent（创新）、inspire（激励）、enjoy（愉悦），向世界传递"in"的更多可能
	品牌视觉风格	设计风格	工业性、科技感标志元素，男性模特和女性模特使用的明暗层次与色调交错、标志性蘑菇头独树一帜
		文案	简练不啰唆，独特有个性
		目的	让消费者"发现你，识别你，传播你"

6

项目六
电子商务用户运营

情景展示

　　小贸的农产品销售越做越大，他成立了独立的农产品电子商务运营公司，需要发展新用户，留住老用户，活跃用户，转化有效用户。小经作为用户运营的负责人，接到领导布置的任务以后，从了解用户入手，细化用户运营策略，帮助企业找出运营环节中存在的问题，从而制定有效的运营策略，提高运营各环节之间的转换效率。

学习目标

【知识目标】

| 了解电子商务用户运营的定义和内容；

| 了解用户行为分析的定义与特征；

| 了解网络客服的概念和工作范畴。

【技能目标】

| 掌握用户运营的方法；

| 掌握用户需求调研与用户行为分析的方法。

【素质目标】

| 树立良好的用户服务意识；

| 培养严谨细致的工作态度与工作作风；

| 培养诚实守信、爱岗敬业、勇于奋斗的良好职业道德素质；

| 培养开拓创新、勇于探索的精神。

【知识导航】

电子商务用户运营
- 任务一 用户运营的认知
  - 知识储备
    - 用户运营的定义
    - 用户运营的内容
  - 任务实训
- 任务二 用户需求和行为分析
  - 知识储备
    - 用户需求和行为分析的定义
    - 用户需求调研
    - 用户行为分析
  - 任务实训
- 任务三 网络客服
  - 知识储备
    - 网络客服的意义
    - 网络客服的概念
    - 网络客服应具备的基本要求
    - 网络客户关系管理
  - 任务实训

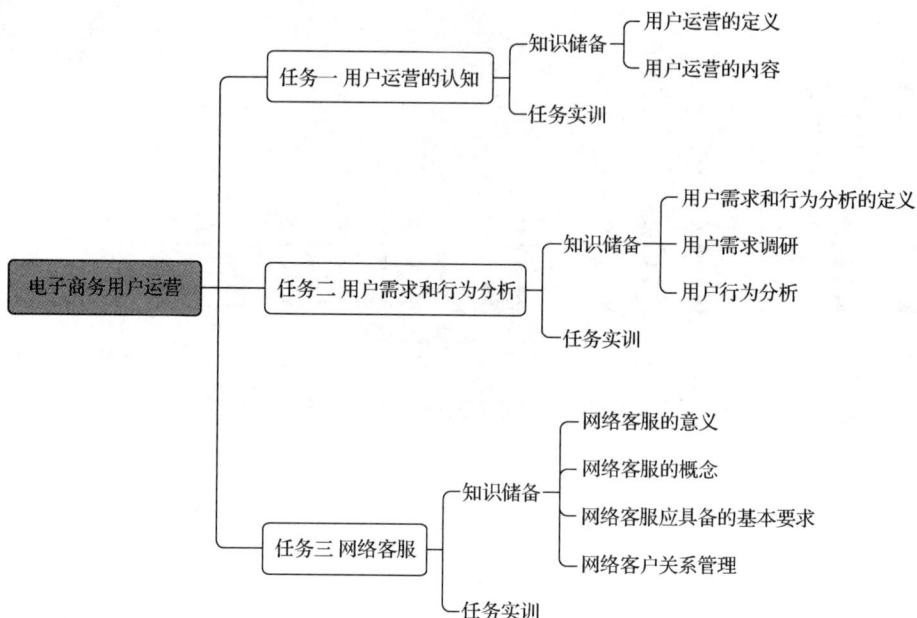

任务一 用户运营的认知

运营是为了在产品和用户之间建立与维护良好的关系，在这个过程中使用的一切相关工具、手段和方法等，其最终目的都是让产品价值和用户价值相对最大化。而电商用户运营的工作更多是以销售为导向，前期获取用户画像及渠道推广等的营销行为，最终都是为了赋能销售行为、获得销售线索、提高成单概率。

任务目标

本任务理论基础较多，涉及很多资料的获取、整理及分析，希望大家通过本任务的学习，能够掌握以下知识及技能：

（1）用户运营的定义；

（2）用户运营的内容。

知识储备

用户运营的目标对象是用户，运营者在开展运营工作之前需要提前了解产品的目标用

户和重点用户是哪些，这样才能有针对性地制定运营目标和运营策略等。针对不同的用户群体实施相应的运营策略，是有效达成运营目标的重要手段。因此，在进行电商店铺运营之前，首先需要了解电商用户运营的定义，知晓用户运营的内容，从而对用户进行标签化管理。

（一）用户运营的定义

用户运营是以用户为中心的研究角度，其本质上与传播学研究中的受众研究相一致，即"针对受众接触、解释、反馈传播信息的状况和规律，受众与媒体、社会之间的互动关系，以及受众在整个传播过程中的地位和作用进行研究"。在互联网背景下，受众拥有主动性和能动性，因此被称为"用户"。

用户运营是指以用户为中心，全方位洞察并满足用户需求，为用户提供个性化的服务，是增加企业与用户的连接紧密度的有效手段，有利于提高用户忠诚度和满意度。用户运营的核心在于围绕用户的思想和行为，实现与用户更好的连接，建立完整的运营流程。在这一过程中，用户的生命周期在不同阶段呈现出不同的特征。

电商企业的用户运营界定为企业利用互联网、大数据等技术在电商平台中获取用户并维系用户关系的体系化流程。这些流程与内容运营、活动运营、流量运营、类目运营等都紧密相关，需要产品、仓储、物流、美工、客服等所有职能的相互配合，最终目的是实现从新用户到忠诚用户的有效转化，使用户价值最大化并构建有效的用户转化闭环模型，从而为企业不断扩大有效的"存量"用户池，增强企业在市场竞争中的优势。

（二）用户运营的内容

用户运营需要解决用户是谁、用户从哪里来、通过什么渠道来的、如何增加用户的黏性等问题。用户运营的内容主要包括以下几个方面。

1. 用户画像

用户画像是指从用户产生的数据中抽象出的一组能够客观表现用户基本特征的标签体系，进而全面且精准地刻画用户原型，从而实现个性化服务。在互联网发展的今天，用户画像则是由数据驱动的，在数据分析的基础上，利用文本挖掘等方法对用户的个人属性和行为信息进行分析；在特征识别的基础上，将用户抽象为多个标签标识的用户原型，更加清楚明了地分析用户的群体特征并洞悉用户兴趣偏好，从而全面地了解用户需求，实现个性化推荐等精准服务。图 6-1 所示为淘宝生意参谋中某个产品行业的用户画像分析。

构建用户画像需要收集和处理用户数据，而数据自身属性各不相同，有的数据随时间进行动态变化，有的数据则是静态稳定的，具有标签概括性、数据时效性、群体聚类性和结果可视性四大特点。

用户画像的实质是用户全貌，该用户全貌由一组体现用户特征的标签组成。用户画像基于数据挖掘方法，根据用户属性的分类，挖掘体现用户全貌的用户特征，提炼成用户标签，最终得到画像结果。用户画像的构建流程可总结归纳为 6 个阶段：确定目标与画像维度；确立调研方法；制订计划与数据收集；结果分析，角色聚集；综合特征，产出画像；结合产品，画像落地。用户画像构建流程如图 6-2 所示。

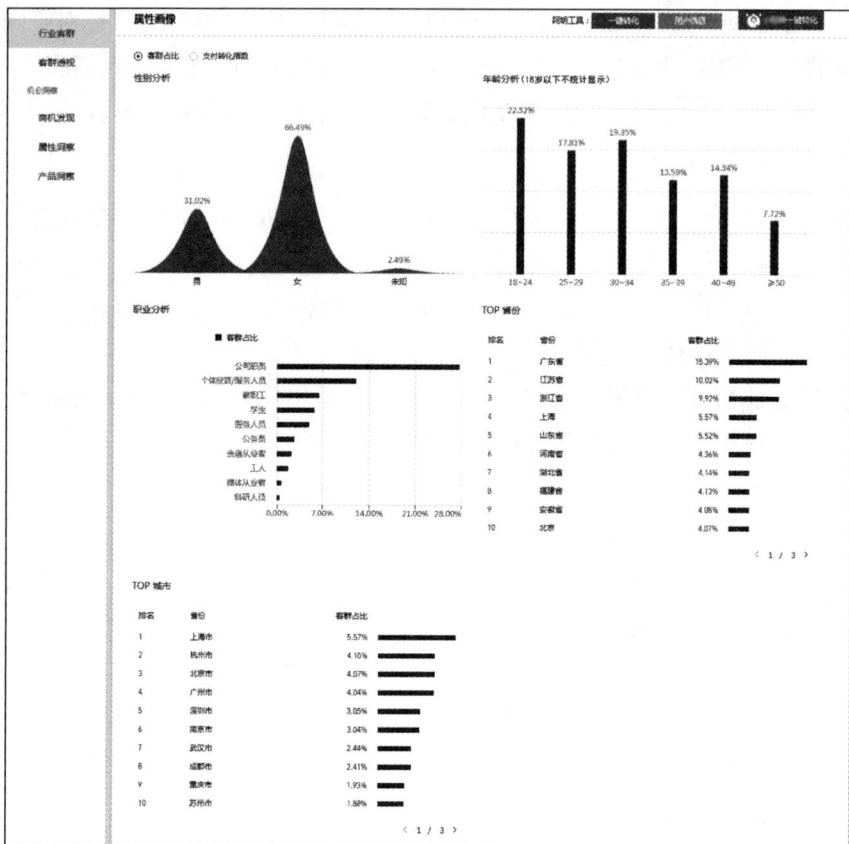

图6-1｜生意参谋中某个产品行业的用户画像分析

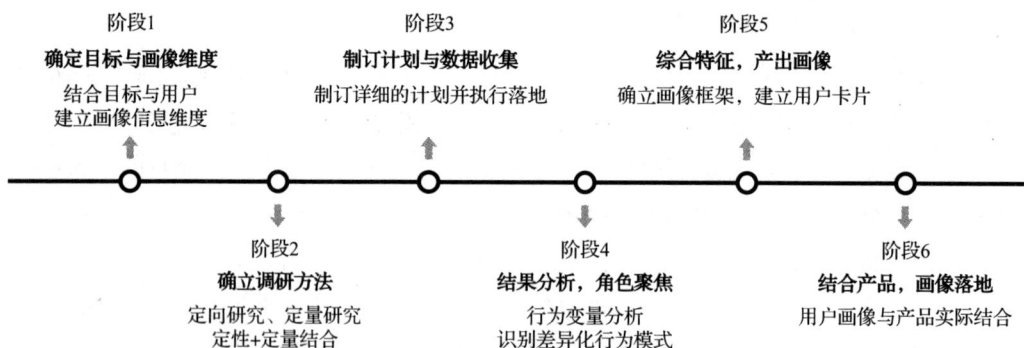

图6-2｜用户画像构建流程

以小红书为例，用户画像如表6-1所示。

- **人群**｜以女性群体为主，女性更爱逛街购物，更倾向于购买高品质商品。

- **年龄**｜主要集中在20～35岁，该年龄段人群处于事业稳定期，购买力强。

- **职业**｜包括大城市白领、公务员，以及留学生。大城市白领与公务员有良好的收入基础，追求生活品质；留学生是生产购物笔记的主力军，他们更了解海外商品。

表6-1　小红书的用户画像

人群	女性为主
年龄	20～35岁
职业	大城市白领、公务员、留学生

2. "引流"

当用户画像确定之后，目标用户群的特点也就确定了。运营者在这个阶段以策划参与度高、有实物奖励的线上活动为主，如新人入会奖励、新品上市等活动，以福利和特权为辅来吸引目标用户，达到活跃氛围、推老带新的目的。

此阶段的用户，基本上属于普通用户，运营的首要目标是培养用户使用产品的习惯，从而使用户变成活跃用户，可以考虑使用以下手段进行运营。

- **签到打卡** | 每日签到打卡领奖励（积分/虚拟币/红包/抽奖），让用户形成每日登录的习惯。
- **每日抽奖** | 每日提供1～2次抽奖机会，丰富交互动作，增加用户的停留时间。图6-3所示的会员活动包括赚积分、每日签到、抽奖等，以此增强目标用户黏性。

图6-3 | 会员活动

- **自媒体平台"引流"** | 内容推送精细化，根据用户阅读喜好进行有针对性的推送，如每日推送一篇文章/资讯，引导用户关注。

3. 留存用户

留存用户是电商运营中很关键的一步。电商运营者为了留存用户各出奇招，想要引起用户的长期关注，就必须有值得用户关注的价值，可通过以下措施留存用户。

- **建立用户激励体系** | 用户激励体系也可以理解为产品游戏化，借鉴游戏产品的体系，或满足用户的虚荣心、成就感和优越感，或让用户享受等级提升带来的特

权，及时得到正向激励。常用的用户激励有会员等级、经验值、勋章、财富值、VIP、邀请码等。图6-4所示为会员等级。

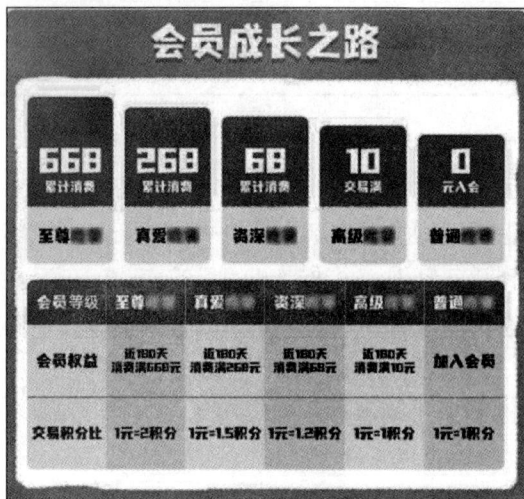

图6-4｜会员等级

- **UGC**｜UGC是指用户提供内容，知乎、抖音等就是UGC模式的典型代表。当然，运营者需要根据产品的属性来确定UGC的呈现形式，如原创文章、体验反馈、情感表达等。
- **社群化运营**｜社群化运营也是很好的运营手段，它给了用户更多参与及互动的机会，可以让用户对平台产生归属感。例如，小红书的目标用户群体以女性为主，其有良好的收入基础，对外在形象比较重视。那么运营者就可以针对这一群体，搭建交流社区，给他们提供一个交流经验的平台，彼此之间"种草""拔草"。

如今小红书已被大部分女性奉为"种草圣地"，每天都有上百万的女性用户在闲暇时刻浏览小红书的笔记推荐、时尚信息，里面有许多不同种类的推荐笔记。图6-5所示为小红书中的好物推荐和好书推荐。各类"好物分享"的信息刺激，可以有效激发用户的购物欲望。

4. 刺激消费

在用户对产品有较强的认同感后，用户就可以成为产品的传播源。找准用户的推荐动机，引导用户转发传播，从而刺激消费。运营者可以采取以下策略。

- **提供后续服务**｜用户产生付费转化后，运营者要做好后续服务，如用户满意度调查、用户售后反馈/答疑。
- **送优惠券**｜用户产生付费转化后，运营者可在付费页面尾部设置赠送优惠券的内容，如天猫某些店铺在用户付费后会送相应店铺的减免券。
- **个性推送**｜根据用户的消费/浏览习惯，进行同类产品或配套产品推送。手淘首页的推送基本就是根据用户的浏览习惯进行的，如近期用户浏览家纺产品较多，手淘首页就会推荐较多家纺类产品。手淘的首页推荐如图6-6所示。

图6-5 | 小红书中的好物推荐和好书推荐

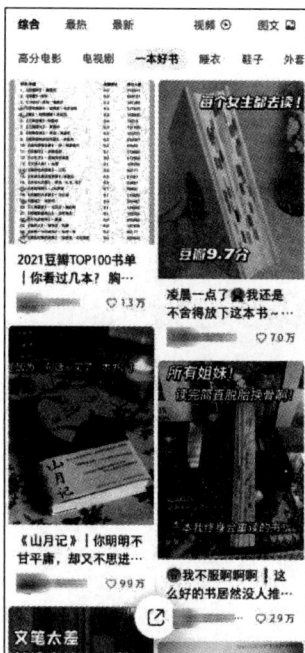

图6-6 | 手淘的首页推荐

任务实训

移动互联网下的短视频正逐渐成为最主流的内容形态之一。短视频以短、小、精的特征牢牢地抓住了拥有碎片化阅读习惯的广大受众。美食短视频实用、娱乐、贴近生活的特性决定了美食短视频必然受到关注。但是随着美食短视频行业的发展，出现了一些问题，如同质化严重、同类别的短视频内容呈现"扎堆"的趋势。美食短视频运营部的小周，该怎么制定用户运营策略，提高美食短视频的用户转化率和增加利润呢？

请结合所学知识，并通过互联网平台查阅相关短视频信息。将研究成果做成展示PPT，并将要点记录在表6–2中。

表6–2　美食短视频用户运营策略

调研项目	调研步骤	调研结果
美食短视频	拉新策略（用户的初期积累）	
	促活策略（提高用户的活跃度）	
	留存策略（使用户向粉丝转变）	
	转化策略（使用户向消费者转变）	

任务思考

通过本任务的学习，完成对用户运营的认知。请在此基础上，思考并回答以下问题。

1. 在美食类短视频中，应该如何留存客户？请简单描述。
2. 请任意找到一个产品，然后简要描述如何构建该产品的用户画像。

任务二　用户需求和行为分析

随着移动终端和支付技术的进步，电商已经渗透人们的日常生活，目前电商已经趋于成熟和规范。与此同时，电商也面临着线上平台获客成本提高、用户购物需求多元化和体验高质化等诸多挑战。因此，通过分析研究用户的消费行为、了解用户的购物需求、明确目标用户和采取精准化运营显得十分重要。

任务目标

本任务主要介绍在电商中用户的需求，以及用户的行为特点，旨在让大家对目标用户有进一步的了解。希望大家通过本任务的学习，了解并掌握以下知识及技能：

（1）了解用户需求和用户行为分析的定义；

（2）了解电商中用户的需求类型；

（3）了解电商中用户的行为特征。

知识储备

目前，网上购物已经成为更多用户的购物途径，淘宝、京东、拼多多等一大批网上购物平台为人们购物提供了更多的选择，在人们购物的同时也就相对产生了大量的用户数据，运营人员可以通过这些数据对用户的购物需求、消费行为等进行统计分析。电子商务的用户需求是产品存在的基础，也贯穿了产品的生命周期，因此，对用户的需求和行为进行有效分析是非常有必要的。

（一）用户需求和行为分析的定义

在产品同质化严重的当下，要让用户在众多产品中选择自己的产品，除了产品能抓住用户痛点外，满足用户的某些使用需求，不断拉近与用户的距离，才是产品吸引用户的重要原因。因此，了解用户的需求和行为是用户运营非常重要的一点。

1. 用户需求的定义

通过对目标用户群体的行为进行观察，或者深度访问，能够得出目标用户的群体特征以及与之相关的用户场景。这种目标用户群体特征和用户场景产生的基本原因就是真正的用户需求。

需求调研，就像外交一样，实际上是一种策略艺术。它是在和用户相互尊重、平等互利的基础上，不卑不亢地交流沟通，守住我方底线，尽可能地争取有利于我方的条件，在完成任务的同时，赢得用户的理解和尊重。电子商务的用户需求分析和一般网站的用户需求分析的区别是，电子商务的用户需求分析需要研究用户的购物行为和心理行为。

2. 用户行为分析的定义

用户行为分析，是指在获得网站访问量等基本数据的情况下，对用户有关数据进行统计、分析，发现用户访问网站的规律，并将这些规律与网络营销策略等相结合，从而发现网络营销活动或页面中可能存在的问题，并为进一步修正或优化提供依据。

用户行为分析是和其他分析维度交叉较多的分析工作，用户行为分析包括两个维度，如图 6-7 所示。

图6-7｜用户行为分析的两个维度

- **用户动作行为**｜用户在网站中的点击、跳出等行为。
- **用户业务行为**｜用户在黏性、活跃度、转化等方面的表现。

其中，用户业务行为又分为用户黏性数据分析、用户活跃数据分析和用户转化数据分析，如表 6-3 所示。

表6-3　用户业务行为分类

用户业务行为	体现指标	调研结果
用户黏性数据分析	留存数据指标	留存率的考察会分为周留存、月留存等维度。留存数据越高，说明用户质量越高；留存数据分析比较直接，即选择对应的渠道，查看每个渠道用户留存的曲线和具体留存数据
用户活跃数据分析	页面访问时间、停留时间、平均访问页面数	用户活跃数据与渠道和页面都有交叉关系，反映渠道的用户质量，反映页面的质量； 可以从多个维度统计分析用户活跃数据，找到活跃用户规律，并在营销投放工作中作为重要的投放依据
用户转化数据分析	转化率数据、转化路径数据	转化率反映用户来源的质量，转化路径反映用户最终完成营销目标的过程

（二）用户需求调研

经济学中的需求是指在一定的时期内，在一既定的价格水平下，用户愿意并且能够购买的商品数量。需求显示了在价格升降而其他因素不变的情况下，某个体在每段时间内愿意购买的某货物的数量。在某一价格下，用户愿意购买的某一货物的总数量称为需求量。在不同价格下，需求量会不同，需求反映价格与需求量的关系。

用户的购买行为来源于需求，因此就产生了围绕"需求"而衍生出来的各种类型：即时需求、潜在需求、显性需求、隐性需求等，如图 6-8 所示。

图6-8 | 用户需求类型

- **即时需求** | 用户不但有明确意识的欲望，而且有能明确显示的需求。即时需求在用户的购买行为中起到相当大的作用，如人饿了、渴了就要吃饭、喝水等带来的消费。

- **潜在需求** | 用户虽然有明确意识的欲望，但由于种种原因还没有能明确显示的需求。一旦条件成熟，潜在需求就转化为显性需求。潜在需求是十分重要的，在用户的购买行为中，大部分需求是由用户的潜在需求引起的。例如人们对安全的居住区、节油汽车的需求。潜在需求的特点如表6-4所示。

表6-4 潜在需求的特点

潜在需求的特点	特点体现
主观性	本质是一种心理活动，是用户受某种生理或心理因素影响而产生的感受，存在于潜意识之中
并存性	既可能是生理层次的潜在需求，也可能是自我实现层次上的潜在需求，更多是二者或多者的并存
转化性	实现过程为潜在需求引发购买动机—购买行为—需求满足—新的潜在需求产生。这种转化是在潜在需求和显性需求间发生的

- **显性需求** | 用户意识到并有能力购买，同时也准备购买某种产品的有效需求，如用户可能会直接说出"我口渴，要喝水""我需要一件毛衣"等。企业要重点把握和领会用户的显性需求。

- **隐性需求** | 用户没有直接提出、不能清楚描述的需求。这种需求往往是生产者根据技术的发展、针对市场变化的预测等提出的，是需要被引导的。企业要激发用户的隐性需求，就需要更了解和体会用户，这样才能更好地满足用户的隐性需求。该需求的特点如表6-5所示。

表6-5　隐性需求的特点

隐性需求的特点	特点体现
不明显性	不是直接显示出来的，而是隐藏在显性需求的背后，须经过仔细分析和挖掘才能显示出来
延续性	多数情况下，隐性需求是显性需求的延续，满足了用户的显性需求，就可能会引发用户的隐性需求。二者的目的一致，只是表现形式和具体内容不同
依赖性与互补性	隐性需求不可能独立存在，它必须依赖于显性需求；隐性需求是为了弥补显性需求的不足而存在的，它可使需求目标更好地实现
转化性	以用户的显性需求为基础，通过与用户交流，可以启发用户将隐性需求转化为新的显性需求

（三）用户行为分析

用户行为分析的目的在于判断用户行为特征，而分析用户行为特征就是开展数据挖掘工作的核心任务。下面介绍用户行为的特征和分析方法。

1. 用户行为特征

数字时代互联网用户行为特征有以下5点。

- **具有隐蔽性** ｜用户以网络为媒介进行信息传递，利用计算机或移动终端即可完成信息的实时传递与接收。虽然网络让用户在信息传递的过程中享受到一定的便捷性，但用户在不实名的情况下，往往较难找到行为的动因，因此行为具有一定的隐蔽性。

- **对网络熟悉** ｜一般情况下，互联网用户文化水平通常较高，对网络知识较为了解，能够熟练开展社交、购物等活动，并具备网络与电子产品升级的意识与能力。

- **受网络影响** ｜互联网信息交际具有复杂性。不管是网络媒介还是交互对象，都在海量数据与交叉任务的影响下变得复杂、烦琐，这也使用户行为呈现出多变的特征。因此，应制定相应的网络用户行为管理与约束准则。

- **突破原有时间与空间的限制** ｜数字时代用户通过网络媒介即可与目标用户进行连接，交互范围与效果与之前相比有极大扩大与改善。

- **判断标准具有差异化** ｜在突破时间与空间限制的背景下，用户行为管理相对宽松，网络中的言行与判断标准存在较大差异，必须通过完善的机制与法律对不符合标准的内容进行限制与规范。

2. 用户行为分析方法

在以分析用户行为特征为目的所展开的信息分类过程中，有必要参照用户的行为表现特征进行分析。分析收集的数据信息，对用户特征进行归纳整理，并在用户行为特征的基础上统计其相应的活动规律，以此建立用户行为模型，总结用户行为模式的内容。

用户行为特征的分析主要包括以下几个步骤。

- **明确分析目标** ｜用户行为分析的具体目标是对用户行为定位和正确分析的基础，

针对解决不同目标问题建立的分析模型是不相同的，明确分析目标才能准确地建立分析模型，以实现分析过程。

- **建立用户行为数据池** │ 通过数据库及数据文件建立移动互联网用户行为数据池，数据池的建立包括用户数据收集、数据清理、数据描述等工作。
- **选择用户行为特征数据** │ 针对数据文件中用户行为的特征分析，选择出十分具有代表性的数据字段，并导出字段进行选择。
- **用户行为数据准备** │ 用户行为数据准备包括剔除无用数据记录、选择用户数据记录、创建数据变量、转换数据变量等。
- **建立用户行为分析模型** │ 基于用户行为分析目标及数据准备，建立符合目标的用户行为分析模型，模型的选择及建立直接影响数据的使用价值和最终分析的结果。
- **评价用户行为分析模型** │ 通过确定的数据集来评价用户行为分析模型的准确率，以调整参数及模型。如果用户行为分析模型没有通过数据挖掘的验证，则需要改进并重新建立一个新的用户行为分析模型。
- **实现用户行为分析模型** │ 用户行为分析模型用于对用户行为数据进行分析，结果将在最终环节以文字或图表的形式进行显示。图6-9所示的RFM模型支持按最后一次成功交易距离当前时间、购买频率维度进行分析。

RFM模型	F=1	F=2	F=3	F=4	F≥5	合计
R≤30	3147人 占比7.32%	422人 占比0.98%	165人 占比0.38%	46人 占比0.11%	70人 占比0.16%	3850人 占比8.95%
30<R≤90	791人 占比1.84%	210人 占比0.49%	87人 占比0.20%	32人 占比0.07%	43人 占比0.10%	1163人 占比2.70%
90<R≤180	12333人 占比28.67%	1580人 占比3.67%	328人 占比0.77%	113人 占比0.26%	76人 占比0.18%	14430人 占比33.55%
180<R≤360	21613人 占比50.25%	1454人 占比3.38%	330人 占比0.77%	85人 占比0.20%	88人 占比0.20%	23570人 占比54.80%
R>360	0人 占比0.00%	0人 占比0.00%	0人 占比0.00%	0人 占比0.00%	0人 占比0.00%	0人 占比0.00%
列合计	37884人 占比88.08%	3666人 占比8.52%	910人 占比2.12%	276人 占比0.64%	277人 占比0.64%	43013人 占比100%

图6-9 │ RFM模型

行业点拨

RFM模型是衡量客服价值和客户创利能力的重要工具与手段。其中，R（Recency）代表最后一次成功交易距离当前时间，距离当前最短时间的客户对提供即时的商品或服务也最有可能做出反应；F（Frequency）代表购买频率，交易成功笔数最多的客户也是满意度最高的；M（Monetary）代表交易金额，也就是客户的购买力。

任务实训

企业可以根据用户行为分析的结果预测用户需求、监测用户流向等，进而有针对性地提供能满足用户需求的产品或服务，有针对性地引领用户转化到最优环节或企业期望用户抵达的环节，最终达到提高企业营收的目的。

某电子商务企业为了优化企业运营策略并提高营收，决定对用户行为进行分析。假如运营部安排你来分析企业用户行为轨迹，你将如何展开分析工作呢？请结合课程所学，对相关指标进行分析，并制作图表进行分析，填写表6-6。

表6-6　店铺用户行为分析

电商平台	用户行为	数据	分析结论
淘宝	浏览量		
	访客量		
	收藏量		
京东	浏览量		
	访客量		
	收藏量		
拼多多	浏览量		
	访客量		
	收藏量		

任务思考

通过本任务的学习，完成对用户需求和行为分析的了解。请在此基础上，思考并回答以下问题。

1. 用户行为分析有什么作用？请简单描述。
2. 如果一个用户告诉你，他想要快速减肥，你将如何分析用户需求？

任务三　网络客服

随着电子商务行业的成熟，店铺之间的竞争程度以及发展难度也增加了，那么对团队的整体协作能力及各个岗位的专业要求就变得更高了，而网络客服这个岗位在店铺用户运营板块中承担着非常重要的角色，客户服务的质量会直接影响到店铺运营的数据，更会直接影响到店铺最终的销售结果。因此，网络客服的岗位设置是非常有必要的，也是本任务要重点介绍的内容。

任务目标

本任务主要介绍网络客服在电子商务行业中的重要性，旨在让大家对网络客服的工作内容有进一步的了解。希望大家通过本任务的学习，了解并掌握以下知识及技能：

（1）了解网络客服的意义和概念。

（2）了解网络客服如何根据客户的不同采取相应的对策。

（3）了解网络客服应该具备的基本要求。

（4）了解网络客户关系管理的相关知识。

知识储备

网络客服是基于互联网的一种客户服务工作，是网络购物发展到一定程度细分出来的一个工种。网络客服同线下实体店客服（也就是常说的导购员）的工作性质基本相同，岗位的本质是相似的，都是为客户服务，通过解决客户的问题来促进成交，让客户满意，只是在工作环境、工作流程和服务技巧上有所差异。

（一）网络客服的意义

网络客服作为一个直接影响客户购物体验的岗位，对于店铺的整体运营具有重要的意义。下面详细介绍网络客服的意义。

1. 影响客户体验

好的客服可以提升客户的购物体验。在与客户交流的过程中，客服人员通过耐心询问、认真倾听，主动为客户提供帮助，让客户享受良好的购物体验。同时，由于现在网络平台商品繁杂，客户的搜索浏览成本越来越高，所以，当客户选择一家店铺以后，只要对产品满意、服务贴心，就很少会轻易更换到其他店铺购买。良好的客户服务能有效提高客户对店铺的忠诚度。

客服还有一个重要的作用，即提高客户的回头率。当一次消费完成后，客户不仅了解到卖家的服务态度，同时也会对卖家的商品、物流有非常清晰的认识。当客户想再次购买类似商品的时候，通常会倾向于优先选择了解和熟悉的卖家。当他向周围的朋友推荐的时候，也会优先推荐自己有认知的卖家。所以，一个客服的服务质量，对于提高客户的回头率是非常重要的。

2. 影响店铺销售额和利润

店铺销售额的公式为：销售额 = 访客数 × 转化率 × 客单价。其中，转化率和客单价都跟售前客服的接待效果有关。事实上，一个优秀客服和普通客服之间的转化率的差距，对店铺最终的销售额和利润的影响是不容忽视的。

- **提高转化率** ｜ 售前客服的态度、专业性和技巧，直接影响询单转化率；售后客服处理客户问题的责任心、专业性和效率，决定了客户给店铺做出什么样的评价，最终间接影响店铺的转化率。

- **提高客单价**｜客单价也是影响销售额和利润的重要因素，除了定价本身以外，客服的销售技巧也至关重要。优秀的客服人员既热情，又善于挖掘客户的潜在需求，最终给客户推荐合理的产品搭配组合，能有效提高客单价。
- **降低损耗**｜客服工作的不认真或者不规范，会导致各种不易察觉的损耗，最终让利润流失。

3. 直接或间接影响店铺发展

客服岗位的工作不是孤立的，不仅要注重转化能力，还要重视客服体系和规范的建立。打造一支专业素质过硬的客服团队，高度重视客户体验。

- **客户体验决定品牌形象**｜在销售的完整链路上，客户都会对客服工作产生一个印象，这个印象在一定程度上代表品牌的形象。热情、专业、高效和负责，是客服必须具备的素质。一个良好的品牌印象，对销售转化和复购、推荐给他人都有着非常积极的作用。要想有良好的品牌印象，必须对客服工作制定详细科学的规范，加强客服的培训和管理。
- **影响运营效果**｜客服工作的好坏，决定了运营能否落地，而且客服反馈的信息，有助于优化运营各工作环节，提高效率。
- **影响自身优化**｜客服在一线与客户直接接触，能够发现很多问题和机会，为产品端、运营端提供重要线索，帮助公司找到优化的方向。

（二）网络客服的概念

电子商务和网络经济的发展，使企业间的竞争进一步加大，商家在产品的质量、品种款式、技术含量等方面的差距逐步缩小，产品本身的竞争优势已经不再对客户产生决定性的影响。这就需要企业加强外延产品竞争。客户服务是外延产品竞争的重要方面。在电子商务时代，良好的网络客户服务能力将大大提升企业的竞争力。无论是网络公关和礼仪，还是客户服务和管理，最终都要围绕客户需求，为客户提供满意的服务。企业可根据自身特点，选择适合的客户关系管理系统；积极开展个性化服务，提高客户管理水平；提高客户满意度和忠诚度，做好客户服务，促进企业发展。

1. 什么是网络客服

网络客服是指在开设网店这种新型商业活动中，充分利用各种通信工具并以网上即时通信工具（如旺旺）为主的，为客户提供相关服务的人员。图 6-10 所示为天猫店铺旺旺的客服聊天页面。这种服务形式对网络有较高的依赖性，所提供的服务一般包括客户答疑、促成订单、店铺推广、完成销售、售后服务等方面。

2. 网络客服的工作内容

网络客服相关指标有客户满意度、客户忠诚度、客户保留度等。

根据目前淘宝上网络客服的工作种类，可以将客服分为售前客服、售中客服、售后客服、销售客服、技术客服及中评差评客服等。其工作内容主要包括引导客户购物、解答客

132 户问题、提供技术支持、消除客户不满情绪等。

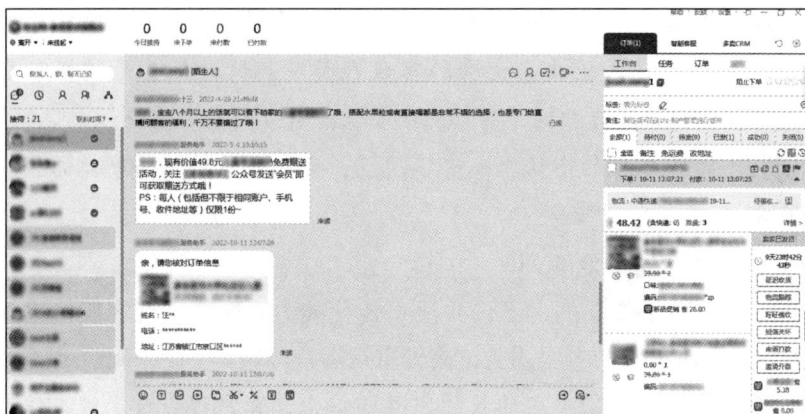

图6-10｜天猫店铺旺旺的客服聊天页面

在网络客服的常见类型中，售前客服主要为客户提供产品咨询和服务，充分发挥销售技能，促成客户下单付款；售后客服主要为已成交的客户提供完善优质的售后服务，包括但不限于物流查询、处理退换货、指导产品使用等。图 6-11 所示为某招聘网站对网络客服岗位的职位描述，从中可以看出售前客服和售后客服的工作范围的差别。

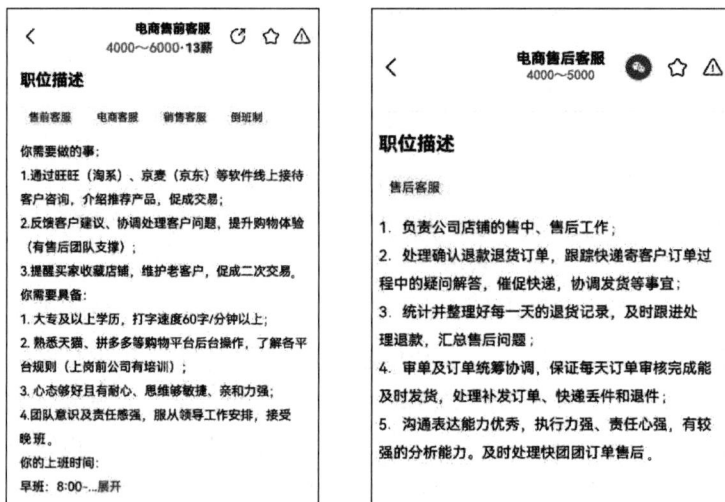

图6-11｜售前客服与售后客服的职位描述

知识补充

网络客户服务的形式主要有自助服务和人工服务两种形式。自助服务是客户通过网站上的说明信息寻找相应的解答，或者加入网络社区获取需要的信息；人工服务则需要根据客户提出的问题，通过人工回复的方式给予回答。评价人工服务的相关指标有客户满意度、客户忠诚度、客户保留度等。

网络客服的工作范畴包括售前服务、售中服务、售后服务、评价管理和客户管理，如表 6-7 所示。

表6-7 网络客服的工作范畴

工作范畴	工作内容	工作方式
售前服务	咨询接待、需求分析、产品推荐、解答疑虑、促成订单、订单处理等	采用旺旺、京麦等聊天通信工具
售中服务	查询物流、核对地址、退款等	
售后服务	售后问题答疑、维权纠纷处理等	
评价管理	处理负面评价、消除负面评价的影响	
客户管理	收集客户信息、促进复购和传播等	

- **售前服务** | 售前服务的工作内容包括咨询接待、需求分析、产品推荐、解答疑虑、促成订单、订单处理等。售前服务的工作目标是让进入店铺的人都买、让买的人买更多、让买过的人再来买。

- **售中服务** | 客户下单付款后，还有一个物流过程，自客户下单付款到客户收到产品的这段时间称为售中。在电商团队中，不会单独设置售中客服岗位，其间发生的查询物流、核对地址、退款等事宜，多由当值的售前客服直接处理，也可能根据实际情况，统一转给售后客服处理。

- **售后服务** | 售后服务的工作内容包括售后问题答疑、维权纠纷处理等。售后服务的工作目标是沉淀归类问题、推动其他岗位或部门解决问题、降低退款和维权纠纷率、提高客户满意度。

- **评价管理** | 客户在收到产品以后，有可能会发表评价，包括对产品、物流体验和服务体验的看法，用户评价由文字、图片、视频和打分组成。一旦产生负面评价，就需要客服人员出面协调、解决问题，让客户满意，消除或减小负面评价的影响。

- **客户管理** | 此处的客户管理和传统零售并无区别，对于复购型产品，尤其要重视客户信息收集，并有针对性地开展互动活动，服务好老客户，提高活跃度，促进复购和传播等。

知识补充

　　一般的小规模网店，往往一人身兼数职，对客服并没有进行细分，但有些规模较大的网店则往往实行较细的分工，网络客服的分工达到相当细致的程度，分为售前客服、售中客服和售后客服。

（三）网络客服应具备的基本要求

网络客服需要通过聊天软件、电话等与客户沟通，接受客户的询价，为客户导购。网络客服虽然不需要具备太高深的计算机技能，但对计算机要有基本的认识，包括熟悉Windows 系统，会使用 Word 和 Excel，会发送电子邮件，会管理电子文件，以及熟悉上网搜索方法和找到需要的资料等；应该至少熟练掌握一种输入法，打字速度快，能够盲打输入；反应灵敏，能同时处理多个客户的问题，对客户有耐心。

网络客服有服务类和营销类两种，各自的基本素质如下。

1. 服务类网络客服的基本素质

服务类网络客服应该具备一些基本的素质，如心理素质、品格素质、技能素质及综合素质等，具体如下。

- **心理素质** | 网络客服应具备良好的心理素质，这样才能在提供客户服务的过程中，承受各种压力、挫折。
- **品格素质** | 一名优秀的网络客服应该对其所从事的客户服务工作充满热爱，忠于岗位，要有谦和、热情主动的服务态度，要有良好的情绪自控力。
- **技能素质** | 优秀的网络客服还应具备高超的语言沟通技巧、谈判技巧和良好的文字、语言表达能力，对店铺所经营的产品有一定的专业知识，这样才能在第一时间解答客户对产品的疑问。
- **综合素质** | 要具有"客户至上"的服务观念、独立处理问题的能力、分析解决问题的能力，以及人际关系的协调能力。

2. 营销类网络客服的基本素质

营销类网络客服应具备文字表达、资料收集、动手、参与交流、思考总结、适应变化、深入了解网民等基本能力，具体如下。

- **文字表达能力** | 把问题说清楚，这是作为营销类网络客服需具备的基本能力。
- **资料收集能力** | 收集资料主要有两个方面的价值，一是保存重要的历史资料，二是尽量保证某个重要领域资料的齐全。网络客服如果能在自己的工作相关领域收集大量有价值的资料，那么将使工作卓有成效。
- **动手能力** | 要深入了解网店营销的各种问题，仅靠一般的体验是远远不够的，网络客服还需要自己动手、参与网店营销过程。网络客服在网店营销的学习过程中动手的地方越多，对网店营销的理解就会越深刻。
- **参与交流能力** | 从本质上来说，网店营销的主要任务是利用互联网手段促成营销信息的有效传播，而交流本身是一种有效的信息传播方式。
- **思考总结能力** | 网店营销现在还没有形成非常完善的理论和方法体系，同时也无法保持现有理论和方法长期不变，目前一个很现实的问题是，网店营销的理论与实践还没有有效结合起来，已经形成基本理论的方面也并未在实践中发挥应有的指导作用。因此，在网店营销实际工作中，网络客服很多时候需要对自己在实践中发现的问题进行思考和总结。
- **适应变化能力** | 适应变化的能力，也可以称为不断学习的能力。由于互联网环境

和技术的发展变化很快，因此网络客服需要不断学习与网店营销相关的知识，以适应变化。网店营销的一些具体的应用手段可能会发生变化，但网店营销的一般思想并不会随着环境的变化而发生根本的变化。

- **深入了解网民能力** | 我国网民阶层众多，网络客服需要从最低阶层了解，且始终将自己置于广大网民中以了解最新动态和热点。

行业点拨

在淘宝网，买家申请退款后，客服的处理方式有如下几种。

① 客服拒绝退款的，买家有权修改退款协议、要求淘宝介入或确认收货。买家在客服拒绝退款后七天内未操作的，退款流程关闭，交易正常进行。

② 客服同意退款或在五天内未操作的，且不要求买家退货的，淘宝通知支付宝退款给买家。

③ 客服同意退款或五天内未操作的，且要求买家退货的，则按以下情形处理：买家未在七天内点击退货的，退款流程关闭，交易正常进行；买家在七天内点击退货且客服确认收货的，淘宝退款给买家；买家在七天内点击退货，通过快递退货十天内、平邮退货三十天内，客服未确认收货的，淘宝通知支付宝退款给买家。

（四）网络客户关系管理

客户关系管理是指企业为提升核心竞争力，利用相应的信息技术和互联网技术协调企业与客户在销售、营销及服务上的交互，从而改善企业管理方式，向客户提供创新式的个性化的交互和服务的过程。其最终目标是吸引新客户、保留老客户，以及将已有客户培养为忠实客户，增加市场份额。

1. 网络客户的分类与策略

在对网络客户关系进行管理之前，需要了解网络客户的基本类型，这样不仅对提高网络客服的服务质量和服务效率具有重要的作用，还可以保持和客户之间的良好关系。下面将客户按照不同的性格特征进行分类，讲解客服对不同类型客户应采取的相应对策，如表6-8所示。

表6-8　客户按性格特征分类及客服应对策略

客户性格特征	体现特质	客服应对策略
友善型客户	性格随和，对自己以外的人和事没有过高的要求，通常是企业的忠诚客户	提供好的服务，不因为对方的宽容和理解而放松对自己的要求
独断型客户	有很强的决断力、不容易接受意见和建议，通常是投诉较多的客户	小心应对，尽可能满足其要求，让其有被尊重的感觉

客户性格特征	体现特质	客服应对策略
分析型客户	有很强的逻辑思维能力、善于运用法律手段保护自己，但从不轻易威胁他人	真诚对待，对问题做出合理解释，争取获得对方的理解
自我型客户	缺乏同理心，不习惯站在他人的立场考虑问题	学会控制自己的情绪，以礼相待，对自己的过失真诚道歉

2. 客户关系管理的重要性

为了搭建与客户的良好关系，数据采集工作显得尤为重要，从某种意义上讲，这是开展好营销工作的基础。

（1）便于有效掌握客户需求信息，是营销管理的基础。

企业要开展市场营销，首先应该细致深入地对市场以及市场中的主导因素（即客户）进行调研，以客观真实地获得市场环境、价格空间、客户对服务的要求和产品的需求等资料，从而在科学研究和定位的基础上采取能够实现综合效益最大化的营销方式。反之，假如基础工作开展得不够细致到位，那么企业掌握的信息可能会与客户和市场的真实需求背道而驰，从而影响甚至阻碍预期营销目标的实现。

综上所述，建立良好的客户关系对掌握市场和客户的需求并最终助力企业实现预期营销目标具有重要的意义。

（2）有利于整合和优化营销资源，是营销管理的载体。

鉴于企业开展市场营销工作，需要经历掌握客户需求、根据需求对产品或者服务进行有针对性的推荐、与客户进行价格商谈、最终形成买卖关系等很多环节，而且营销过程中的各个环节和阶段的工作，根据实际情况可能需要不同的部门和不同的人员共同参与才能完成，因此要求信息能够被良好沟通和有效传递。

运用客户关系管理方式，可以迅速掌握客户动态需求，使根据需求提供的产品或者服务能够迎合客户心理，这样不但快速便捷，而且可以最大限度地满足客户需求，有助于提高客户对企业的忠诚度。同时，采用这一独到的营销方式还能挖掘更多的潜在客户，在提高市场知名度与收益额的同时还能为开展其他工作奠定坚实基础。

（3）有助于掌握客户需求变量及细分市场，是精准营销的保障。

和传统的单一变量营销模式不同，构成客户关系管理的因素包括很多变量，这些变量表现为客户的多方面需求，如心理、人口、价值以及地理等。

- 个人喜好、消费特征、社会地位、生活习惯等构成了心理变量。
- 性别、年龄、职业、受教育程度和民族等因素构成了人口变量。
- 购买时机、交易额、利用价值以及要实现的利益等因素构成了价值变量。
- 风俗习惯、气候特点、生活水平以及地域特征等因素构成了地理变量。

企业在进行营销时，利用上述变量综合分析市场和客户的动态需求，从而保障了精准营销的实现，提升了市场竞争力。

任务实训

一家网店的客服好比商场的售货员，客户是否购买有时就取决于客服是否热情、专业、贴心。如果你是一家大码女装店的网络客服，图 6-12 所示是前任客服与客户的聊天记录，针对本店的特殊性，你觉得前任客服在接待过程中是否有需要注意的地方，需要采用怎样的说话技巧才能最大限度地提高接单率呢？

聊天行数	会话时间	会话发起方	聊天内容
1	16:43:46	客户	你好
2	16:43:46	客服	你好，请问有什么能帮您的（表情） 如需咨询尺码，请先告诉我三围哦，要不我也没法回答哈（表情）
3	16:43:58	客户	这个产品（网址）
4	16:44:37	客户	平时穿 33、34 码的这个要穿多大
5	16:44:46	客服	正码
6	16:44:50	客服	跟平时一样
7	16:45:56	客户	给我包邮好吗
8	16:46:19	客服	抱歉，2 件包邮
9	16:46:46	客户	这件能穿我下次还来买
10	16:46:57	客服	抱歉
11	16:47:00	客服	真的不能

图6-12｜前任客服与客户的聊天记录

若你是客服，结合课程所学，分析图 6-12 中该店铺前任客服存在哪些问题，该怎么提升客服的说话技巧。思考并填写表 6-9。

表6-9　前任客服存在的问题和如何提升说话技巧

存在的问题	
如何提升说话技巧	

任务思考

通过本任务的学习，了解网络客服相关知识。请在此基础上，思考并回答以下问题。

1. 假如你是网络客服，你将会如何与客户对话？
2. 如何才能做好网络客户关系管理呢？

项目习题

一、单选题

1. 下列关于网络客服的相关指标的说法错误的是（　　　）。

   A. 客户满意度 　　　　　　B. 客户忠诚度

   C. 客户保留度 　　　　　　D. 客服态度

2. 网络客服的工作范畴包括售前服务、售中服务、售后服务、评价管理和客户管理。下列关于售前客服的说法正确的是（　　　）。

   A. 主要为客户提供产品咨询和服务，充分发挥销售技能，促成客户下单付款

   B. 主要为已成交的客户提供物流查询、处理退换货、指导产品使用等服务

   C. 协调、解决负面评价问题，消除负面评价的影响

   D. 处理补发订单，快递丢件、漏件问题

3. 下列关于用户画像的说法正确的是（　　　）。

   A. 包括确定目标与画像维度；确立调研方法；制订计划与数据收集；结果分析，角色聚焦；综合特征，产出画像；结合产品，画像落地 6 个阶段

   B. 用户画像的数据不会随时间而产生动态变化

   C. 用户画像可以直接使用网上的模板进行制作

   D. 用户画像是特定的、单独的用户标签

二、多选题

1. 从事网络客服工作应该具有（　　　）。

   A. 同理心 　　　　　　　　B. 耐心

   C. 谦和 　　　　　　　　　D. 责任心

2. 下列客户服务中的说话方式错误的有（　　　）。

   A. 当客户讲价的时候，立刻说明：本店不议价，议价者拉黑

   B. 当客户要求包邮的时候，客服回答：加 × × 元就可以包邮或购满 × × 元即可享受包邮

   C. 当客户要求退换货的时候，客服回答：如无正当理由，恕不退换

   D. 当客户收到货后，迟迟不确认也不评价，客服提醒：请及时确认收货，这样就可以参加我们店里每月一次的回馈客户抽奖活动

3. 买家在店铺买了一件商品，但是不满意，于是申请退款，卖家同意后要求买家退货，下列说法正确的有（　　　）。

   A. 买家未在七天内退货的，退款流程关闭

   B. 买家在七天内退货且卖家已经确认收货，淘宝退款给买家

C. 买家在七天内退货，通过快递退货十天内、平邮退货三十天内，卖家未确认收货的，淘宝通过支付宝退款给买家

D. 买家未在七天内退货的，退款流程仍然有效

4. 在用户运营操作中，可以刺激其消费的方式有（　　　）。

A. 用户满意度调查 　　　　　　　　B. 送优惠券

C. 签到打卡 　　　　　　　　　　　D. 每日抽奖

5. 下列属于数字时代互联网用户的行为特征的有（　　　）。

A. 具有隐蔽性 　　　　　　　　　　B. 受网络影响

C. 受时间和空间限制 　　　　　　　D. 对网络熟悉

三、简答题

1. 假如你是一名电子商务用户运营者，现需要你对用户需求进行调研，你该如何进行？请做简要分析并分点陈述。

2. 作为电子商务用户运营经理，你认为应如何做好店铺客户关系管理？

拓展阅读 📖

考拉海购的用户运营之道

考拉海购是网易旗下以跨境业务为主的综合型电商平台，作为新兴的电商企业，发展速度迅猛，被行业公认为电商行业的"黑马"。考拉海购页面如图 6-13 所示。艾媒咨询数据显示，2021 年，中国跨境电商两大平台分别是天猫国际和考拉海淘，市场占比分别为 26.7% 和 22.4%，而京东国际、苏宁国际及唯品国际等市场份额均在 10% 以上。其中，考拉海购凭借其精耕细作的用户运营模式在行业中占据可观的市场份额，网络评价较好，说明用户运营是考拉海购经营的制胜法宝。

图6-13 | 考拉海购页面

"考拉模式"主打自营直采，立足于用户，降低中间费用，通过直接对接海外品牌和经销商大大降低了运输成本。考拉海购凭借资金、自营模式、定价、仓储、海外物流等优势，在开源节流、促活跃、保留存的用户运营方面做得相对完善。

1. 洞察年轻用户个性化的购物需求

考拉海购通过用户调查和分析，瞄准了年轻用户在购物中追求新鲜感和稀缺商品的个性需求，并以此为沟通桥梁，通过年轻化、个性化的海报、宣传语等，让年轻用户发现考拉海购区别于其他平台的"商品＋体验"。洞察年轻用户个性化购物需求，深耕用户心智，这也使得考拉海购与用户产生真正连接，不断加强对潜在用户群体的吸引力。

2. 红包优惠拉新

考拉海购前身为网易集团推出的电商平台，依托网易新闻、网易云音乐、网易有道等网易系商品的大量曝光，在获取流量方面具有独特优势。在完成导流后，考拉海购针对新下载用户推出了"首页红包"，同时辅之以不同商品的新人专享优惠力度，对促进用户领取红包并进入注册流程，将潜在用户转化为新用户起到积极作用。

3. 采取积分制

考拉海购采取用户激励手段——考拉豆积分制，如图6-14所示。考拉豆是考拉海购用户的专属积分，有使用日期限制，用户可以通过每日登录签到、发表商品评价、参与活动、官方活动发放这4种方式获取，用户获得的考拉豆可用于兑换考拉海购优惠券，抵扣部分商品金额及参与各类活动。这种激励方式会使用户热衷于通过每日签到等不同方式获取并积攒考拉豆，并用于兑换优惠券以及参与各种各样的优惠活动。由于考拉豆有使用日期限制，会促使用户在限制日期前消耗它，因此用户消耗考拉豆兑换优惠券并购买商品及直接用考拉豆抵扣商品金额购买商品等行为都是该积分制促进用户产生购买转化的体现。利用考拉豆的获取方式促进用户每日的活跃和留存，利用用户消耗考拉豆的方式促进活动转化、商品购买转化。考拉海购的考拉豆积分制无疑加深了用户互动，极大地增强了用户活跃度和提高了参与率。

图6-14 | 考拉豆积分制

4. 推出考拉黑卡

考拉海购还推出考拉黑卡，按年收费，通过丰富的优惠活动满足用户消费需求，从而实现营收。考拉黑卡开通页面如图6-15所示。

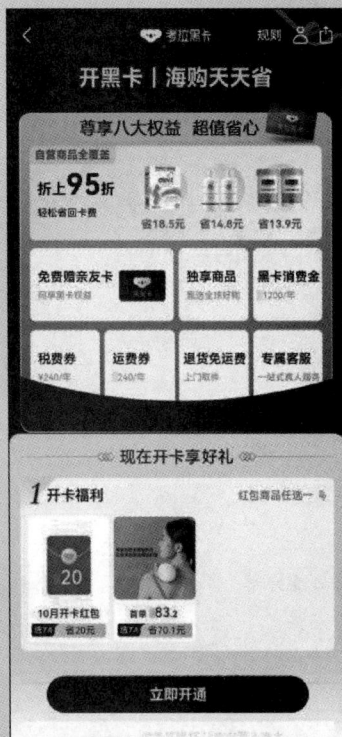

图6-15 | 考拉黑卡开通页面

5. 建立全球工厂店和自营店

- 考拉海购通过全球工厂店这一新颖的商业模式，吸引优质制作工厂进驻平台，通过一系列对接工作监督保证商品质量，丰富商品种类，孵化工厂自有品牌，注重质价比的新消费，满足用户的消费偏好，加强用户黏性。

- 考拉海购的自营店铺通过持续优惠的价格吸引用户的连带消费，可以有效保障考拉海购的营收。

项目七
电子商务物流管理

7

情景展示

　　小贸的传统农产品电子商务运营公司业务做得越来越大，需要招聘一名物流专员处理公司物流板块的业务，要求能够对公司销售的商品进行仓储管理，跟进仓库配货要求并对客户订单进行分拣、装箱打包，合理选择最优发货方式，及时、安全地完成发货配送。小西和小广作为电子商务专业的学生成功应聘，但由于他们没有实际工作经验，因此公司专门请了培训老师对小西和小广进行入职培训。

学习目标

【知识目标】

　　| 了解电子商务物流的概念、特点；

　　| 掌握电商物流仓储的基本知识；

　　| 了解电子商务物流包装和配送的概念。

【技能目标】

　　| 了解电子商务不同物流模式；

　　| 了解电商仓储的作业流程，具备电商仓储业务操作技能；

　　| 掌握常见电子商务物流包装的种类，具备选择包装材料的业务技能；

　　| 掌握电子商务物流配送的流程和业务操作技能。

【素质目标】

　　| 了解电子商务物流对国民经济发展的重要意义；

　　| 具备从事电子商务物流、仓储、配送等工作的基本职业道德和一丝不苟的职业精神。

【知识导航】

```
                                                          ┌─ 物流与电子商务物流
                                        ┌─ 知识储备 ──────┼─ 电子商务物流的特点
                     ┌─ 任务一 认识电子商务物流          └─ 电商企业的物流模式
                     │                  └─ 任务实训
                     │
                     │                  ┌─ 知识储备 ──────┬─ 电商仓储概述
  电子商务物流管理 ──┼─ 任务二 电商物流仓储            └─ 电商仓储流程
                     │                  └─ 任务实训
                     │
                     │                  ┌─ 知识储备 ──────┬─ 电子商务物流包装
                     └─ 任务三 电子商务物流包装与配送  └─ 电子商务物流配送
                                        └─ 任务实训
```

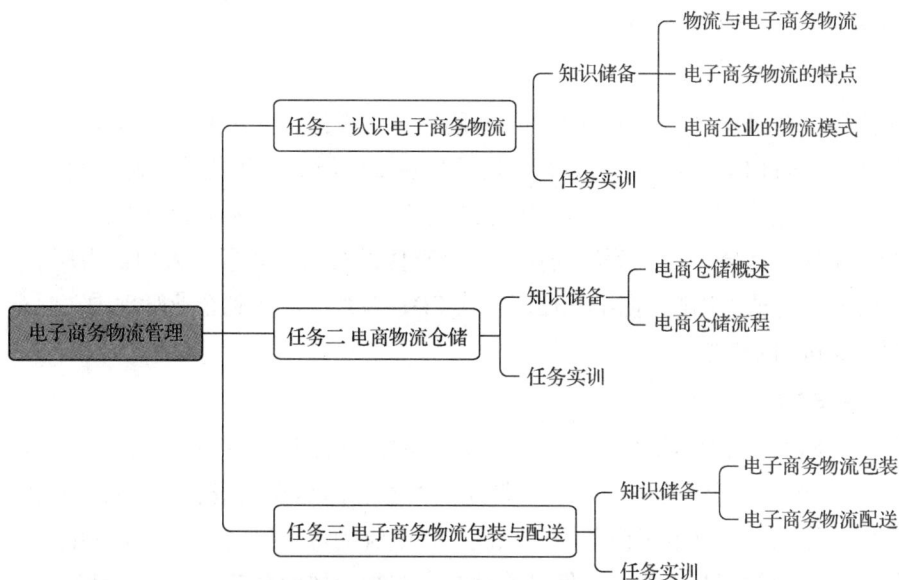

任务一　认识电子商务物流

　　随着全球电子商务的持续发展，网络购物已经成为人们重要的消费方式。近年来，全球网络零售总额逐年攀升，而与之对应的是，电子商务物流服务业实现了快速发展，成为社会商品流通的重要渠道。电子商务物流涵盖了运输、搬运、储存、流通加工、包装、装卸和物流信息处理等多项功能，是商品从供应地向接收地进行实体流动以满足社会需求的经济活动。

任务目标

　　本任务主要介绍电子商务物流的相关基础知识，理论知识较多，内容比较简单。希望大家通过本任务的学习，了解并掌握以下知识及技能：

　　（1）物流与电子商务物流的差异；

　　（2）电子商务物流的特点；

　　（3）电商企业的物流模式。

知识储备

　　电商物流是实现网络商品交易必不可少的环节，只有持续进行模式创新和技术革新，才能不断提高电商平台及企业的物流运营水平。下面介绍电子商务物流的概念、特点，以及电商企业中的常见物流模式。

（一）物流与电子商务物流

"物流"这个概念最早由美国经济学家阿奇·萧提出，当时原意为"实物分配""实体配送"（Physical Distribution，PD）。我国是在 20 世纪 80 年代才接触"物流"这个概念的，此时的物流已被称为 logistics，概念已经发生变化了。logistics 原意为后勤，是指将物资生产、采购、运输、配给等活动作为一个整体进行统一布置。人们认为用 logistics 描述物流更全面、合适，因此 logistics 逐渐取代 PD，并被广泛用到企业管理中。目前，我国物流引用 logistics 的概念。

1. 电子商务物流认知

消费者在网上下单购买的商品，必须要通过物流才能到达自己手中，物流是电子商务运营过程中一个不可或缺的中间环节，是连接商家、商品和消费者的纽带。电子商务物流是基于物流概念，结合电子商务中信息流、资金流的特点提出来的，是在电子商务环境下物流行业发展的新商业模式，是信息管理技术和物流作业环节的结合，是运用现代信息技术整合物流环节，实现高度信息化的物流。因此，电子商务物流的概念可以表述为基于信息流、资金流的网络化的物资或服务的配送活动，包括信息商品（或服务）的网络传送和实体商品（或服务）的物理传送。

电商市场的发展将拉动快递物流的需求。图 7-1 所示的数据显示，2022 年 1—5 月中国社会物流总额为 128.8 万亿元，同比增长 3.0%，可以看出物流需求总体上保持扩张态势。

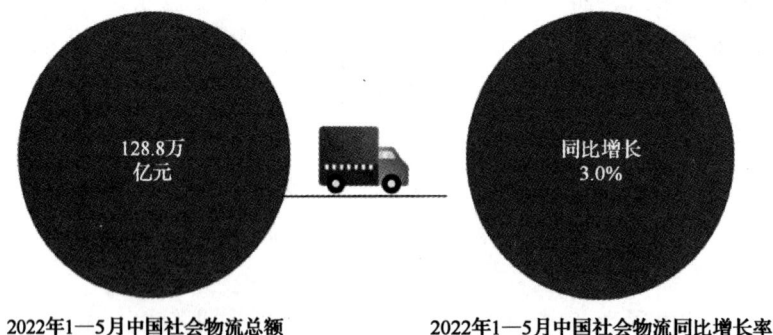

128.8万
亿元

同比增长
3.0%

2022年1—5月中国社会物流总额　　　　2022年1—5月中国社会物流同比增长率

图7-1｜2022年1—5月中国社会物流总额及同比增长率

2. 电子商务物流未来发展趋势

电子商务离不开物流，物流对电子商务的实现有着非常重要的作用；而物流的发展也离不开电子商务，电子商务改变了物流业的地位、组织模式以及功能环节等，并一直促进物流业的发展。当前，电子商务物流发展主要呈现运营智能化、平台服务多元化、共享物流集约化以及电子商务物流前置化等趋势。

- **运营智能化**｜在一直不断发展的人工智能技术的支持下，物流环节中的产品入库、出库、运输等均有可能实现无人化。例如在一些工业园区、写字楼等大型商业区使用专用的无人物流运输机器人，无缝对接收货人。

- **平台服务多元化**｜各大物流智能化网络平台将与电商平台深度融合，使物流的交易双方沟通扁平化，减少货物的无效流动。物流配载平台也将向电商化发展，为企业提供物流、产品交易、融资等一站式服务。

- **共享物流集约化**｜实现仓储共享，智能化地将仓储的空闲容量释放给其他企业，并通过保险公司介入进行相关物品保存的保险业务，从而实现集约化的共享智能仓储；实现物流运输工具的共享。目前，国内发达地区已经存在共享的货运平台，其运营模式主要是将社会车辆闲置时间让渡出来，参与物流的运输业务。

- **电子商务物流前置化**｜生产型电商企业收到买家预定信息后，自动与物流企业即时共享，生产产品前，物流企业能够快速从上游供应商处将原材料发给生产商；成品出货时，物流企业会自动接收到消息，然后在第一时间将产品送至买家手中。

（二）电子商务物流的特点

电子商务给物流业带来了很多新的发展，与传统物流不同，电子商务物流在运作、管理等方面呈现出以下特点。

1. 信息化

物流信息化是指物流企业运用现代信息技术对物流过程中产生的全部或部分信息进行采集、分类、传递、汇总、识别、跟踪、查询等一系列处理活动，以实现对货物流动过程的控制，从而降低成本、提高效益的管理活动。

其主要表现：物流信息的商品化、物流信息收集的数据库化和代码化、物流信息处理的电子化和计算机化、物流信息传递的标准化和实时化、物流信息存储的数字化和物流业务数据的共享化等。例如结合物流系统开发的移动客户端（App、微信小程序等），使得商家、企业员工、客户可以随时随地下单，具备查询物流业务数据信息等功能，极大地提高了工作效率和使用的便捷性，提升了企业的竞争力。顺丰速运系统小程序页面如图7-2所示。

图7-2｜顺丰速运系统小程序页面

2. 自动化

物流自动化是指物流作业过程的设备和设施自动化，其外在表现为无人化。例如自动识别、自动分拣、自动化立体仓库、自动导向和自动定位等技术，其优点是能提高仓储管理水平、提升物流作业能力、提高劳动生产率，以及减少物流作业差错。例如，京东位于

昆山的无人分拣中心场内自动化设备覆盖率达到100%，应用搬运机器人、分拣机器人、抓取机器人、码垛机器人共1000多台，可以应对20多种复杂的业务场景，已经实现从商品入库、打包、码垛、分拣、运输到出库装车，再到送达用户手中的全流程无人化。例如在分拣作业中，昆山无人分拣中心已经实现自动供包并对包裹进行六面扫描，保证面单信息被快速识别，其分拣能力已经达到9000件/时。京东自主研发的红色搬运型AGV（Automatic Guided Vehicle，自动导引车）机器人"地狼"通过下方识别器根据设定好的路径行驶拣货，载着货架快速行驶、往来穿梭，依靠自带传感器自动避障，如图7-3所示。

图7-3 | 搬运型AGV机器人"地狼"载着货架快速行驶

3. 网络化

物流网络化有两层含义：一是物流组织的网络，即企业内部网；二是物流系统的计算机通信网络，供应链企业间的业务运作通过互联网实现信息的传递和共享。图7-4所示是某企业的产品发货信息系统。

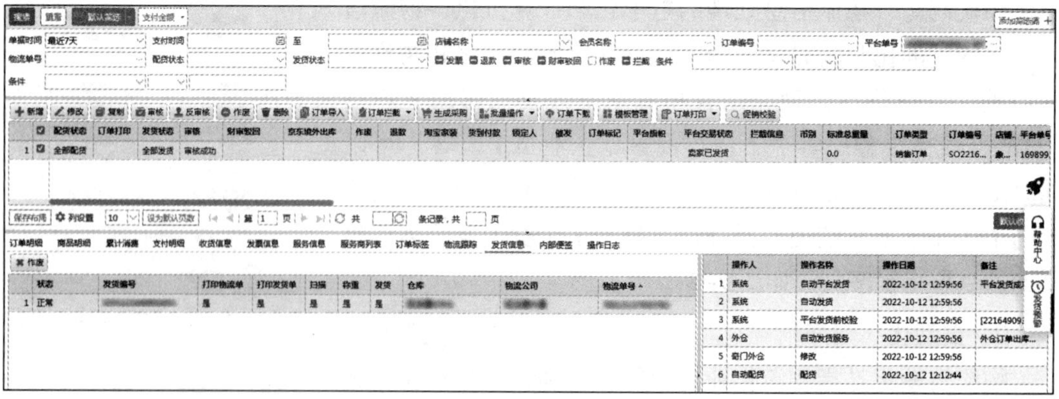

图7-4 | 产品发货信息系统

4. 智能化

智能化是物流信息化、自动化的高层次应用。物流作业涉及大量的运筹和决策，例如库存水平的确定、运输路径的选择、多货物的拼装与优化等问题都需要借助智能的优化工具来解决。近年来，人工智能、数据挖掘、机器学习等相关技术已经取得了一定的进展并在实际中得以应用，物流的智能化已成为电子商务物流发展的一个新趋势。例如京东智能配送机器人（见图7-5），可以识别、躲避障碍物，辨别红绿灯，还能自动驾驶、规划路线、主动换道、识别车位、自主泊车等。

图7-5｜京东智能配送机器人

5. 柔性化

柔性化是指本着"以客户为中心"的理念，要求生产和物流都必须按照需求端的要求组织生产，安排物流活动。柔性化可以帮助物流企业更快地适应客户需求"多品种、小批量、多批次、短周期"的特点，灵活组织物流作业，为客户提供定制化的物流服务，以更好地满足他们的个性化需求。

行业点拨

根据《中华人民共和国国家标准物流术语》的定义，整个物流活动包括运输、储存、装卸、搬运、包装、流通加工、配送、信息处理等基本环节，每一个环节都有相应的法律加以规范，其中所涉及的法律制度包括多式联运、物流合同、物流过程中的物流保险以及一些相关单项立法所特有的法律制度。

（三）电商企业的物流模式

电商企业在进行物流决策时，需要根据自身需求、资源条件以及未来规划，综合考虑、谨慎选择物流模式，以提升企业的市场竞争力。当前电商企业的物流模式主要有自营和第三方两种模式。

1. 自营物流模式

自营物流模式是指电商企业拥有自主经营的物流体系，自备仓库、自备车队，自行组建物流系统，经营管理企业整个物流运作过程，如京东物流。自营物流模式的核心是建立现代化物流配送中心，它是信息流、商流、资金流、物流的集中体现。然而，建立这样一个或多个配送中心，需要大量的投入资金、先进的物流管理，并不是所有的电商企业都需要，或有能力建立和经营自己的物流配送体系。

（1）采取自营物流模式的电商企业类型。

目前，采取自营物流模式的电商企业主要有以下两类。

- 第一类企业是资金实力雄厚且业务规模大的电商企业。这类企业投入资金建立自己的配送系统，可以掌握物流配送主动权，提升企业品牌价值。我国著名电商企业京东集团自创立之初就以自营物流模式为主，京东物流为商城客户（含自营客户和POP客户）和其他各类客户提供快递、快运、冷链、国际服务、仓配等基础物流服务，以及涵盖服饰、生鲜、家电、消费、家居、汽后、3C这七大行业的解决方案。图7-6所示为京东物流商业模式。

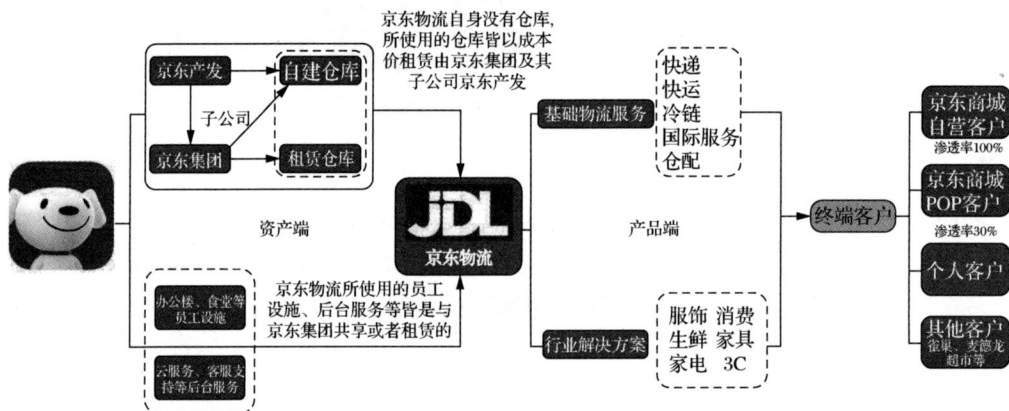

图7-6 | 京东物流商业模式

- 第二类企业是从传统产业转型或依然拥有传统产业经营业务的企业。这类企业在长期传统的商务中已经建立一定规模的物流网络体系，在拓展电子商务业务时，只需对原来的物流系统进行进一步改善，以满足电子商务对物流配送的要求。搭建全新的物流体系、充分利用原来的物流渠道资源，可以达到降低成本的目的。海尔集团就是家电行业采取自营物流模式的典型企业。

（2）自营物流模式的优势和劣势。

自营物流模式的优势和劣势如表7-1所示。

表7-1 自营物流模式的优劣势

优势	掌握控制权、保持企业供应链的稳定、降低交易成本、提高企业品牌价值
劣势	投资巨大，需要较强的物流管理能力

① 自营物流模式的优势。

首先，利用自建的物流系统，最大的好处是拥有对物流系统运作过程的有效控制权，有利于企业对供应、生产及销售中的物流各个环节进行较为全面的控制；其次，稳定自身的供应链使得企业能更好地为自身的生产经营活动提供物流服务支持，保证生产经营活动对物流的需要；再次，自营物流模式省去了与其他物流服务供应商沟通、协调、合作的时间和精力，可以有效降低交易成本；最后，自营物流模式的配送系统主要为企业自身的经营活动提供物流服务，具有较强的专业性和服务意识，能提升企业的市场感召力、竞争力和品牌价值。

② 自营物流模式的劣势。

自建物流虽然能提升竞争力、降低交易成本、提升企业形象，但自建物流系统的主要困难来自投资巨大和管理困难。企业自建物流系统需要投入庞大的资金，特别是在初期，建设仓储中心、购买物流设备、搭建信息网络等专业物流设备和组建庞大的物流配送队伍需要投入大量的资金。同时，企业也需要不断提供资金来维护物流系统的正常运转，对业务量有一定要求。没有一定量的业务订单的支持，无法实现规模效应，无法降低物流成本。这些对缺乏资金的企业特别是中小企业是个沉重的负担，极大地增加了企业的经营风险。

一般来说，物流业务一线从业人员数量庞大、入门门槛低、流动性高、管理方面压力大。对于一些中小电商企业来说，因为要分出一份力在物流方面，所以电商方面的投入力度就会相应减小，不利于提升核心竞争力，也难以获得较理想的规模经济效益。

2. 第三方物流模式

在国家标准《物流术语》中，第三方物流的定义：由独立于物流服务供需双方之外且以物流服务为主营业务的组织提供物流服务的模式。这里的"第三方"是相对"第一方"发货人和"第二方"收货人而言的，第三方物流是由第三方的物流相关企业承担物流活动的一种物流模式。因此，第三方物流又称为"合同物流""委外物流"。在电子商务中，电子商务企业以签订合同的方式，将一定期限内部分或全部物流活动委托给专业的物流企业来完成。

第三方物流模式的优势是资源优化配置、有专业的物流网络、具有成本优势，劣势是无法把控物流环节、不利于维护客户、具有管理风险。

① 第三方物流模式的优势。

在当今电商竞争日趋激烈和社会分工日益细化的大背景下，对大部分电商企业来说，选择第三方物流具有明显的优势。

- 一是电商企业能够集中精力于核心业务。一个企业的资源和精力是有限的，通过第三方物流将物流大部分功能外包出去，企业可以把自己的主要资源集中于自己擅长的主业。
- 二是专业的第三方物流供应商具备更成熟的物流管理体系，同时会不断地更新信息技术和设备，帮助电商企业实现以信息换库存，降低成本。
- 三是能帮助电商企业减少固定资产投资，加速资金周转，降低成本。

② 第三方物流模式的劣势。

与自营物流模式相比较，第三方物流模式在为电商企业提供上述便利的同时，也会给企业带来诸多不利。

- 一是不便于企业进行物流环节的把控。电商企业将物流业务委托给独立的第三方物流公司，对物流的服务质量、供货的准确性和及时性，以及具体运作过程中可能出现的问题不能直接进行把控，可能会有损企业在客户心中的形象，且物流风险大。

- 二是不利于客户关系的管理和维护。相对于自营物流模式，选择第三方物流模式减少了电商企业与客户直接接触的机会，也减少了电商企业与客户的联系，不利于电商企业维护客户。

- 三是第三方物流水平参差不齐，难以保证客户服务质量。对于第三方物流公司管理不善而造成的丢件、服务态度恶劣等问题，客户往往会将其归咎于电商企业，不利于企业良好形象的维护。

- 四是企业依赖第三方物流公司，放弃对物流专业技术的开发，不利于自营物流模式的发展。

对于经营规模较小、资金与精力不足、物流管理能力较弱、无力自建物流网络体系的电商企业来说，第三方物流模式是不错的选择。第三方物流模式也是大部分中小电商企业选择的物流模式。

知识补充

B2B 电商物流一般为第三方物流模式，也有部分自营物流模式；B2C 电商平台，京东采用的是自营物流模式；天猫采用的是平台整合资源的物流服务模式；生产企业的 B2C 电商业务一般是自营物流 + 第三方物流模式的组合；中小平台和中小电商企业一般都是第三方物流模式。

任务实训

随着电子商务的迅猛发展，物流在电子商务发展中所起的作用越来越大。物流与互联网、大数据、物联网、人工智能的深度融合，为物流行业的发展找到了合适的应用场景，并形成了管理制度，让物流运输的供应链更协调，利润空间更大。

不同的物流模式各有优劣，企业选择自营物流模式或第三方物流模式，并没有一个统一的标准。请通过互联网平台搜索和整理使用自营物流模式、第三方物流模式的典型电商企业，结合所学知识，从以下几个方面分析和比较它们的物流特点，讨论并填写表 7-2。

表7-2　分析和比较电商企业的物流特点

典型企业	物流模式	物流对企业的影响程度	在物流方面的资金投入	企业经营物流的能力	物流板块未来发展趋势

任务思考

通过本任务的学习，完成对电子商务物流的进一步认知。请在此基础上，思考并回答以下问题。

1. 未来电商企业在物流方面会面临哪些挑战和机遇？请简单描述。

2. 除了介绍的自营物流模式和第三方物流模式外，以后还可能出现什么样的物流模式？请简单描述。

任务二　电商物流仓储

随着电商企业的日渐增加，电商平台订单量逐步上升，从而引申出电商物流仓储这一概念。在电子商务模式下，物流仓储的发展已经成为社会经济健康发展的重要组成部分，对电商企业的进步和发展更是有着十分重要的作用。电商物流仓储是网络经济和现代物流一体化的产物，既能实现传统的仓储功能，又能满足电子商务发展的需要。

任务目标

本任务主要介绍电商物流仓储（以下简称电商仓储）的相关知识，让大家对电商仓储有初步的认识。希望大家通过本任务的学习，了解并掌握以下知识及技能：

（1）了解电商仓储的概念；

（2）掌握电商仓储流程。

知识储备

物流仓储是物流的重要形式，是物流运作的关键点，主要利用库房、场地进行货物的保管和配送，对推动企业的电子商务发展有着十分重要的作用。

（一）电商仓储概述

在企业物流中，仓储是物流系统的一个重要环节。"仓"即仓库，为存放、保管货物的建筑物和场地的总称，可以是房屋建筑、洞穴、大型容器或特定的场地等。"储"即储存、储备，表示收存以备使用，具有收存、保管、交付使用的功能。仓储是指利用仓库对货物进行储存和保管的行为，具有存放和保护货物的功能。仓储的前后两端都由运输来连接，以货物的进库为起点，以货物的出库为终点。仓储作为物流系统的一个子系统，它与运输长期以来被看作物流活动的两大支柱，在物流系统中起着缓冲、调节和平衡的作用。

随着电子商务的快速发展，为应对电子商务行业多品种、小批量、多批次等特点，满足电子商务信息化、智能化的服务需求，传统的仓储功能逐渐变得多元化、增值化。完全贴合电子商务的需求而开设的电商仓储成为不少物流公司的一项重要业务。

1. 电商仓储与传统仓储的区别

电商仓储因其所在行业的特性，与传统仓储相比，区别主要集中在客户群体、发货时效性、订单准确率等方面。

- **客户群体** | 传统仓储面向的客户群体往往是已知门店或者经销商，通常客户数量较少且重复率高，有一定的下单规律。而电商仓储的服务对象大部分是来自全国各地甚至全球各地的未知终端客户，数量庞大，且下单规律较难掌握。

- **发货时效性** | 和传统仓储的订单响应时效相比，电商仓储在这方面的要求则更高，需要对订单做到实时处理，需要有更快的订单响应速度。电商仓储的发货时效性主要体现在两个方面——一是出货快，指接到订单或发货指令后，能够快速分发、快速拣货、快速装车、快速出库；二是周转快，指仓库内商品进出频繁，商品周转快。出货快和周转快，是电商仓储的典型特征。

- **订单准确率** | 电商仓储由于直接面向未知的终端客户，对订单发货的准确率要求高于传统仓储，因此需要仓储人员非常精准地按照客户订单进行拣选打包，对电商仓库的拣货作业和复核作业的要求更高。传统仓储的服务对象主要是门店和经销商，相比之下，配送给门店和经销商的拣货准确率没有电商仓储商。

- **日均订单量** | 传统仓储的日均订单量相对较少，刷新频次较少，但是平均订单批量较大；而电商仓储恰恰相反，日均订单量普遍比传统仓储多几倍，甚至几十倍，订单量每天刷新频率也很高（原因在于终端客户下单不规律），平均订单批量较小。

- **订单波动性** | 传统仓储的订单大多按计划配送，订单已知且有计划性，定时定量补货，相对稳定。而电商仓储由于会受到各种电商大促活动或季节等的影响，发货订单量忽高忽低，订单量无规律，波动性很大。图7-7所示为某天猫店铺开展活动时和日常的订单情况。在大促或者各种电商活动期间，订单量往往呈几何倍数增长。

万相台消耗 ⑦	淘宝客佣金 ⑦	支付买家数	支付老买家数	老买家支付金额	支付子订单数	支付件数
0.00	**107.80**	**21**	**5**	**608.24**	**26**	**27**

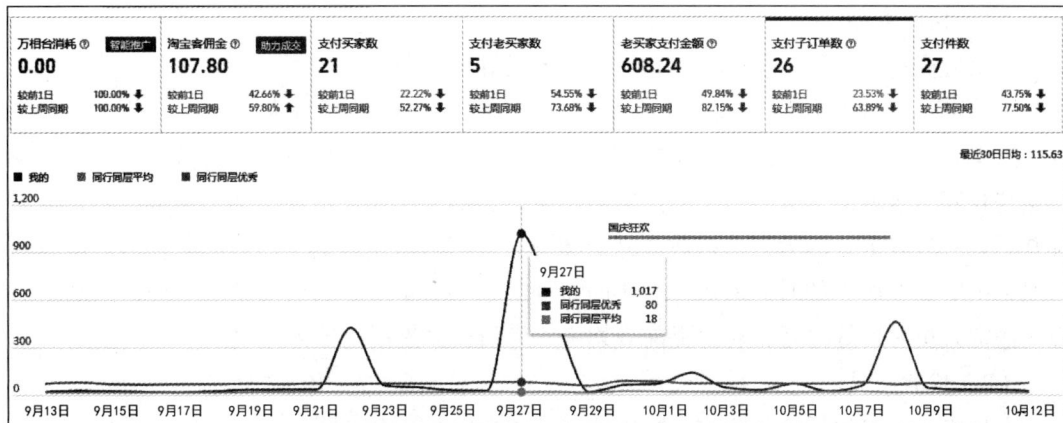

图7-7 | 某天猫店铺开展活动时和日常的订单情况

- **退换货量** | 电商企业的商品相比传统线下企业，退换货量更大。这就要求电商仓储要有很强的退换货处理能力，挑拣退换商品，以保证退换商品能再次销售。

2. 电商仓储的特点

从电商仓储与传统仓储的对比中可以看出电商仓储具有以下特点。

- **订单的未知性** | 在网络交易中，下单信息不能预知，订单无计划。
- **订单的波动性** | 大促活动或者其他电商活动对订单量的影响较大。
- **人员的灵活性** | 订单波动要求仓储人员的调配要更加灵活，尤其在大促期间，需要更灵活地调整人员，可借助临时人员来缓解促销压力。
- **仓储的地域性** | 商品的库存地越来越靠近消费者的所在地，典型的案例就是京东等平台商，根据大数据预测哪些商品、哪个地区的消费者最集中，从而提前将这些商品调配至对应地区的仓库。

（二）电商仓储流程

在实际电商业务中，电商企业的收货、发货、购货以及货品管理都是交由仓储操作的，店铺只需将任务订单发给仓库。因此，电商仓储在整个货品买卖过程中，扮演着十分重要的角色，是决定发货速度的关键因素。

仓储行业标准的制定和实施对整个电商仓储行业的发展十分重要，但具体到仓库内的各个作业环节，则需要进一步标准化操作。仓储的作业流程是指在仓库内的作业过程，包括收货、验货、登记、拣货、质量控制、包装、称重、盘点、做账等。所有的作业流程和人员操作均应在信息系统的指导下进行，对每一环节都进行分解、计算，并合理规划，以此提高操作效率和可执行性。

1. 商品入库

入库是电商仓储管理的第一个大环节，是指商品进入仓库时所进行的接收、检验、编写货号、登记入库等一系列活动。

（1）接收商品。

当供应商将商品运达仓库时，仓库人员要做好接收准备。

接收商品主要是与供应商送货人员对接，包括和供应商送货人员商定好什么时间到货。这里有一个非常重要的衡量指标——及时交货，它是指供应商按照交货日期及时将商品送到仓库。这里的"及时"不是送得越早越好，如果供应商提前一两天送货，对企业来说并不是一件好事，因为提前接收商品意味着要提前腾出足够的存储空间来存储。最好的情况是供应商在商定的时间前后一个小时将商品送到，这才是及时交货。另外，当和供应商的送货人员对接好之后，还要提前规划入库库位，并提前打印入库单。

（2）检验商品。

商品检验主要包括包装验收、数量清点和质量验收3个方面。

- **包装验收**｜负责验收的工作人员首先必须认真地检查商品外包装是否完好，如出现包装破损等情况，要拒收并及时上报相关主管部门。

- **数量清点**｜确定商品外包装完好后，要根据订货单和送货单核对商品规格型号，清点商品数量，检查数量是否与凭证相符，以及商品外观有无破损和明显的污渍。

- **质量验收**｜这里主要是按照质量规定标准，检查商品的质量、规格和等级是否与标准符合。对于一般商品，整箱的可以进行抽检，如果抽检的数量与凭证记录的数量不一致，为确保数量准确，就要进行全检。对于易碎品，则要进行全检，如果商家要求不全检，那要签订关于破损率的协议。如果是食品，则要注意核对食品的保质期。对于技术性强、需要用仪器测定分析的商品，须由专职技术人员进行检查。核对无误后，为检验合格的商品及时办理入库手续。

对验收中出现的问题，如数量不符、质量问题、包装问题、单货不符或单证不全等，要及时上报相关主管部门解决，不合格的商品严禁入库。

（3）编写货号。

货号即商品编号，是对不同款的商品所标记的唯一编号，每一款商品都应有一个唯一的货号。例如服装行业中，对同一款服饰，需要按尺码、颜色管理库存数量。这种按尺码、颜色组合后的可管理的商品单元，就是商品货号。商家使用货号能方便地进行内部管理，识别不同款式的商品。

一般品牌商品出厂时，厂家都会有标准的货号，不需要商家自己编写。对于一些非品牌商品，商家则需要通过编写货号对商品进行更细维度的管理。货号的编写方法并无固定规则，可由商家根据商品特征和使用习惯自行设定。但同一家店铺的货号编写方法应该尽量统一，简洁明了，并具有拓展性，让商家和员工一看到货号就能知道这是哪一类商品。简单的货号编写方法是"商品属性＋序列号"，这也是大多数中小电商企业常用的方法，具体做法如下。

① 区分商品类别。例如一家销售饰品的网店，首先将商品按类别属性分为项链、发

饰、手链、耳环、戒指、手镯等，如图 7-8 所示。

| 项链 | 发饰 | 手链 | 耳环 | 戒指 | 手镯 |

图7-8 | 按商品类别属性分类

② 对应写出每一类别名称的汉语拼音，确定代表商品类别属性的缩写字母的组合。例如发饰（fa shi）拼音缩写为 FS、耳环（er huan）拼音缩写为 EH、戒指（jie zhi）拼音缩写为 JZ 等。

③ 每一类商品的编号可以是多位数，视商品数量而定。每一个编号代表一种款式，可以采用 01 ~ 99 或 001 ~ 999 的方式进行编号。例如 FS-001 代表发饰类的 001 号款式、EH-001 代表耳环类的 001 号款式、EH-002 代表耳环类的 002 号款式。商品编号及类别如表 7-3 所示。

表7-3　商品编号及类别

商品类别	商品款式	货号	商品图片
发饰	复古大蝴蝶结	FS-001	
耳环	爱心耳环	EH-001	
耳环	星月耳环	EH-002	

知识补充

在为商品编号时需要注意：①编号尽量简明；②编号要唯一；③编号需要分类；④编号要可扩展；⑤编号要稳定，不能随意改变。

（4）登记入库。

商品验收无误并编写货号后，即可登记入库。将商品的名称、货号、数量、规格、入库时间等信息录入仓储管理系统中。商品的入库登记如图 7-9 所示。信息登记完成后，根据商品的属性对商品进行位置分配，仓库工作人员需要根据系统提示将商品放置到对应库存位置。

图7-9 | 商品的入库登记

2. 上架存放

商品入库完成后，仓库工作人员就要将其上架。上架，是指将商品放到货架上的操作。由于电商储存的商品多，商品的 SKU 多，经常是一牌多品，一品多名，一名多色，一色多大小，由于商品种类多、相似度高、辨识度低，容易配错货，因此仓库工作人员应按照不同的商品属性、材质、规格、功能、型号和颜色对商品进行分类，然后将其分别放到货架相对应的库存位置进行储存，便于日后拣货。存储时要根据商品的特性进行保管，且要注意防潮、防尘，如是无外包装的商品，加上塑料包装后存放。

3. 商品出库

当客户选中商品下单付款后，系统会自动将订单详情同步至仓储系统，开始出库作业。商品出库流程主要包含打单、分拣、复核、打包、发货等环节，如图 7-10 所示。

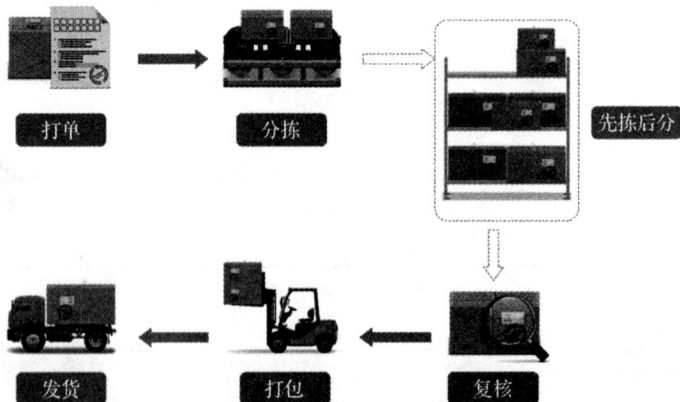

图7-10 | 商品出库流程

- **打单** | 获取订单信息后，检查客户的备注，确认一切都没有问题后，根据客户下单时间第一时间、准确无误、分批分类进行打单工作。

- **分拣** | 根据订单，找到商品的类别、规格以及库存位置，及时进行分拣。严格按

照订单出货，确保发出的商品与客户的要求完全一致。

- **复核** | 当分拣任务完成后，还需要对商品进行再次核对。在检查过程中，确认包装是否破损，商品是否完好，一旦查出问题，要及时退还。同时，再次与订单核对，看看实际要发的商品以及数量是否与订单一致，不能多发也不能漏发，保证订单准确率。

- **打包** | 根据商品数量、大小、规格、类型等进行装箱、包装，粘贴快递面单。

- **发货** | 将商品整理后放到指定发货区域，和快递人员进行签字确认，将商品交到快递人员手中，并由快递公司进行配送。

任务实训

××公司新采购了一批女装，为了提高仓储管理的效率，指派物流专员小赵根据商品特征对商品进行货号编写，并完成商品库存信息采集。

1. 在一家销售女装的网店中选取5款商品。
2. 根据商品特征，编写商品货号。
3. 录入商品基本信息，完成表7-4所示的商品库存信息统计。

表7-4　商品库存信息统计

编号	商品名称	货号	款式	尺码	颜色	数量	材质	价格	……	备注
1										
2										
……										

任务思考

通过本任务的学习，完成对电商物流仓储的认识。请在此基础上，思考并回答以下问题。

1. 在仓储作业过程中，仓库管理工作的任务有哪些？
2. 商品入库完成后，仓库工作人员就要将其上架。思考在商品上架时对退货的商品该如何操作？

任务三　电子商务物流包装与配送

物流包装在整个物流活动中具有特殊的地位，包装是物流活动的基础，没有包装的商品几乎不能实现物流的其他活动（散货物流除外），因此，包装是实现现代化物流的根本途径和有效保障。而配送则是分拣配货和运输，从物流角度来讲，配送几乎包括了所有的

158　物流功能要素，是物流的一个缩影或在某小范围内物流全部活动的体现。

任务目标

本任务主要介绍电子商务物流包装与配送，理论知识较多，希望大家通过本任务的学习，了解并掌握以下知识及技能：

（1）了解电子商务物流包装的相关知识；

（2）掌握物流包装的注意事项；

（3）了解电子商务物流配送的相关知识。

知识储备

当商品通过物流被送到客户面前时，客户首先看到的是商品的物流包装，打开之后才能看到商品的销售包装。物流包装主要起到保护商品、方便运输和信息识别的作用。如果物流包装不到位，后续的运输配送就容易出现商品包装破损、商品实体残次或受损等一系列问题，导致客户投诉甚至退单，给电商企业的长远发展带来不利的影响。

（一）电子商务物流包装

电子商务的快速发展激发了对物流包装的需求，这些包装材料需要在各种充满挑战的运输配送条件下保障商品的安全。

1．商品包装分类

根据不同的商品分类打包，不仅显示了物流工作的合理性，而且可以保护商品、方便储存、利于运输、促进销售、防止环境污染和预防安全事故，在一定程度上增加物流的安全性与便利性。因包装材料和重量的不同，物流成本也会有所不同，通常在保障商品安全的情况下，企业会采用最合适的包装以节省成本。常见的物流包装有纸箱、木箱等。常见的包装及特点如表7-5所示。

表7-5　常见的包装及特点

包装类型	特点
纸箱	原料充足、价格低廉、加工储运方便、安全卫生、印刷装潢性能好，便于美化宣传，易于回收处理，绿色环保；但防潮、防湿性能较差
木箱	抗压、抗震性能强，加工方便，不生锈，不易腐蚀，符合出口商品检疫要求；但是木材易开裂，易受虫害影响，价格高

包装类型	特点
EPS 箱	防震、保温、比重轻、耐冲击、易成型、造型美观、色泽鲜艳、高效节能、价格低廉；但是韧性不好，易破裂，缓冲性能一般
EPP 箱	抗震吸能性能好、形变后恢复率高、耐热性好、耐化学品、耐油性和隔热性好、质量轻，比 EPS 箱韧性好，不易破裂，缓冲性能好；但是材料成本比较高

（1）纸箱。

纸箱是采用具有空心结构的瓦楞纸板，经过成型工序制成的包装容器，如图 7-11 所示。纸箱采用单瓦楞、双瓦楞、三瓦楞等各种类型的纸板做包装材料，大型纸箱装载商品的重量可达 3000kg。

图7-11 | 纸箱

纸箱的应用范围非常广，几乎可以包装所有的日用消费品，包括水果、蔬菜、加工食品、针棉织品、玻璃陶瓷、医用药品等各种日用品，以及自行车、家用电器、精美家具等。其优势包括以下几个方面。

- **便于空箱储存** | 纸箱的设计使其具有足够的强度，富有弹性，且密封性能好，便于实现集装单元化。

- **节约运费** | 纸箱的箱面光洁、印刷美观、标志明显，便于传达信息；它的重量比木箱小。

- **环保** | 纸箱耗用资源比木箱要少，其价格也比木箱低，可回收利用，节能环保。

纸箱也有一些不足之处，主要是其抗压强度不足和防水性能差。在使用纸箱包装时，需要在商品周围加上填充物，防止在运输过程中产生严重震荡而造成商品受损。填充物既可以选择废旧报纸，也可以购买专门防震的物品；填充物以体积大、重量轻为佳。在装箱时，商品要和纸箱之间保留一定的距离，方便放置填充物。

（2）木箱。

木质箱形的容器简称木箱，木箱的种类很多，广泛用于物流包装的木箱主要有木板箱、框板箱和框架箱3种。

- 木板箱一般作为小型运输包装容器，能装载多种性质不同的商品，有较大的耐压强度，但箱体较重，防水性较差。
- 框板箱以条木与人造板材为主要材料，经钉合装配而成。
- 框架箱由有一定截面的木条构成箱体的骨架，再根据需要在骨架外面加上木板等材料覆盖而成，如图7-12所示。

图7-12 | 框架箱

（3）EPS箱。

EPS箱是一种轻型高分子聚合物，既可以作为外包装，也可以作为内部隔离防震材料，如图7-13所示。由于该包装箱体防震效果好，耐冲击，所以被广泛使用。例如家电、电子仪表、精密仪器、玻璃器皿、陶瓷制品、美术工艺品等，常以EPS发泡件作为缓冲性包装物。

泡沫防震层　　　　　加厚纸箱　　　　打包发货

图7-13 | EPS箱

（4）EPP 箱。

EPP 是聚丙烯塑料发泡材料，是一种性能卓越的高结晶型聚合物／气体复合材料，其以独特而优越的性能成为目前广泛使用的环保新型抗压缓冲隔热材料。EPP 箱具有十分优异的抗震吸能性能、形变后恢复率高、耐热性好、耐化学品、耐油性和隔热性好，且质量轻。EPP 箱比 EPS 箱韧性好，不易破裂，缓冲性能好。

此外，EPP 本身是环保的，可自然降解，对环境无害，且发泡过程仅为物理成型过程，无任何添加，因此 EPP 箱非常适合用于食物的保鲜、保温运输，而且可以回收重复使用，适合外卖、冷链物流等商业用途。

2. 内置隔离防震材料

由于工艺品、易碎品、电子产品等商品在长途运输过程中容易因路途颠簸、快递人员的不细心等问题而发生损坏，因此商家在包装这类商品时通常会在外包装和商品之间的空隙处放置一些填充物，以避免商品在运输途中左右晃动，为商品提供多一层的保护。包装内置的防震材料如图 7-14 所示。

图7-14 | 包装内置的防震材料

在选择防震包装材料时，首先要考虑保护能力，因为保护商品不受损害是最基本的要求。其次需要考虑成本问题，因为防震包装材料成本越低，商家的利润就越高。考虑成本就要考虑防震包装材料的重量、存储空间以及价格等。最后还要考虑防震包装材料的外观以及对环境的影响。一看到物流填充、防震、保护等文字的时候，相信大家第一时间想到的包装材料有珍珠棉、旧报纸、塑料泡沫以及充气袋等。常见的防震包装材料如表 7-6 所示。

表7-6　常见的防震包装材料

防震包装材料－泡沫塑料		防震包装材料－气泡袋与气泡垫
EPE 珍珠棉	EPS 保利龙	气泡袋
EPU 海绵	EPP	气泡垫
EVA 泡棉	EPO	

对于这么多种类的包装材料，哪种才是最优选择呢？

- 报纸适用于保护各种材质相对较硬的产品，如塑料水杯、塑料玩具等。优点是成本低、重量轻，可以节省运费；缺点是对产品的保护性比较差，外观不美观且产生垃圾碎屑，并且能保护的产品面相对狭窄。

- 珍珠棉等包装材料的保护范围相对较广，日常生活中常见的产品几乎都可以用它们进行保护。优点是适用范围广、重量轻；缺点是占用面积大，会增加仓储成本，污染环境。

- 充气袋是由充气机对填充薄膜充气制作而成的，除价格低廉、外观干净整洁、重量轻之外，还可以有效防止挤压，对产品的保护性较强。由于充气袋的制作材料一般是PE（聚乙烯）材料，可回收利用，在节约成本的同时也不会对环境造成危害，还可以加大产品在运输途中的安全系数。缺点是无法保护尖锐的产品。

3. 物流包装需要注意的问题

在对货品进行包装时，需要考虑以下问题。

（1）包装货品时要选择大小适宜的纸箱，货品大小要与纸箱相符，严禁出现"货小箱大"等包装不严的现象。

（2）脆弱易碎、怕震怕压的货品装箱时，内件与箱板之间要用缓冲材料衬垫，空隙处用软质材料填实，保证货品不在箱中晃动，确保货品在运输途中无损坏。

（3）箱内货品不止一件时，还要用瓦楞纸将货品分隔或用海绵等软质材料填充，防止货品在箱中晃动以及在运输途中碰撞损坏。

（4）包装货品时要确保货品外包装无灰尘、无污渍，包装盒无破损。

（5）货品清单应统一放置在货品正面显眼位置，如遇多件货品需要分单发货，需将货品清单分别置入每个货品箱内，并注明此箱包装何种货品，以便客户查收。

（6）胶带的粘贴和使用要求：对于外形规则的货品包装，如使用纸箱包装的货品，建议对 5.5kg 以下的包装箱纸箱上下进行"工"字形或"十"字形包装；建议对 5.5kg 以上的包装箱纸箱上下进行"井"字形或"王"字形包装。

（7）包装胶带粘贴要求横竖位置对准、不错位，松紧适度，每处封胶位置环绕一圈胶带，做到该封胶带的封好，不该封的不要封。这不仅可杜绝浪费胶带，同时也可提高包装速度。

（8）打包员严格执行验视制度，确保货品型号及数量与发货单上一致，确定无误后，方可撕下发货单将货品按包装要求进行装箱包装。

（9）包装好的货品外观要求整体美观结实、无松散、无凹凸不平现象，快递面单要求贴于包装好的货品正面中间位置，以便工作人员方便快捷抽出。

（10）直接贴快递面单的货品要求上下左右胶带完好、纸箱无破损，同时应注意货品不贴快递面单的另一面，严禁单件货品贴两张快递面单，严禁没贴快递面单的货品被拉出仓库，严禁将各快递公司的货品混放。

（11）每次工作结束后要做好整理、整顿、清扫、清洁工作，不同品种的包装材料不得混放。

行业点拨

经初步估算，我国快递业每年消耗的纸类废弃物超过 900 万吨、塑料废弃物约 180 万吨，包装材料包括各种规格的快递袋、包装箱、胶带、泡沫、塑料填充物等花样翻新的塑料制品，并且废弃物消耗呈逐年递增趋势，对环境造成的影响不容忽视。因此，加强快递绿色包装标准化工作，支撑妥善处理快递包装污染问题，已成为行业转型升级、产业可持续发展的内在要求。2020 年 7 月 28 日，国家市场监管总局、国家邮政局等八部门联合印发了《关于加强快递绿色包装标准化工作的指导意见》。

164

（二）电子商务物流配送

电子商务物流配送是在电子商务物流系统下，按照用户的订货要求，在配送中心或其他物流据点进行货物配备，并以合理的方式将货物送交至用户手中。

1. 选择物流公司

国内主要的物流公司有京东物流、申通快递、圆通速递、中通快递、韵达速递等。这些物流公司在服务质量、服务价格等方面各不相同，商家在选择物流公司时，要考虑实际情况。

因为物流公司的运费在不同快递区域内是不相同的，所以公司应根据不同区域制定不同的物流费用，也可以灵活选用不同的物流公司或根据客户的需求选择物流公司。尽量做到让买家满意，让买家有良好的购物体验。

知识补充

考虑到成本的问题，除非客户要求发其他快递，商家一般会选择合作伙伴的快递公司，这样才能取得本地区快递公司的内部报价。

---

2. 物流公司介绍

下面介绍几个日常生活中比较常见的物流公司。

（1）顺丰速运。

顺丰速运于 1993 年 3 月 26 日在广东顺德成立，是一家主要经营国际、国内快递业务的物流公司。其 Logo 如图 7-15 所示。顺丰速运在中国建立了庞大的信息采集、市场开发、物流配送、快件收派等业务机构及服务网络。与此同时，顺丰速运积极拓展国际件服务，目前已开通美国、日本、韩国、新加坡、马来西亚、泰国、越南、澳大利亚等国家的快递服务。顺丰速运实现了对快件产品流转全过程、全环节的信息监控、跟踪、查询及资源调度工作，确保了服务质量的稳步提升。顺丰速运的优点在于网点集中在一线城市，运送速度快，一般隔天到，可以发当天件，允许发当天件的地方有江、浙、沪、皖；缺点是价格相对高一些。

图7-15 | 顺丰速运Logo

（2）EMS。

EMS，即邮政特快专递服务。它是由万国邮联管理下的国际邮件快递服务，是中国邮政提供的一种快递服务，主要经营国际、国内 EMS，是中国速递服务的最早供应商。由于是与其他国家或地区的邮政合办的，因此 EMS 在各国或地区的邮政、海关、航空等部门均享有优先处理权，它以高质量为用户传递国际、国内紧急信函、文件资料、金融票据、商品货样等各类文件资料和物品。EMS的优点为网络强大、限时速递、货物丢失损坏率低、安全性高；缺点是资费比普通民营快递稍高。

目前，针对跨境电商市场多样化的寄递需求，中国邮政速递物流股份有限公司（以下简称中国邮政速递物流）设计的跨境电商e系列产品有e邮宝、e特快、e包裹、e速宝，全线产品均支持线上下单、上门揽收，支持邮件信息跟踪查询。中国邮政速递物流的产品如表7-7所示。同时，中国邮政速递物流推出了中邮海外仓（跨境电商出口）和中邮海外购（跨境电商进口）一站式综合物流解决方案。

表7-7 中国邮政速递物流的产品

渠道	产品名称	通达国家/地区	适用类型	重量限制	尺寸限制
邮政渠道	e邮宝	美国、澳大利亚、英国、加拿大、法国、俄罗斯、挪威、巴西	轻小件	2kg	长+宽+高≤90cm 单边长度≤60cm
	e特快	日本、韩国、新加坡	价值较高的产品	30kg	同国际标准EMS
		英国、法国、俄罗斯、白俄罗斯、乌克兰			
		荷兰、西班牙、加拿大、巴西、澳大利亚			
	e包裹	美国	经济类产品	30kg	同国际标准EMS
商业渠道	e速宝	澳大利亚、德国	轻小件	2kg	长+宽+高≤90cm 单边长度≤60cm
	中邮海外仓	美国	批量快消品	—	—
	中邮海外购	美国、日本	海淘产品	—	—

（3）京东物流。

京东集团于2007年开始自建物流，2017年4月正式成立京东物流集团。京东物流的Logo如图7-16所示。京东拥有中国电商领域规模最大的物流基础设施，拥有中小件、大件、冷藏冷冻仓配一体化物流设施。京东物流建立了包含仓储网络、综合运输网络、最后一公里配送网络、大件网络、冷链物流网络和跨境物流网络在内的高度协同的六大网络，服务范围覆盖了中国几乎所有地区和人口。京东物流不仅建立了中国电商与用户之间的信赖关系，还通过211限时达等时效产品，重新定义了物流服务标准。

图7-16 | 京东物流Logo

京东的物流配送服务主要分为以下4种模式。

- **FBP** | 由京东全权负责采购和销售。

- **LBP** | 商品无须入库，用户下单后，由第三方卖家发货到京东分拣中心，京东开发票。

- **SOPL** ｜商品无须入库，用户下单后，由第三方卖家发货到京东分拣中心，但由商家开发票。

- **SOP** ｜商家直接向用户发货并开发票。

（4）圆通速递。

圆通速递是国内大型民营快递品牌企业。其 Logo 如图 7-17 所示。圆通速递主营 50kg 以内的小包裹快递业务，形成 8 小时当天达、12 小时次晨达、24 小时次日达、36 小时隔日上午达、48 小时隔日达等时效件和到付件业务，提供代收货款、签单返还、代取件、仓配一体等多种增值服务，以及为客户提供供应链个性化解决方案。

图7-17｜圆通速递Logo

目前，圆通速递的服务网络已延伸至全球。圆通速递的优点是到全国的一线城市和省会城市运输及派件的速度比较快，是支付宝的合作公司，客户在收到货时可以开包检查；缺点是网点覆盖范围小。

（5）申通快递。

申通快递是一家以经营快递为主的国内合资（民营）企业。其 Logo 如图 7-18 所示。申通快递的业务基本覆盖到全国地市级以上城市和发达地区地市县级以上城市，尤其是在江浙沪地区，基本实现了派送无盲区。它主要承接非信函、样品、大小物件的速递业务。申通快递优点是在重要城市运输及派件的速度比较快，运输范围可以覆盖到县级以上城市；缺点是价位稍高。

图7-18｜申通快递Logo

3. 物流配送相关法律法规

现代物流业在促进生产和创造就业机会、调整产业结构、改变经济发展方式以及增强国民经济竞争力等方面起着重要作用。因此，了解物流方面的相关法律制度具有重要的意义。

（1）快递服务合同的签订。

快递服务合同是寄件人和快递服务公司之间订立的有关快递服务的契约，从法律性质上来看，其属货运合同的一种。快递员收寄快递物品时，向寄件人递交背面载有《快件运单契约条款》的快递单，寄件人在填写快递单时，可以根据物品的重要性、易损性等情况，自主选择保价或不保价快递服务品种。圆通速递快递单如图7-19所示。

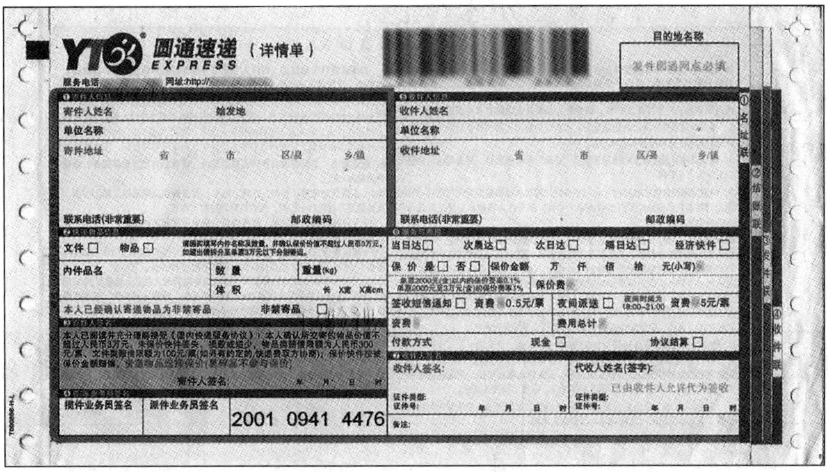

图7-19 | 圆通速递快递单

当寄件人和快递员双方在快递单上签字或盖章后，快递服务合同立即生效，对双方均具有约束力。寄件人和快递方之间形成快递服务合同关系，该快递服务合同是处理有关争议的重要文件。

（2）不同条件下的损失赔偿。

《快递暂行条例》第二十七条规定：快件延误、丢失、损毁或者内件短少的，对保价的快件，应当按照经营快递业务的企业与寄件人约定的保价规则确定赔偿责任；对未保价的快件，依照民事法律的有关规定确定赔偿责任。

未保价快件丢失、毁损的，寄件人对寄递物品的实际价值负有举证责任。《中华人民共和国民法典》（简称《民法典》）第八百三十三条规定：货物的毁损、灭失的赔偿额，当事人有约定的，按照其约定；没有约定或者约定不明确，依据本法第五百一十条的规定仍不能确定的，按照交付或者应当交付时货物到达地的市场价格计算。法律、行政法规对赔偿额的计算方法和赔偿限额另有规定的，依照其规定。

（3）电子商务经营者的责任与义务。

由于消费者与电子商务经营者之间直接建立买卖合同关系，《中华人民共和国电子商务法》（简称《电子商务法》）将快递物流的主要风险归于电子商务经营者。电子商务经营者应当承担在承诺时限内将质量合格的实物商品安全运送或投递到约定收件地址和收件人的责任。《电子商务法》第二十条规定：电子商务经营者应当按照承诺或者与消费者约定的方式、时限向消费者交付商品或者服务，并承担商品运输中的风险和责任。但是，消费者另行选择快递物流服务提供者的除外。因此，在网购中，由卖家指定快递的，运输途

168 中商品意外毁损灭失的风险由卖家承担；如果买家指定快递，则运输途中商品意外毁损灭失的风险由买家承担。

🔍 任务实训

×× 打算在网上销售百色杞果，作为新手卖家，需要选择合适的物流公司合作，但他对农产品尤其是生鲜农产品电商的物流公司不了解。请你根据商品特点，通过网上调研，从配送范围、配送时效、价格、服务质量等方面进行综合分析，为他推荐合适的物流公司。

1. 在网上查找物流公司信息。
2. 填写表 7-8。
3. 根据商品特点，选择合适的物流公司，并说明原因。

表7-8　物流公司对比

编号	公司名称	配送范围	配送时效	首重价格	续重价格	服务质量
1						
2						
……						

🔍 任务思考

通过本任务的学习，完成对电子商务物流包装与配送的认识。请在此基础上，思考并回答以下问题。

1. 除了传统的包装材料外，目前还有哪些环保材料用于商品包装？
2. 除了本任务介绍的物流公司外，通过互联网查询还有哪些物流公司。

💡 项目习题

一、单选题

1. 下列不是电子商务物流特点的是（　　　）。
   A. 信息化　　　　B. 网络化　　　　C. 差异化　　　　D. 柔性化
2. 未保价快件丢失、毁损的，（　　　）对寄递物品的实际价值负有举证责任。
   A. 收件人　　　　B. 承运人　　　　C. 调解人　　　　D. 寄件人
3. 下列关于编写货号的说法错误的是（　　　）。
   A. 使用货号能方便商家进行内部管理，识别不同款式的商品
   B. 货号的编写方式要遵循固定规则

C. 同一家店铺的货号编写方法应该尽量统一，简洁明了，并具有拓展性

D. 最简单的编号方法是"商品属性＋序列号"

4. 下列属于商品入库环节的是（　　　）。

A. 商品检验　　　B. 分拣配货　　　C. 商品打包　　　D. 商品上架

5. 下列关于内置隔离防震材料的说法错误的是（　　　）。

A. 报纸适用于保护各种材质相对较硬的产品，如塑料水杯、塑料玩具等

B. 珍珠棉等包装材料的保护范围相对较广，其优点是适用范围广、重量轻，缺点是无法保护尖锐的产品

C. 充气袋是由充气机对填充薄膜充气制作而成的，除价格低廉、外观干净整洁、重量轻之外，还可以有效防止挤压，对产品的保护性较强

D. 由于充气袋的制作材料一般是 PE 材料，可回收利用，在节约成本的同时也不会对环境造成危害

二、多选题

1. 在进行货品包装操作时，下列说法正确的有（　　　）。

A. 包装货品时要选择大小适宜的纸箱，货品大小要与纸箱相符，严禁出现"货小箱大"等包装不严的现象

B. 脆弱易碎、怕震怕压的货品装箱时，内件与箱板之间要用缓冲材料衬垫，空隙处用软质材料填实，保证货品不在箱中晃动，确保货品在运输途中无损坏

C. 箱内货品不止一件时，还要用瓦楞纸将货品分隔或用海绵等软质材料填充，防止货品在箱中晃动以及在运输途中碰撞损坏

D. 包装货品时要确保货品外包装无灰尘、无污渍，包装盒无破损

2. 当前电商企业的物流模式主要包括（　　　）。

A. 自营物流模式　　　　　　　B. 竞争模式

C. 第三方物流模式　　　　　　D. 扁平模式

3. 下列关于自营物流模式的优势说法正确的有（　　　）。

A. 掌握控制权　　　　　　　　B. 有更专业的物流网络

C. 降低交易成本　　　　　　　D. 提高企业品牌价值

4. 物流对电子商务的实现有着非常重要的作用，下列对未来物流发展趋势的说法正确的有（　　　）。

A. 运营智能化　　　　　　　　B. 平台服务多元化

C. 共享物流集约化　　　　　　D. 电商物流前置化

三、简答题

1. 简述电子商务物流的特点。

2. 简述电商物流仓储的流程。

拓展阅读 📖

智能科技助力冬奥物流保障

2022年北京冬奥会上，京东物流作为中国第一家、全球第七家服务奥运会的物流服务商，用绿色、科技助力赛事物流保障工作。北京冬奥会是自1996年亚特兰大奥运会奥组委开始设立物流委员会以来，首次使用中国物流服务商的奥运赛事。据了解，此次北京冬奥会筹备搭建了绿色集约的一体化供应链体系，不仅整体提升了冬奥物资供应的效率和质量，还实现了冬奥供应链的绿色、环保。

1. 智能设备

京东亚洲一号北京物流园面积为数十万平方米，辐射北京、河北、山东、天津、内蒙古等地。这里各种智能化设备投入运营，已经实现了入库、存储、包装、分拣全流程、全系统的智能化和无人化，日均处理订单峰值超过80万单。

基于5G、人工智能、大数据、云计算及物联网等技术，京东正在持续提升自身在自动化、数字化及智能决策方面的能力，不仅通过自动搬运机器人、分拣机器人、智能快递车等，在仓储、运输、分拣及配送等环节大大提高效率，还自主研发了仓储、运输及订单管理等系统，支持客户供应链的全面数字化。

2. 青流计划

在绿色物流方面，京东物流也早有探索。京东对封箱胶带进行了"瘦身"研究——怎样才能在满足使用的前提下将宽度从53毫米降至45毫米，而且明确规定封箱胶带禁止层层缠绕。通过这样毫米级的技术革新，2020年一年就为京东物流减少使用了4亿米胶带，减少的胶带可以绕地球10圈。

在推动包装"瘦身"的同时，京东物流通过常态化投入使用"青流箱"尽可能减少纸质包装箱的使用量。青流箱是一种可循环使用的快递箱，由可复用材料制成，无须胶带封包，破损后还可以回收再生，正常情况下可以循环使用50次以上。京东青流箱如图7-20所示。而对于有保温需求的生鲜商品，则全面使用可逆向回收循环使用的保温周转箱代替一次性泡沫箱，一个普通的保温周转箱在一年半的使用寿命期内可以循环使用130次。

图7-20 | 京东青流箱

8

项目八
农产品电子商务运营

情景展示

小西的家乡气候湿润、自然环境良好，是有名的银耳种植地。她父母从老家寄来了几包银耳，嘱咐她多吃可以清肺排毒，对身体有益。收到东西后，小西把银耳分给了办公室同事和领导品尝。由于这些银耳朵形完整、耳肉肥厚、耳花蒂大头小，大家立刻被吸引了，纷纷要替家人朋友购买一些。公司领导品尝后，认为小西家乡的银耳有很大的发展潜力，决定派她回家乡建立分公司，安排她作为分公司负责人。现阶段，她需要学习更多的农产品电子商务运营知识，为自己的发展计划打下基础。

学习目标

【知识目标】

│ 了解农产品电子商务的特性；

│ 掌握农产品电商化的相关知识；

│ 了解农产品的开发和管理知识。

【技能目标】

│ 了解并掌握农产品电子商务的运营技能。

【素质目标】

│ 具备从事农产品电子商务的基本职业道德和坚持不懈的职业精神。

【知识导航】

```
                                              知识储备 ── 认识农产品电子商务
                        任务一 农产品电子商务认知 ──┤        └ 农产品电商化
                     ┌────                        └ 任务实训
                     │
                     │                            知识储备 ── 农产品开发
农产品电子商务运营 ──┼── 任务二 农产品的开发与管理 ──┤        └ 农产品管理
                     │                            └ 任务实训
                     │
                     │                            知识储备 ── 农产品电商的供应链
                     └── 任务三 农产品供应链与销售 ──┤        └ 农产品的销售推广
                                                  └ 任务实训
```

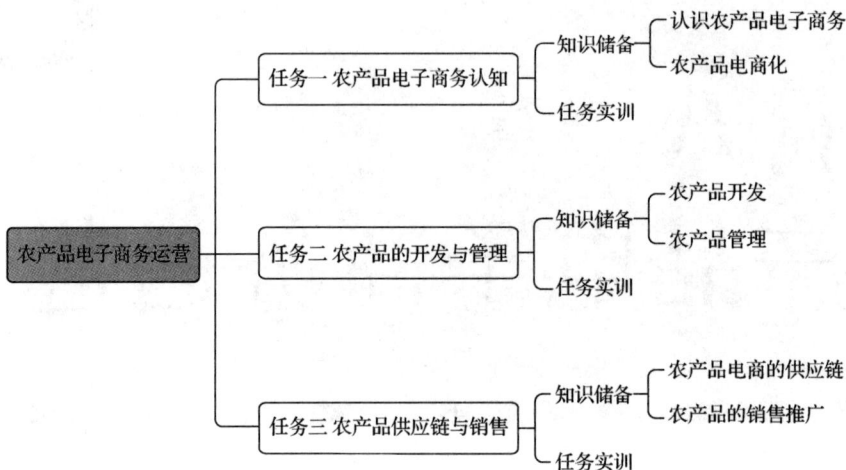

任务一　农产品电子商务认知

近年来，线上消费进一步被激发，我国电商发展呈直线上涨趋势，农产品电子商务更是得到了迅速发展。农产品电子商务简称农产品电商，是指以农产品的生产、销售为中心而发生的一系列电子化交易活动，包括农产品生产管理、农产品网络营销、电子支付、物流管理、客户服务等。

任务目标

本任务主要介绍农产品电子商务的相关知识和农产品电商化，希望大家通过本任务的学习，能够掌握以下知识及技能：
（1）认识农产品电子商务；
（2）了解农产品电商化。

知识储备

（一）认识农产品电子商务

在国家实施乡村振兴战略的背景下，农产品电商发展势头更加迅猛。电商对农产品销售商而言，不仅可以把已有的线下产品搬到线上，增加销量，还可以挖掘新的农业资源，通过电商大放异彩。

1. 农产品电子商务的特性

农产品作为人们生活必需的生活物资，总是不缺乏市场的。如果线下销路不畅，农产品又不能保存太长时间，就会造成多方的损失。而电商的出现，让农产品有了新的商机。艾媒咨询关于 2021 年中国网民购买农产品的偏好渠道调查的数据显示，线上购买农产品的消费者越来越多，如图 8-1 所示。

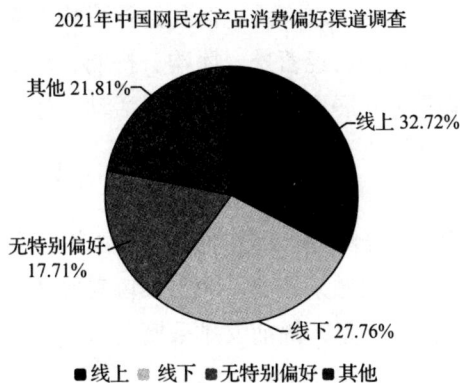

图8-1 | 农产品消费偏好渠道调查

农产品电商是当下火热的一个领域，不仅国家在这一领域投入巨大，而且各个互联网电商平台也都在加紧布局。农产品电商的特性有以下几个方面。

（1）经营成本低。

经营成本低体现在两个方面。一是由于农产品的生产和用工都在农村，因此农产品电商具有成本和价格优势。二是农产品电商改变了农产品传统销售渠道（见图 8-2），具有流通环节少、效率高、信息化程度高、成本低的优势，可以促进农产品与网络大市场对接，促使涉农企业减少库存积压、降低库存成本，进而降低交易成本。农产品电商流程如图 8-3所示。

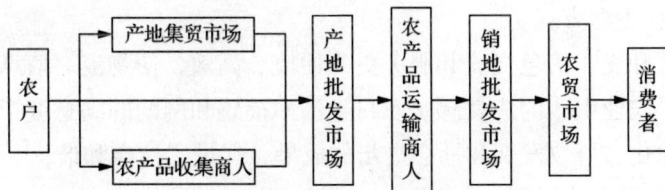

图8-2 | 农产品传统销售渠道

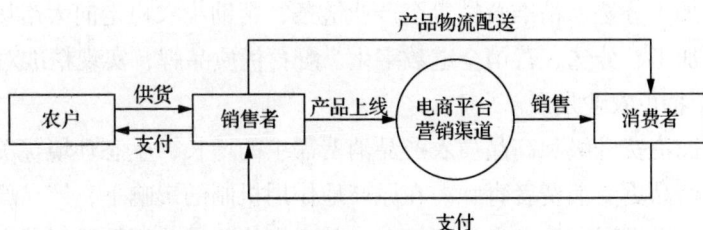

图8-3 | 农产品电商流程

（2）交易时效性强。

因为农产品具有不易保存的特征，大部分农产品都存在保质期，过了保质期就不宜被食用或使用，所以农产品电商交易应考虑区域范围、运输时效等因素，一定要保证在规定的时间内完成交易。

（3）经营形式丰富。

随着我国电商生态的逐步完善，农产品电商的经营形式也多种多样，除了传统网络营销，在淘宝、天猫、京东等平台开店经营外，团购、拼购、众筹、社交电商、跨境电商也大放异彩。此外，全国各地通过开展形式多样的直播活动，让许多滞销的农产品直达千家万户，提高了农产品销量。

（4）预售模式应用广。

农产品预售是指通过网络平台提前一段时间发布农产品信息，商家可以根据订单备货，并在承诺时间内完成发货。例如茶叶类，新茶预售需要考虑采摘、手工制作等时间；水果类，商家则需要根据买家订货量，提前安排采摘七八分熟的水果，保障水果不会因为运输时间长而腐烂。

2. 农产品电子商务的社会价值

我国是农业大国，也是农产品大国，传统的农业商务信息的传播途径和方式的落后直接导致农产品销路不畅，在市场上缺乏竞争力；而发展农产品电商有利于产品信息的快速传播，打破地域经济发展的不均衡，提升农产品市场竞争力，为农民收入的增长创造条件。

（1）促进农村经济发展。

国家实施"互联网+"农产品出村进城工程，发展农产品电商，既拓宽了农产品的销售渠道，又降低了交易成本，有利于实现小农户与大市场连接，从而提高生产效率和效益，还有利于实现优质优价带动农民增收，促进农村经济发展。

（2）改变农村生活方式。

电子商务使买和卖、信息交流和服务更为便捷、高效，使物流、信息流、资金流更为通畅，提升了农民农业生产的成就感、农村生活幸福感和网购的满意度指数，使农村广大农民共享了改革深化、科技发展和社会进步的成果，促进了社会和谐。

（3）促进农业数字化转型。

发展农产品电商是转变农业发展方式的重要手段。其依托数字农业技术，打通生产决策、田间管理、加工分选、精准营销等全产业链条，帮助小农户走向大市场。在产销对接端，推动农产品加工、分选、营销全链数字化，孵育优质品牌，实现精准对接。

（4）有利于特色农业发展。

随着城乡居民消费升级和高品质农产品消费需求的增长，生态环境优美、无公害、坚持绿色生产的农产品更受消费者青睐。在原产地作用机制的影响下，产品原产地影响消费者对产品的评价，进而影响消费者购买倾向，其中优势区域公用品牌形象和地理生态形象对特色农产品影响显著。优势区域特色农业在电商市场占据较大的市场份额。例如宁夏中

宁县出产的枸杞（见图 8-4）质量好，西藏那曲市出产的冬虫夏草品质优等。

图8-4 | 宁夏中宁县枸杞

（5）有利于促进人才和资金回流。

近年来，在国家政策鼓励下，以及农村近几年基础设施建设加快，很多具有较高学历，或者有在大城市、大企业工作经验，或者有创业经历和管理经验的人选择返乡，通过电子商务创业，创业初见成效后，便引起周围乡民的效仿，从而产生一种"滚雪球"的效应，带动更多人返乡创业和就近就业，促进了人才和资金回流。

3. 农产品电子商务的发展现状与前景

我国的现代化建设离不开农业农村现代化，随着科学技术发展，各大电商平台正将农业科技、人工智能应用到农村电商的发展中，持续推进农产品上行，助力乡村振兴。

（1）农产品电商呈高增长态势。

新华社相关报道显示，2022 年我国农产品网络零售增势较好，全国农产品网络零售额 5313.8 亿元，同比增长 9.2%，增速较 2021 年提升 6.4 个百分点，2025 年有望达到 8045 亿元。农产品网络零售手段的不断成熟，农产品网络零售行业的规范化和链条化促使农产品网络零售行业进一步发展。

（2）农产品电商行业结构处于高质量发展阶段。

农产品电商迈入高质量发展阶段，呈现出以下三大趋势。

- 数字化从餐桌延伸到土地，数据成为新型农业生产要素。
- 数字技术缩小东西部差距，西部农产品电商搭乘新基建进入快车道。
- 近场电商改造农产品供应链，带动鲜花首次进入销售品类前十。

（3）农产品电商模式多样化。

目前，农产品电商新模式层出不穷，国企、县域电商、互联网平台都在持续发力模式创新。不论是以京东自营为代表的平台＋自营模式，或者是各平台上以商家店铺、旗舰店和微商为代表的平台＋商家店铺模式，还是农产品社区电商、众筹、定制等新业态，以及全产业链运营模式和电商扶贫模式等，农产品电商在结构调整、发展方式转换过程中形成

176　多样化的电商模式。

例如生鲜电商的商业模式主要有 5 种，目前社区生鲜电商市场热度较高，其商业模式包括盒马鲜生采用的店仓一体，每日优选与叮咚买菜采用的前置仓，以及美团优选、多多买菜采用的社区团购。生鲜电商的商业模式如表 8-1 所示。

表8-1　生鲜电商的商业模式

类型	传统电商		社区电商		
	垂直生鲜电商	平台生鲜电商	店仓一体	前置仓	社区团购
业务模式	线上购物＋快递配送，线上小时自营生鲜，自建区域中心仓	线上购物＋快递配送	到店消费＋线上购物＋即时配送，提供线上线下一体化消费体验	线上购物＋即时配送，在离用户近的地方布局集仓储、分拣、配送于一体的仓储点	线上购物＋供应商配送＋团长运营，团购平台提供产品供应链物流及售后支持
布局城市	以一、二线城市为主	以一、二线城市为主	以一、二线城市为主	以一、二线城市为主	以低线城市为主
用户定位	高端/中高端	中高端	高端	中高端	中端
直营/平台	直营	平台	直营	直营	平台
SKU	15 000～25 000	100 000+	5000～8000	4000+	1000～2000
仓储物流	区域中心仓＋自有/外包物流	城市中心仓＋自有物流配送	店仓一体＋自有/外包配送	中心仓＋社区前置仓＋自有/外包配送	中心仓＋社区网络仓＋外包配送
终端覆盖范围	全城	全城	1～3km	1～3km	0.5～1km
配送时长	1～2天	0.5～1天	0.5～1小时	0.5～1小时	1～2天
是否到家	快递	快递到家	配送到家	配送到家	小区站点自提
代表企业	中粮我买网	京东、天猫超市	盒马	每日优选、叮咚买菜	美团优选、多多买菜

（4）农产品物流配送瓶颈约束有所减缓。

大型电商平台纷纷在农村设立网点，如阿里巴巴建立村淘，京东、苏宁开设农产品特产馆，而多数快递公司覆盖面已经到达乡镇级别，正逐步向村级渗透。农产品上行"最初一公里"物流问题有所缓解。而在农产品尤其是生鲜产品配送"最后一公里"问题也有所改善。以京东为代表的企业自建并管理的仓配一体生鲜自营物流模式，实现了门对门的全程式冷链配送服务，如图 8-5 所示；以顺丰优选为代表的消费者自提模式，依托企业自建或与便利店合建的社区网点，建立了消费者线上下单、在社区网点线下取货的终端配送方式。

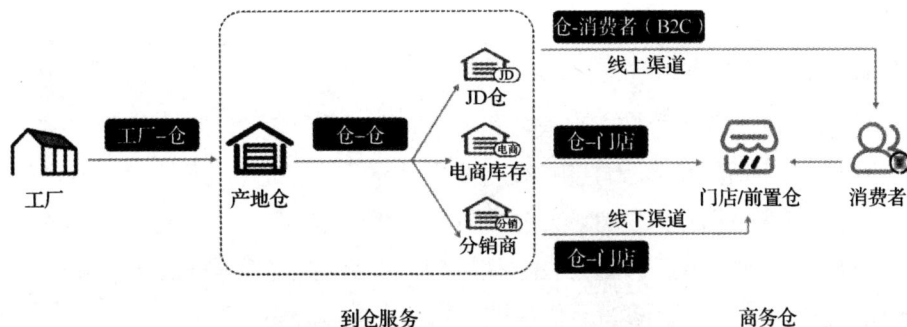

图8-5 | 京东仓配一体生鲜自营物流模式

（5）农产品电商发展趋势。

农产品电商发展有五大关键词：数字化、新零售、小镇青年、品牌化、小而美。基于这五大关键词，农产品电商发展呈现出以下五大趋势。

① 数字化趋势。

随着我国数字经济的发展，数字农产品电商出现"井喷"式发展，农产品电商进入数字电商新阶段，而5G时代的来临、乡村振兴的相关政策，将共同助力数字农业步入快速发展期。例如京东农场通过与各地农场合作共建高品质生产基地，助力传统农业在品牌、产品、渠道、营销等方面对合作项目进行全面的支撑，在新基建大潮下，京东农场助力中国农业进驻数字化时代，如图 8-6 所示。

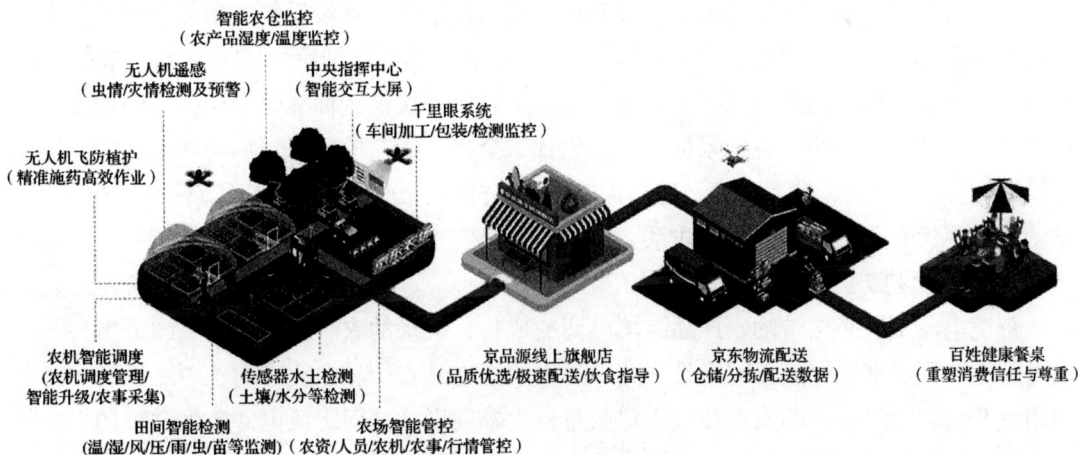

图8-6 | 京东农场数字化过程

② 社交化趋势。

在移动互联网时代，购物已经呈现出明显的社交化趋势，每个人都成为社交化的消费者，许多消费已经呈现出"购买、分享、再购买"的循环链式反应。以拼多多为代表的社交电商凭借独特的运营模式，在众多的电商平台中站稳脚跟，目前已经成为我国社交电商销售农产品的主要平台之一。

拼多多是上海寻梦信息技术有限公司于 2015 年 9 月创办的手机网购 App，是目前电子商务平台中最具有代表性的社交电商平台，它将移动电商与社交化元素很好地融合在一起。拼多多以强大的社交黏性作为推广手段，为用户提供性价比超高且高互动性的购物模式，吸引用户发起拼团，让用户通过自己的社交网络进行扩散并主动邀请亲友加入拼团大军，多买多优惠的模式吸引了大量客源。

③ 品牌化趋势。

2021 年 3 月 15 日，农业农村部网站公布了《农业生产"三品一标"提升行动实施方案》。农业生产"三品一标"，即品种培优、品质提升、品牌打造和标准化生产。国内农产品消费已进入转型升级期，线上消费正在从低层次向高层次转变，"三品一标"农产品将成为主要内容。未来，我国农产品电商将进入从价格导向转向品牌、品质、服务、体验导向的发展新阶段。

④ 标准化趋势。

我国正积极参与农产品国际标准的制定，大量的农产品国际标准也将被引入，品质把控倒逼标准化。随着农产品质量安全要求的提高和流通标准体系的不断完善，电商平台正从营建经营渠道向把控生产品质演进。

国家七部委曾联合印发《关于开展农产品电商标准体系建设工作的指导意见》，主要目的是通过标准化手段规范农产品电商行为，引领农产品电商健康可持续发展。同时，《农业生产"三品一标"提升行动实施方案》中，提到要加快推进标准化生产，推动现代农业全产业链标准化，按照"有标采标、无标创标、全程贯标"的要求，加快产地环境、投入品管控、农兽药残留、产品加工、储运保鲜、品牌打造、分等分级关键环节标准的制修订，推动建立现代农业全产业链标准体系。

⑤ 国际化趋势。

跨境电商发展必然带动农产品跨境电商的成长，大量的农产品通过网上"走出去"，通过网上"买进来"，随着"一带一路"建设的推进，农产品中欧班列、中欧班列冷链专列相继开出，沿线国家的农产品进出口数量较大幅度增加。而跨境电商政策"1210"的落实，使得农产品跨境电商通关速度更快，农产品电商呈现国际化趋势。图 8-7 所示是跨境电商保税"1210"进口主要流程。

"1210"俗称"保税备货模式"，即跨境电商网站可以将尚未销售的货物整批发至境内保税物流中心，再进行网上零售，卖一件，清关一件，没售出的就不出保税中心，也无须报关，还可直接退回境外；但不允许即买即取（部分试点区域除外）和买家转手再次进行销售。

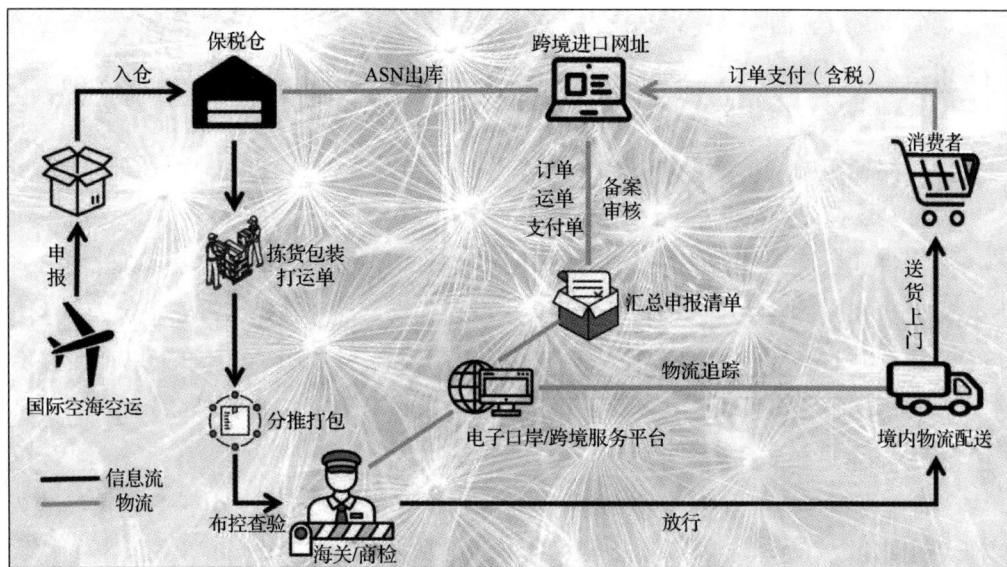

图8-7 | 跨境电商保税"1210"进口主要流程

（二）农产品电商化

随着农业产业化的发展，优质农产品需要寻求更广阔的市场。传统的农产品销售方式难以在消费者心中建立起安全信誉，也难以保证生态农业基地生产的优质农产品的价值，很多特色农产品局限在产地，无法进入大市场进行大流通，致使生产与销售脱节，农业结构调整、农民增收困难重重。因此，有必要搭建农产品电子商务系统，促进特色农产品健康发展。

1. 农产品需求的影响因素

农产品需求是指市场上所有消费者在一定价格水平下愿意并有能力购买的某种农产品总量。农产品需求的影响因素如图 8-8 所示。

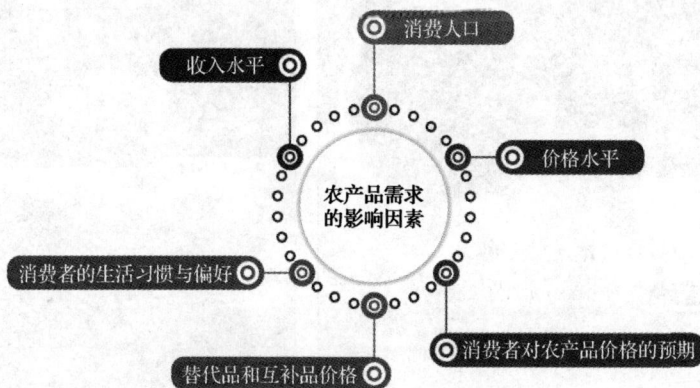

图8-8 | 农产品需求的影响因素

- **消费人口** ｜人口越多，农产品需求量越大。
- **收入水平** ｜一般而言，收入水平越高，农产品需求量越大。但是，对于粗粮、粗

菜等劣质农产品，随着人们收入水平的提高，其需求量反而会降低。

- **价格水平**｜一般而言，价格降低，需求量会增加。但对于生活必需的农产品，由于价格需求弹性较小，价格对其需求量的影响并不大。
- **替代品和互补品价格**｜农产品的需求量一般与替代品价格呈正向波动，与互补品价格呈反向波动。
- **消费者的生活习惯与偏好**｜消费者不同的生活习惯以及由此引起的对特定农产品的偏好程度，使收入水平相同的消费者对同一农产品的需求量存在较大差异。
- **消费者对农产品价格的预期**｜如果消费者预测自身所需的某种农产品的价格会上涨，他可能会多买这种农产品供以后消费，使该种农产品的短期需求增加。

2. 农产品市场购买行为

农产品作为满足消费者吃、穿、用等基本生活需要的物质资料，其消费者市场购买行为同样受到文化因素、社会因素、个人因素和心理因素的影响。我国有丰富多彩的饮食文化，如北京烤鸭、金华火腿等地方名品不胜枚举。因此，农产品消费中所体现的历史文化传统、社会阶层与个性心理更为明显。随着市场经济的不断发展，我国的社会结构和文化特征不断变迁与发展，农产品的消费者市场购买行为也呈现出许多新的特点和发展趋势。

（1）农产品的消费者市场购买行为。

消费者对农产品的消费需求开始从追求数量满足转向追求品质满足，并日趋个性化和多层次化。近年来，方便型和无公害绿色农产品备受消费者欢迎，为此出现了如对袋装灭菌鲜奶、清洗蔬菜及大量加工型农产品的需求。

此外，消费者对农产品的品牌消费观念逐渐增强。随着农业生产的发展和人们生活水平的提高，消费者在购买农产品时对品牌的注意度越来越高。按品牌购买、购买名牌已逐渐成为消费者选购农产品的基本要求。图8-9所示是四川农产品某黑木耳品牌文案。

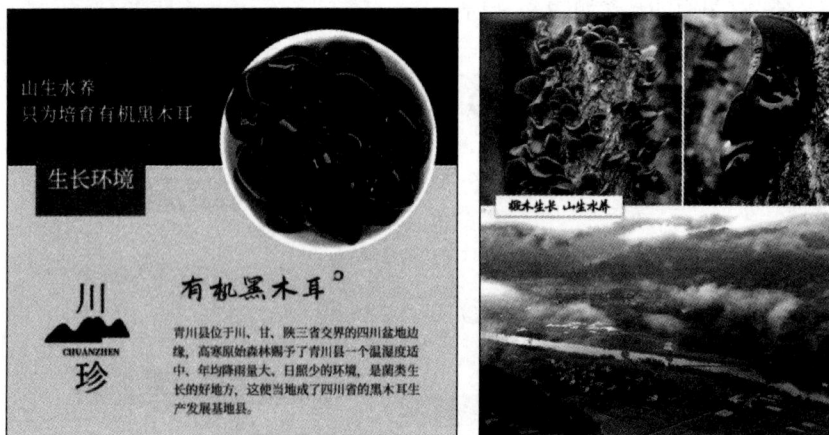

图8-9｜四川农产品某黑木耳品牌文案

（2）农产品的产业用品市场购买行为。

农产品除作为种子、种畜、种苗等继续用于农业生产外，作为原材料用于农产品的深

加工已成为农产品产业用品市场的主体。在产业用品市场上，农产品的购买一般考虑生产成本、生产的稳定性和产出品质量特色等因素。农产品产业用品市场购买行为一般具有购买的大量性、购买交易的长期性、购买要求的标准化、购买的双向性等特点。

3. 农产品市场竞争分析

农产品市场一般被认为是完全竞争市场，但是由于社会经济的不断发展，农业生产逐渐向适度规模经营转变，消费者对农产品的需求也在不断地发生变化，农产品市场竞争出现了不完全竞争的结构特征。

行业点拨

完全竞争市场又称为纯粹竞争市场，是指市场交易双方都不具有竞争优势，即只有竞争没有垄断的一种市场结构。其主要特点包括：①市场上有许多的卖者和买者；②市场上所有的厂商出售的产品是没有差别的；③厂商可以完全自由地进入或退出该行业；④参与市场活动的交易方掌握的信息是完全的。

（1）竞争环境分析。

竞争环境可分为外部竞争环境和行业竞争结构两个方面。

- 外部竞争环境包括经济、社会、政治、技术等与企业竞争性营销活动间接相关而企业无法控制的间接环境因素，以及企业竞争地位、消费者特点、与供应商的关系、可利用的资金市场与劳动力市场等企业可以控制或影响且与企业竞争性营销活动直接相关的直接环境因素。

- 行业竞争结构一般按行业内企业数目、企业规模和产品是否同质等划分为完全竞争、垄断竞争、寡头垄断和完全垄断4种类型。竞争结构不同，企业的盈利能力也不同。从农产品的基本特征看，大宗农产品市场由于生产企业数目多、规模小且产品同质，一般近似于完全竞争市场。特色农业中，由于产品异质，其市场竞争结构近似于垄断竞争，农产品的价格相对较高，企业盈利能力较强。

行业点拨

根据市场上竞争和垄断的关系，市场类型可以分为完全竞争市场、垄断竞争市场、寡头垄断市场及完全垄断市场。

（2）竞争对手分析。

作为产品运营，竞争分析是工作中的一个重要组成部分。所谓竞争分析，是指对竞争

182 者的综合分析、竞争模式的分析、竞争优势的分析等，包括对营销、价格、销售流程、企业结构、产品、人才和员工、市场份额等进行分析。下面介绍竞争对手分析的思路，如表8-2所示。

表8-2　竞争对手分析的思路

步骤	分析思路	详细内容
1	明确竞争对手	企业竞争对手一般包括愿望竞争对手、一般竞争对手、产品形式竞争对手和品牌竞争对手4个层次
2	了解竞争对手	了解竞争对手的历史营销业绩和高层领导人的背景
3	弄清竞争对手的营销目标	弄清竞争对手的财务目标、技术目标、市场地位目标和社会形象目标以及短期目标、中期目标和长期目标等
4	分析竞争对手的营销策略	分析竞争对手为实现营销目标可能采取的策略，并找出策略的优点和缺点
5	评估竞争对手	评估竞争对手的生产、资金、营销、管理等方面的基本能力，以及应变能力和坚持能力等

4. 农产品用户画像

用户画像主要为用户添加对应标签，形成一个个抽象的目标用户。

（1）农产品的用户是谁。

农产品用户，从狭义上理解，是已经消费了企业产品或服务的人，包括使用用户和深度用户；从广义上理解，还包括在产品或服务使用场景上有需求叠加、被企业看好、待引导的新用户。

农产品用户画像，简单来说，就是对农产品用户的性别、年龄、学历、收入、浏览路径、购买产品品类、购买频次、购买金额、复购率、活跃时间等特征进行完整的解读，将用户标签具象后完成画像。图8-10所示为2022年农产品生鲜电商App的用户年龄画像。

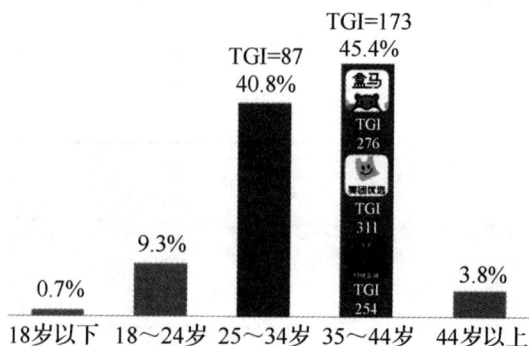

图8-10 | 农产品生鲜电商App的用户年龄画像

行业点拨

　　TGI（Target Group Index）指数，也就是喜好度，是体现目标群体在特殊研究范畴（如地理区域、人口数据行业、媒体受众、商品客户）内的倾向的指数。TGI指数 = [目标群体中具备某一特点的人群所占比例 / 整体中具备同样特点的人群所占比例]× 规范数 100。指数超过 100，意味着某类客户更具备相应的倾向或喜好，标值越大，则倾向和喜好越强；低于 100，则表明此类客户有关倾向较弱。

　　（2）农产品用户在做什么。

　　用户场景，即用户在做什么，是用户在特定的时间段内，在线上或线下某个渠道中习惯做什么，行为偏好是什么样的。运营人员只有了解用户场景的问题，才能够对电商平台的内容、活动等运营产生显著的推动作用。用户场景可以通过用户在平台的内容与活动点击量、转发数、浏览时间等进行间接判断；也可以借助相关行业报告进行权威解读，或依托第三方数据分析平台进行了解。

5. 农产品卖点挖掘

　　一个农产品能否热销，不仅在于农产品本身的品质，还与是否做好推广、服务、模式等产品之外的因素有很大的联系。因此，卖点不仅包含农产品本身，还存在于企业魅力、品牌影响力、给消费者带来的额外价值等方面。

　　农产品的卖点可以从产地、环境、口感、外观、认同、赠品、口碑、权威等方面进行挖掘，生产商和销售商可以有针对性地打造自己的农产品卖点。图 8-11 所示的阳山水蜜桃便是从产品口感、外观、产地等方面的卖点来促使消费者购买的。

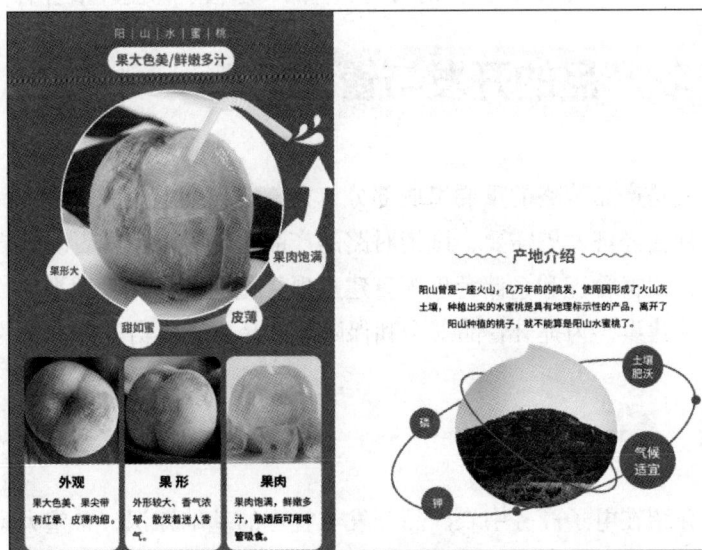

图8-11 | 农产品卖点挖掘

🔍 任务实训

如果你要针对自家农产品在某平台开设一家网店，在开店前，首先需要了解农产品电商模式。通过网上调研，完成一份调研报告。

1. 请结合本任务的学习，观察身边的农产品电商案例。

2. 结合所学与前面的观察结果，明确对应案例的电子商务开展模式、业务开展流程，通过互联网搜索，明确各平台开展农产品电商的资质要求，填写表 8-3。

表8-3　农产品电商模式认知

序号	平台名称	平台模式	平台业务流程	平台开展农产品电商的资质要求
1				
2				
3				
4				
5				

◎ 任务思考

通过本任务的学习，相信大家已基本明确了开展农产品电子商务的方式。请在此基础上，思考并回答以下问题。

1. 农产品电商平台中，企业网店和个人网店的差异有哪些？

2. 企业网店经营农产品时，在营销策划、选品、运营、物流环节各有什么注意要点？

任务二　农产品的开发与管理

农产品的开发是产品策略的重要组成部分，在一定程度上拓展了农产品的基本效用与利益，只有适应社会经济发展需要，试销对路的产品才能吸引消费者。而农产品的管理包括质量安全管理、规格管理和仓储管理等。建立现代化的一体化管理平台，可以加快推进农产品的产业体系建设，为提升食品安全和保障农产品可靠供给发挥重要的作用。

📑 任务目标

本任务主要介绍在电子商务中农产品开发与管理的基础知识，希望大家通过本任务的学习，了解并掌握以下知识及技能：

（1）了解农产品开发策略和方式；

（2）了解农产品管理的相关知识。

知识储备

在我国农产品电商销售额逐年攀升的大背景下，农产品的品类也逐渐多样化，这意味着开发新的农产品势在必行。有了更多的农产品需求，为了经济的增长和效率的提高，自然就需要建立合理完善的管理系统。

（一）农产品开发

农产品和任何事物一样，有着出生、成长、成熟、衰亡的生命周期。因此，企业不能只顾经营现有的产品，还要防患于未然，采取适当步骤和措施开发新产品。农产品开发是企业提升竞争力的重要因素，也是企业市场营销活动的主要任务。

1. 农产品开发策略

对农产品任何部分进行创新和改进，都属于农产品开发的范围。农产品开发策略如表8-4所示。

表8-4　农产品开发策略

开发策略	策略体现
奇特策略	从产品造型、色彩、包装等方面着手
合并策略	合并同类农产品的优点
节约方便策略	节约能源、加工简单和食用方便
专门化策略	具有专门的功能和使用价值
快速策略	加速开发来抢占市场和消费者
优质服务策略	优质的服务

- **奇特策略**｜新产品的造型、色彩、包装等奇特，如小罐茶（见图8-12），设计的"一罐一泡"的铝制小罐，让产品的外观设计、包装更精美，让消费者的使用体验得到提升。

- **合并策略**｜把一些同类农产品的优点加以合并，开发出集同类农产品之长的新产品，如枣夹核桃，如图8-13所示。

- **节约方便策略**｜要求开发的新产品能节约能源、加工简单和食用方便，如果汁、果脯、肉干等产品。

- **专门化策略**｜开发的新产品具有专门的功能和使用价值，以提高市场占有率。例如从生产枸杞到生产枸杞原浆，枸杞

图8-12｜小罐茶

原浆如图8-14所示。

图8-13 | 枣夹核桃

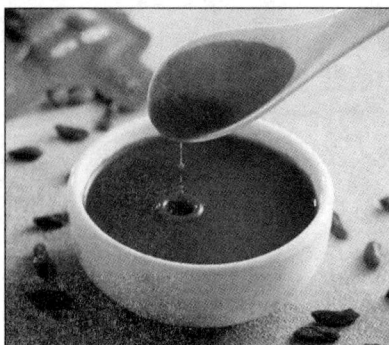

图8-14 | 枸杞原浆

- **快速策略**｜新产品开发速度快，能使人先入为主，引起消费者偏爱。
- **优质服务策略**｜新产品开发后的服务，使消费者获得新产品及新服务，如某生鲜平台，可以提供部分生鲜的加工服务。

2. 文化内涵开发

除了对产品本身进行开发外，还可以在产品商标、产品包装，以及广告宣传上开发文化内涵。

- **在商标上赋予文化内涵**｜商标是商品信息的载体，可以传递丰富的文化内涵，在一定程度上能满足人们的心理追求和精神向往。
- **在包装上赋予文化内涵**｜农产品包装是向消费者传递农产品信息的直接载体。农产品包装除了具有保护产品及便于运输、储存、携带的功能外，还应把农产品的文化渊源充分体现出来。
- **在广告宣传上赋予文化内涵**｜广告是连接产品与市场的纽带，是企业引导消费、开拓市场、塑造品牌的重要手段。广告宣传不仅是一种促销手段，还是一种文化。

（二）农产品管理

农产品管理系统让农产品的生产、运输、销售环节都可追溯，助力农业生产及销售。这里主要介绍农产品管理中与我们息息相关的质量安全管理、规格管理、仓储管理等。

1. 质量安全管理

《中华人民共和国农产品质量安全法》从我国农业生产的实际出发，遵循农产品质量安全管理的客观规律，针对保障农产品质量安全的主要环节和关键点，进行如下规定。

（1）政府统一领导、农业农村主管部门依法监管、其他有关部门分工负责的农产品质量安全管理体制。

（2）农产品质量安全标准的强制实施制度。政府有关部门应当按照保障农产品质量安全的要求，依法制定和发布农产品质量安全标准并监督实施；不符合农产品质量安全标准的农产品，禁止销售。

（3）防止因农产品产地污染而危及农产品质量安全的农产品产地管理制度。

（4）农产品的包装和标识管理制度。

（5）农产品质量安全监督检查制度。

（6）农产品质量安全的风险分析、评估制度和农产品质量安全的信息发布制度。

（7）对农产品质量安全违法行为的责任追究制度。

2. 规格管理

农产品规格包括农产品关键特征属性规格和农产品包装规格。

（1）农产品关键特征属性规格。

农产品关键特征属性是指在农产品自身特征属性的基础上，结合具体场景和具体需求，选取的能够有区分度的基础属性，如颜色、果径、产品等级、储存方式等。另外，在农产品的电商销售中，对很多农产品关键特征属性的选择基本形成了一种共识，如苹果，在说自身属性时，一般会说果径而不是自身的重量。

（2）农产品包装规格。

农产品包装规格是根据包装方式设计的最小库存量单位的数量或重量，如 5kg 箱装、100ml 瓶装等。

由于农产品关键特征属性的选取是根据具体场景以及具体需求确定的，因此农产品关键特征属性的聚合并不是固定不变的。另外，电商农产品的规格体现在产品标题描述和选购参数两个方面，如图 8-15 所示。

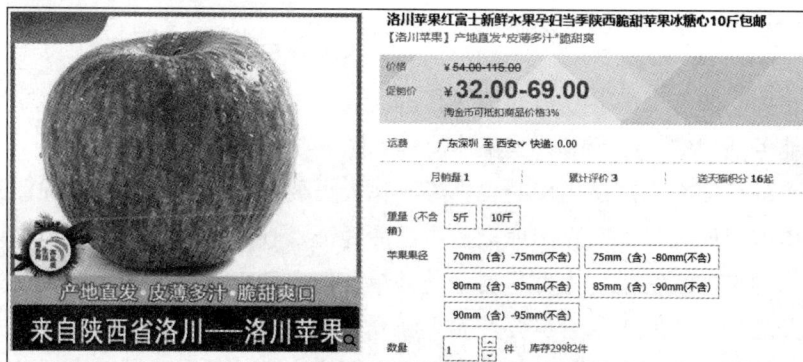

图8-15 | 淘宝平台的苹果选购页面

知识补充

明确农产品的规格管理有以下优势：①有利于农产品的归类、存储、运输等；②有利于农产品电商后台订单的管理，如销售订单管理、采购订单管理、库存管理；③方便农产品的线上运营，尤其利于爆款的打造。

188　　　3. 仓储管理

农产品库存是指将为了满足未来需求而暂时处于停滞状态的农产品资源通过一定的保存方式储存在仓库中。农产品仓储管理是指通过仓库对农产品进行储存和保管的过程。农产品仓储管理具有保持生产过程连续性、分摊订货费用、快速满足用户订货需求的作用，同时也可以保持和延续农产品的使用价值。

针对不同的农产品，会采取不同的储存方式。大米、小麦、玉米等粮食类农产品多采取常规储存、气调储存、控温储存等方式；畜禽肉类农产品多采用低温冷藏、冷冻储藏、真空包装贮藏等方式；水产品通常采用冷海水贮藏、低温贮藏、冻结贮藏、气调贮藏、化学贮藏等方式；果蔬类农产品多采用自然降温贮藏和人工降温贮藏等方式。

（1）入库。

农产品入库是农产品进入仓库时所进行的卸货、清点、验收、办理入库手续等工作的总称，其工作流程如图8-16所示。

按收货仓库管理流程进行单据流转时，每个环节所需时间不得超出一个工作日，做到日清日毕。需要注意的是，在收货时如果有包装破损或者质量不达标的农产品，原则上不能收货，需要拒收。

图8-16 | 农产品入库工作流程

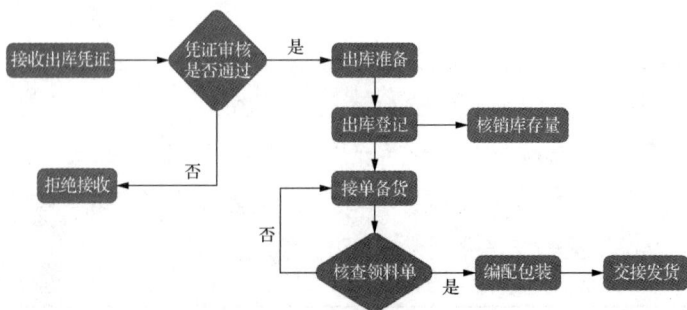

（2）出库。

农产品出库是农产品离开仓库时所进行的验证、配货、点交、复核、登账等工作的总称，是仓库业务活动的最终环节，其工作流程如图8-17所示。

需要注意的是，在农产品出库时，仓库工作人员要坚持"见单发货"的原则。如果有特殊情况，申请出库人员无法在出库前提供出库凭证，仓库工作人员需要与申请出库人员的上级领导沟通核实属实后，先发货再令其补单，但申请出库人员务必按时补齐相关的出库凭证。除此之外，仓库工作人员要及时更新仓库管理系统中农产品的数量，并熟知所存农产品的存放期限，及时告知相关部门库存中临期农产品的数量，同时根据公司编制的安全库存限额要求编制请购单，及时补充农产品。

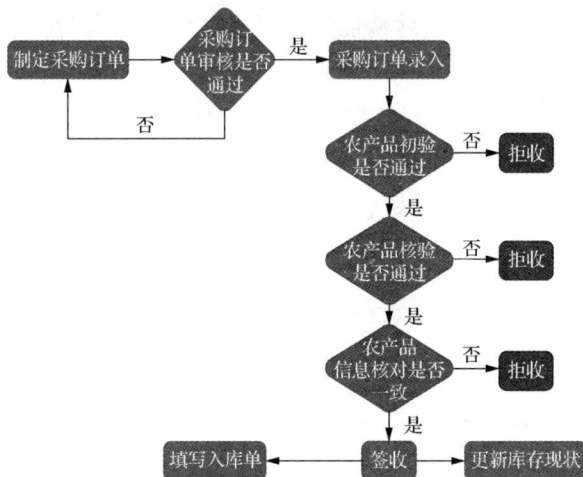

图8-17 | 农产品出库工作流程

任务实训

小王是刚入职的仓库主管，主要负责陕西开心农产品电商公司西安仓库的日常管理，协调各部门之间的工作，分配并督促仓管员的日常工作。

陕西开心农产品电商公司主要经营苹果、梨、猕猴桃、石榴等需要冷藏储存的水果，以及油脂小米、扁豆、去皮豌豆等粗粮。请协助小王完成入库单制作，入库单样例如图 8-18 所示。

------XXXXX 公司仓库--------

入库单

No.______

____年____月____日

编号	货物名称	单位	规格	数量	单价	金额	备注
合计							

一存根 二财会 三交货单位

交货单位：　　保管员：　　会计：

图8-18 | 入库单样例

任务思考

通过本任务的学习，完成对电子商务农产品的开发和管理的相关认知。请在此基础上，思考并回答以下问题。

1. 请利用网络进行搜索，认真了解农产品质量安全管理的相关政策要求。

2. 在进行农产品采购时，为了节约采购成本，方便与供应商谈判，采购量是否越大越好，为什么？

任务三　农产品供应链与销售

民以食为天，农产品是每个人生活中的必需品，随着互联网的发展，农产品的销售进入“互联网 +”的新时代，在这一大背景下，电商平台、直播“带货”等多种新兴模式迅速崛起，占据市场主流，利用电子商务销售农产品，也为农户提供了新的致富商机。

任务目标

本任务主要介绍农产品在电子商务运营中的供应链和销售，希望大家通过本任务的学习，了解并掌握以下知识及技能：

（1）掌握农产品电商的供应链；

（2）了解农产品的包装设计。

知识储备

在过去，收获农产品后，农户需要委托经销商进行销售，这种情况会造成信息流通不畅、流通成本过高等问题。而有了电子商务，就有了销售市场的信息反馈，从而构建起小的循环，种植生产者便可以根据反馈的信息调整生产工作，改进生产。这也证明了在农产品电商中供应链的重要性，农产品的供应链一直以来都是生鲜电商企业、商超、配送企业等的重中之重，也是降本获利之所在。有了稳定的农产品供应链支撑，才能为后续的销售打好基础。

（一）农产品电商的供应链

农产品供应链是指在物流和信息流的基础上，由农业生产资料供应方、农产品加工方、农产品物流服务商、农产品批发零售商和消费者等，所开展的与农产品相关的资料购置、农产品加购和销售的整个过程。农产品供应链如图 8-19 所示。

由图 8-19 可知，整个农产品供应链中的构成因素复杂且流程繁多，这就需要对整个过程进行有效跟踪和管理。农产品供应链管理就是对整个系统的内外部各个环节进行统筹规划、协调和优化，进而使整个活动进程能

集装箱农产品包装的回收利用和逆向物流

图8-19 | 农产品供应链

有条不紊地进行，以减少采购、库存、物流等环节的成本，并最大化相关环节的净增加值，提高从采购到最终满足终端消费者需求的各个环节中的效率，使各个参与企业或个体利益最大化。

1. 农产品供应链模式

农产品供应链分为传统农产品供应链和新型农产品供应链。需要注意的是，传统农产品供应链是新型农产品供应链的基础，二者没有特别明确的时间界限及区分。

（1）传统农产品供应链。

传统农产品供应链的核心通常分为以批发市场为核心、以农产品加工户为核心、以农产品零售商为核心和以第三方物流企业为核心，主导核心的不同决定了供应链的模式不

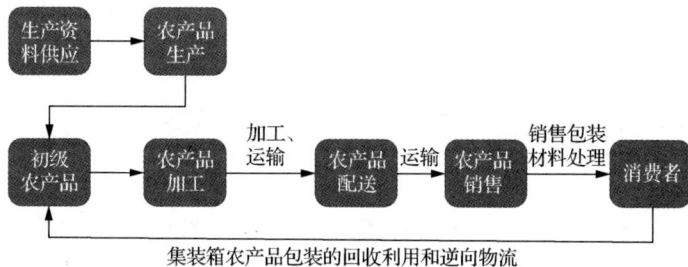

同。同时，传统农产品供应链还包括"农超对接"模式和直销模式。

- **以批发市场为核心的农产品供应链模式**｜比较传统，但到目前为止还占据主导地位的农产品供应链模式。

- **以农产品加工户为核心的农产品供应链模式**｜农产品不经过批发商环节，直接由主导供应链的加工商销售给各零售商。例如蒙牛、伊利等大型公司的奶制品便不经过批发商，直接销售给零售商。

- **以农产品零售商为核心的农产品供应链模式**｜这种模式下，农产品零售商直接向农产品生产者集中采购产品，然后经由农产品加工商处理后在农产品零售商处销售。

- **以第三方物流企业为核心的农产品供应链模式**｜通过第三方物流企业将农产品生产者、加工商、销售者连接起来。

- **"农超对接"模式**｜农户向超市、便民店等直接提供农产品的一种供应链模式，尤其适合鲜活农产品以及高质量农产品的销售。国外的农产品供应链多采用这种模式。

- **直销模式**｜农产品生产者不经过第三方物流、农产品加工商等中间环节，直接将农产品销售给消费者。例如大棚采摘等，这种模式下农产品直接从基地出货，容易实现食品追溯，更有助于保障食品安全。

（2）新型农产品供应链。

随着信息技术、大数据等新技术的发展，农产品供应链融入新的技术手段。新型供应链的重要标志，就是供应链模式和新技术的融合。常见的新型供应链包括O2O协通型和新零售模式两种类型。

① O2O协通型。

O2O协通型农产品供应链融合了线上线下双渠道优势，整合构建了扁平化供应链架构，同时通过各环节的协同，实现了主体之间的合纵连横与协同发展，如图8-20所示。

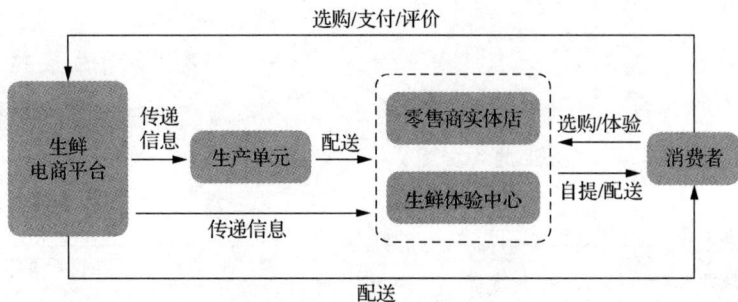

图8-20｜O2O协通型农产品供应链

② 新零售模式。

新零售模式主要是将用户体验作为基础而实施的，是一种把数据当作抓手而开展的创新型零售模式。农产品的新零售模式就是运用先进的大数据、互联网等技术，发现并研究

192 用户的实际需求，并将这些新技术和新物流等新领域的新技术贯穿农产品供应链的整个过程，通过实体和网络两种方式实施人际交往、休闲娱乐以及体验式的销售方式，并以改善和优化用户体验度为宗旨，实现成本最低化和双方利益最大化的模式。该模式的流程如图 8-21 所示。

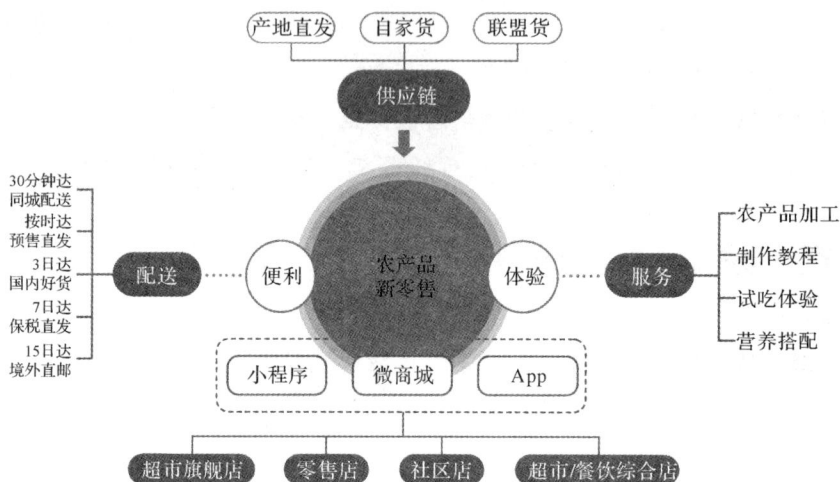

图8-21｜新零售模式流程

在新零售模式下，农产品的购买可以实现线上购买、线下送货。新零售农产品供应链具有以下明显的特征。

- 在新零售供应链中，一切运作的中心是消费者需求。由于农产品供应链中产品更新快，价格、消费者甚至竞争对手等信息都可能随时发生变化，面对此种情况，供应链中各项职能必须高度协同并服务消费者。

- 具有基于线上线下全渠道的服务模式。我国是农业大国，同样也是农产品消费大国。传统农产品供应链模式已经不能完全满足人们的需求，在新零售业态下，农产品供应链将结合线上的电商平台，并对接优化线下平台，实现线上社群及线下社区模式。

- 融入大数据、信息技术等新技术。例如小程序等都是近几年发展起来的技术，农产品零售商通过这些新的平台及交易手段，为消费者有针对性地推荐产品，并提供一系列标准化的综合性服务。

知识补充

　　"新零售"不仅是实体零售和电商渠道的叠加，还通过新零售时代的物流，联系线上电商和线下实体，更精准地预测销量，调拨库存，把货放到消费者身边。新零售模式不仅可以降低企业物流成本，还可以增加消费者体验。

2. 生鲜农产品供应链

生鲜农产品主要的特点就是新鲜易腐烂，特别是需要冷链运输的农产品，这对生鲜配送环节的要求很高。如何打造现代化供应链，保证生鲜农产品的新鲜，满足消费者的高需求，是每个企业亟须破解的难题。

（1）生鲜农产品供应链出现的问题。

生鲜农产品供应链环节多，从生产、采购、销售、配送到消费，每个环节的参与者都不同，这使得生鲜农产品的供应链结构复杂。

- **消费者需求** ｜采购是生鲜农产品供应链中的基础环节，建立在消费者需求的基础上。而多数企业并未意识到消费者需求的重要性，而是靠经验、货源、库存等决定采购的产品，这样会增加生鲜农产品的损耗，增加企业的成本。

- **生鲜农产品标准化** ｜由于对生鲜农产品的检验不能标准化，因此可能会出现大量未得到有效检验的生鲜农产品流入市场的情况，造成在后续销售中生鲜农产品的质量处于失控状态，从而影响消费者对生鲜农产品的信心。

- **库存模式** ｜生鲜电商企业的主要库存方式是冷藏或冷冻，但现阶段很多生鲜电商企业仍采用耗时较长、效率较低的人工管理方式，这也有可能影响整条供应链的运行效率和经济效益。

- **信息管理** ｜我国的生鲜电商企业尚未建成全面有效的信息管理系统，这不仅会影响供应链上信息的传播速度和质量，还有可能因信息不对称而产生一系列问题。

（2）生鲜农产品供应链模式。

我国生鲜农产品供应链结构一般包括上游供货商、中游渠道商、生鲜电商、冷链物流、仓储管理和消费者等，如图 8-22 所示。

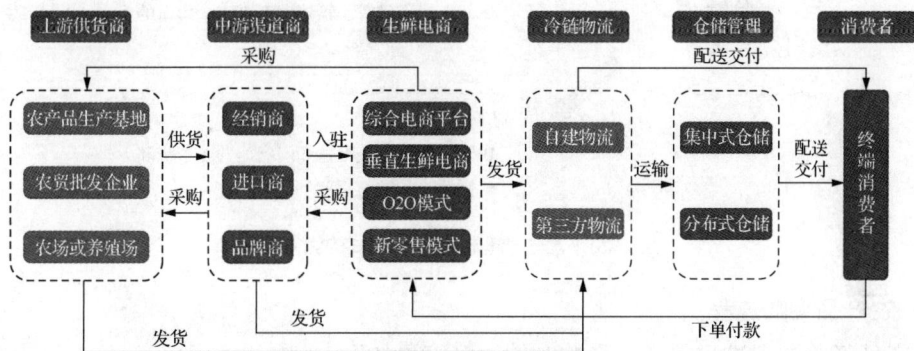

图8-22｜生鲜农产品供应链结构

冗长的供应链不仅会影响生鲜农产品的流通效率，还会加大损耗。作为制约生鲜电商发展的核心要素，有无核心供应链平台，是否具备较高的供应链效率和质量，成为各企业竞争的关键因素。目前，国内的生鲜农产品供应链模式主要分为前置仓到家模式和"超市＋餐饮"模式。

- **前置仓到家模式**｜前置仓到家模式的核心是满足用户对生鲜的即时性需求，其供应链体系采用"城市分选中心+前置仓"的模式，企业通过用户在线订单提供1小时或者30分钟急速达的快捷配送服务，例如每日优选、叮咚买菜。前置仓到家模式如图8-23所示。

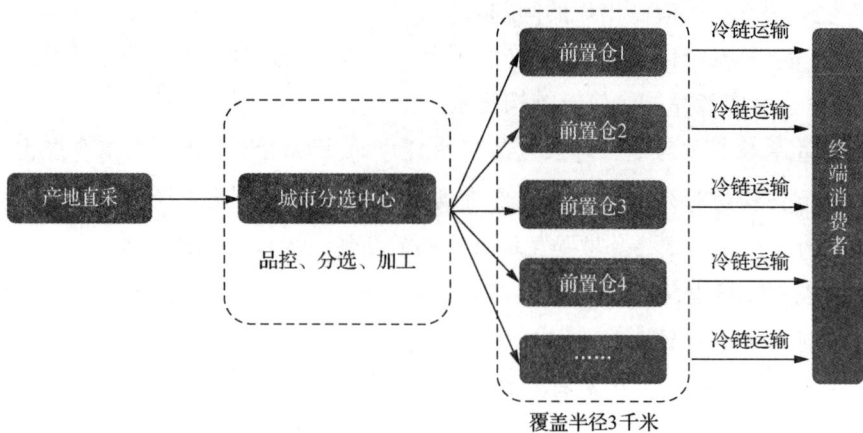

图8-23｜前置仓到家模式

- **"超市+餐饮"模式**｜前店后仓，门店既做仓库又做店铺，售卖供家庭消费的一站式小包装商品。例如盒马，其优劣势如图8-24所示。

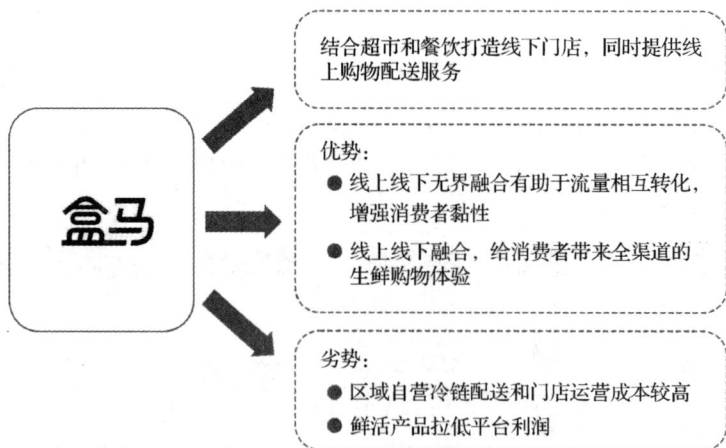

图8-24｜盒马"超市+餐饮"模式的优劣势

3. 农产品采购流程

农产品经营者在进行农产品采购时的一般流程如下。

（1）查找供应商。

登录农产品相关网站或者 App 搜索对应农产品，或者通过相关渠道发布采购信息。

（2）供应商筛选。

根据搜索结果的图文简介及发货地址，初步筛选后进入农产品详情页面。阅读农产品详情页面信息，综合店铺信息、农产品介绍、农产品详情、在线支付及评价等信息，进一

步筛选供应商。

（3）供应商谈判。

与筛选后符合条件的供应商进行沟通、谈判。首先，需要清楚供应商类型、供应商资质、农产品的规格、农产品的价格、是否有冷库、发货方式、付款方式等；其次，需要根据供应商的报价进行进一步谈判，争取更优惠的价格以及更优质的服务；最后，需要对沟通结果进行信息记录，以便后期进行供应商评审。因此，采购人员需要掌握专业的采购谈判技巧，以降低公司的成本并提高工作效率。

（4）签订采购合同。

采购合同是供需双方经过谈判协商一致后签订的法律性文件，合同内容是双方都应该遵守和履行的。合同的内容通常包括供需双方的公司名称、地址、联系电话、委托代理人等，采购农产品的名称、型号、规格、数量、单价、金额、交货方式、付款方式、质量要求、不合格的处理方式及赔付金额，违约责任，合同有效期等。

4. 冷链物流流程

农产品冷链物流一般指初级农产品在产地被采收后，首先经过一定的处理，然后进行加工、生产、贮藏、运输、销售等环节，且这些环节的作业始终处于规定的低温环境下，以保证农产品的质量、减少损耗，并防止污染的一项特殊农产品物流。其流程如图 8-25 所示。

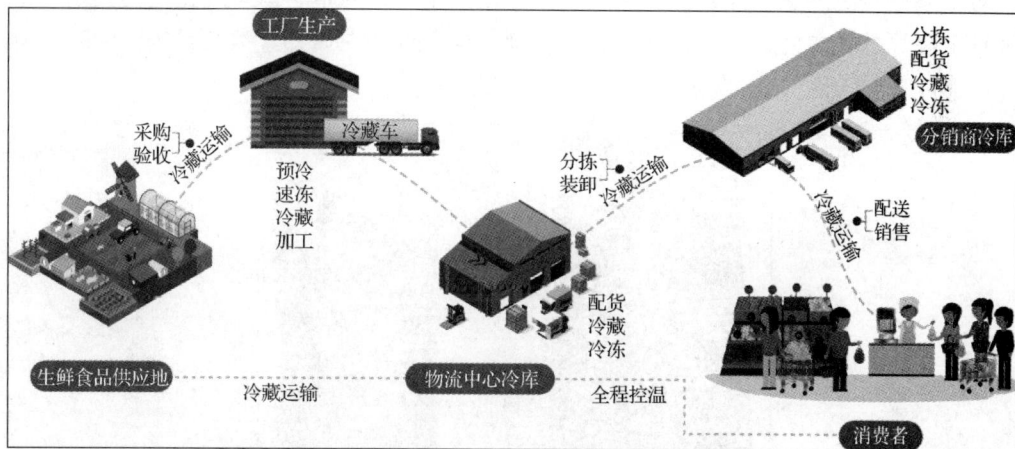

图8-25 | 农产品冷链物流流程

（二）农产品的销售推广

在销售农产品时，除了要求农产品质量过硬，还要积极推广农产品，进行多层次、多角度、多方面、系统的营销宣传。

1. 农产品包装设计

随着农产品种类的丰富以及市场竞争的加剧，包装的营销功能逐渐凸显并日益重要，消费者对包装的要求也越来越高，独特显眼的包装更能吸引消费者购买农产品。在进行农产品包装设计时，可遵循以下思路。

（1）以农产品的原材料作为主题。

将农产品原材料作为设计元素放在包装上，优点是能将产品的外观、成分等直接展现给消费者，达到宣传的目的。这种设计思路常见于食品类产品包装，如图 8-26 所示。

（2）以农产品的品牌作为主题。

品牌在消费者心中形象的形成，需要经历深刻而长久的积累。以农产品品牌作为主题的包装设计如图 8-27 所示。

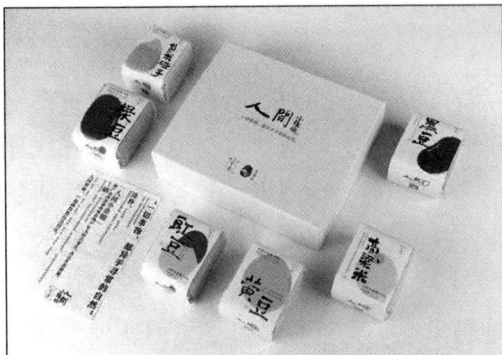

图8-26 | 以农产品原材料作为主题的包装设计

图8-27 | 以农产品品牌作为主题的包装设计

（3）以农产品的产地作为主题。

对于某些特定的农产品，消费者会将其产地作为产品质量、口味纯正度的判断标准。例如青藏高原的冬虫夏草、北京的烤鸭、新疆的葡萄等。在设计这类产品的包装时，可以突显产地元素，如图 8-28 所示。

图8-28 | 以农产品产地作为主题的包装设计

（4）以农产品的消费群体或目标消费群体作为主题。

以女性群体为主要消费群体的农产品的包装上可以使用女性人物、花、蝴蝶、羽毛等元素，以儿童为主的农产品的包装上则可以使用动物、小孩等元素，这种设计思路可以很好地贴合农产品的特性，使农产品包装能够快速抓住目标消费群体的目光。由于采用这种设计思路的包装十分常见，若没有独特的创意，产品的包装很容易相似，无法突显产品。

（5）以农产品的加工过程作为主题。

这种设计思路能够更好地体现农产品生产的专业化以及自身所承载的文化底蕴。例如

茶叶包装，茶是我国的特色传统饮品，为了体现茶文化的历史悠长和博大精深，茶叶的包装设计往往会采用手绘或线描等具有国画特点的表现手法，将制茶的过程体现在包装上，如图 8-29 所示。

图8-29｜以农产品加工过程作为主题的包装设计

2. 农产品销售推广方式

传统的农产品销售渠道以农民自营零售业和合作社、代理商的大量购销为主，中间环节较多，这种合作经营模式只能拓宽销售渠道，不能进一步增加农民收入。随着网络经济时代的到来，农产品的销售推广方式发生了转变。

（1）农产品 + 微商。农产品 + 微商指的是通过微信朋友圈发布自家的农产品信息，包含种植、成长、采摘等信息。拍摄农产品的生长情况的照片并发布到微信朋友圈里，让用户第一时间了解农产品的情况，方便咨询和购买。

（2）农产品 + 可视农业。可视农业主要是指依靠互联网、物联网、云计算、雷达技术及现代视频技术，将农作物或牲畜生长过程的模式、手段和方法呈现在用户面前，让用户放心购买优质产品的一种模式。

（3）农产品 + "网红"直播 + 电商平台。互联网催生了很多新型经济模式，"网红"经济便是其中的一种。这里的"网红"可以是艺人，可以是当红网络主播，也可以是卖家自己打造的"网红"。

（4）农产品 + 餐饮。这一销售推广方式把餐饮店、餐饮体验当作渠道或者平台。

（5）农产品 + 直销店。直销店解决的是产地到餐桌的问题，同时减少中间渠道，降低产品单价，增强农产品与用户的互动。开直营直销连锁店投入成本巨大，连锁管理也需要专门的人才。该推广方式不是农民能单独做到的，需要政府或者农业龙头企业牵头。

（6）农产品 + 社群。社群是将爱好相同、兴趣一致的人聚集在一起的组织。这些人需求相同，可能是某一产品的忠实粉丝，若产品足够好，他们还会拉更多的用户进群消费。

（7）农产品 F2C 模式。农业领域的 F2C 模式，即线上多渠道模式，对于多品牌农业基地的产品，可以借助淘宝等电商平台，实现农场与家庭的对接，采用预售和订购的模式

销售农产品。

（8）农产品+认养（互联网认养农业）。认养即发起众人合伙认养一头动物、一棵树、一平方米农产品，众人根据需要认购的数量或部位，一起享受认养的乐趣，共同获得优质农产品。

（9）农产品+众筹。农产品+众筹即通过众筹平台销售农产品，可以解决农产品滞销及农产品传播效果差等问题。

3. 农产品营销策略

随着经济的发展，人们对农产品各方面的要求更加严格，加上市场竞争的加剧，要想使农产品处于不败之地，必须不断进行各方面的改进并调整农产品的营销策略。农产品营销策略主要包括产品策略、价格策略、渠道策略和促销策略等。

（1）产品策略。

对农产品进行准确定位，可以从农产品的类型、作用、营养价值等方面进行营销，在宣传时要与其他同类农产品区分开，突出其特色价值，打造差异化产品。徐香猕猴桃的产品宣传如图8-30所示，其在产品规格方面，可以按数量、重量进行不同规格的盒、袋、箱包装，用于满足消费者的多方面需求。

图8-30 | 打造差异化的产品宣传

（2）价格策略。

价格在市场营销中是十分重要的因素，但也是营销中非常难把握的因素。成功的价格策略主要以消费者需求为中心，为消费者创造一个可以接受的价格区间，同时让企业能够获利，实现双赢。因此，在进行农产品定价时可以采用试点与预售的方式，在消费者根据农产品的价格、质量、性能等方面做出判断后看其农产品的销售量，再根据成本和利润制定价格，制定买方和卖方都认可的价格。

农产品不同于其他的产品。例如，在猕猴桃的采青时期，市场上会陆续出现该农产品，这时由于物以稀为贵，所以其价格较高；成熟期的时候，其销售量会比较大，供应量比较多，价格会偏低；成熟期过后，农产品进入冷库保鲜，这时市场上的水果较少，价格便可以适当抬高。总之，运用价格策略时要考虑到时间段的变化，不能生搬硬套、一成不变。

（3）渠道策略。

合理优化传统渠道，尽可能减少中间商的参与，节省中间环节的成本。除此之外，还需要推进其他渠道的发展，如"农户＋网络销售平台"的渠道模式，这种渠道模式在一定程度上整合了电子商务平台资源、一般产品物流渠道资源和农产品生产资源，能够有效提高整个销售渠道的运行效率。例如淘宝、拼多多等电子商务平台，便是利用产品采购系统和物流体系直接从产地采购农产品，然后根据线上订单情况利用现代物流体系实现对农产品的销售。需要注意的是，该模式对物流运输系统有较高要求。

知识补充

在电子商务平台渠道中的农产品营销，需要重视短视频和现场直播的方式，网络直播能让消费者有较直观的购买体验。

（4）促销策略。

在广告宣传方面要注意利用多种方式宣传，并从广告的画面、口号、内容等方面着手，使消费者对产品熟记于心。

在线下的宣传上可以加强与政府的合作，如支持扶贫、创建福利性项目等，这对树立农产品的品牌形象有很大的帮助，而利用这些公共途径，就能对农产品的发展产生积极的影响；在线上的电子商务平台方面，则可以通过定期的折扣促销、积分促销、抽奖销售的方式来刺激消费者购买农产品，实现销售目的。

行业点拨

《中华人民共和国农产品质量安全法》第八条规定：国家引导、推广农产品标准化生产，鼓励和支持生产优质农产品，禁止生产、销售不符合国家规定的农产品质量安全标准的农产品。

任务实训

小贺是某水果电商企业的采购管理人员，根据运营需要，近期需计划采购一批水果入

200 库。现已知小贺所在水果企业计划采购包含红富士苹果、翠香猕猴桃在内的一批农产品入库，请结合该信息，填写表8-5。

表8-5 农产品采购计划

序号	品名	规格	单价/元	最低采购数量/千克	金额合计/元	上月末库存量/千克	本月末计划库存量/千克	本月计划销量/千克
1	红富士苹果精品					0	8000	3200
2	红富士苹果普通					0	10 000	4000
3	翠香猕猴桃精品					9650	200	3500
4	翠香猕猴桃中果					4600	4000	1500

制单人： 审批：

任务思考

通过本任务的学习，完成对农产品供应链的认识和学习农产品销售推广的方法。请在此基础上，思考并回答以下问题。

1. 农产品冷链物流至少需要满足哪些条件？
2. 未来哪些农产品电商模式更受欢迎？请简单描述。

项目习题

一、单选题

1. 在出入库管理中，农产品出库必须出具的凭证是（ ）。
   A. 领料单　　　B. 入库单　　　C. 调拨单　　　D. 运输单
2. 下列关于农产品电子商务的特性说法正确的是（ ）。
   A. 经营成本低　　　　　　B. 信息化程度不高
   C. 经营形式局限　　　　　D. 预算模式单一
3. 社区电商中的叮咚买菜的业务模式属于（ ）。
   A. 线上购物＋快递配送，线上小时自营生鲜，自建区域中心仓
   B. 线上购物＋快递配送，通过自建多层及仓配体系
   C. 线上购物＋即时配送，在离用户近的地方布局集仓储、分拣、配送于一体的仓储点
   D. 到店消费＋线上购物＋即时配送，提供线上线下一体化消费体验

4. 农产品市场一般被认为是（　　　）。

   A. 寡头垄断市场　　　　　　　　B. 垄断竞争市场

   C. 完全垄断市场　　　　　　　　D. 完全竞争市场

5. 下列情况中，农产品不准许入库的是（　　　）。

   A. 农产品信息核对正确　　　　　B. 包装破损或者质量不达标

   C. 没有出库凭证　　　　　　　　D. 农产品核验通过

二、多选题

1. 农产品企业在赋予产品文化内涵时，下列描述正确的有（　　　）。

   A. 挖掘农产品的历史文化

   B. 要充分了解目标人群的民族习惯和文化信仰

   C. 针对目标市场明确农产品文化定位

   D. 避免"文化冒犯"

2. 下列关于新零售农产品供应链的说法正确的有（　　　）。

   A. 新零售模式下，农产品的购买可以实现线上购买，线下送货

   B. 新零售模式主要是将降低成本作为基础而实施的

   C. 线上社群及线下社区模式就是新零售模式

   D. 新零售模式融入大数据、信息技术等新技术

3. 我国生鲜农产品供应链结构一般包括上游供货商、中游渠道商、生鲜电商、冷链物流、仓储管理和消费者。目前，国内的生鲜农产品的供应链模式主要有（　　　）。

   A. 前置仓到家模式　　　　　　　B. 社区电商模式

   C. O2O模式　　　　　　　　　　D. "超市+餐饮"模式

4. 下列关于农产品冷链运输的说法正确的有（　　　）。

   A. 冷链物流中工厂加工时不需要低温环境

   B. 物流中心冷库的工作主要是配货、冷藏、冷冻

   C. 冷链物流全程不需要控温

   D. 采用冷链运输的目的是保证农产品的质量、减少损耗

5. 下列关于农产品营销策略中的价格策略的说法正确的有（　　　）。

   A. 农产品的价格可以由企业随意制定

   B. 农产品的价格需要根据成本和利润来制定

   C. 在农产品成熟期时，销售量较大，可以将价格定高来提高利润

   D. 农产品成熟期过后需要冷库保鲜，这时的价格可以适当抬高

三、简答题

1. 请简述生鲜类农产品供应链的"超市+餐饮"模式有什么优势和劣势。

2. 请选择当地任意一种农产品，分析其特点。

从"遂昌模式"看农产品电商

"遂昌模式"被认为是我国首个以服务平台为驱动的农产品电商模式，其本质是以本地化电商综合服务商作为驱动，带动县域电商生态发展，促进地方传统产业，尤其是农业及农产品加工业实现电商化。简单来讲，遂昌模式就是遂昌当地通过电商平台实现"农产品进城""消费品下乡"。

1. 农产品进城

遂昌当地的农产品上行平台——遂网，一端连接农产品的供货源农村合作社，另一端对接当地开网店或做微商的城镇年轻人，将他们发展成为遂网的分销会员，帮助他们将农产品销售到一、二线城市。

2. 消费品下乡

遂昌当地的消费品下行平台——赶街网，依托每个村的商业小店，在店内划出8～10平方米的一小块地建服务站，为服务站配备计算机设备，培训店主做兼职服务员，帮村民在赶街网上进行代购。同时，赶街网建立了县级运营中心和从县城到农村的二级配送物流。

遂昌用自己的创新模式成功解决了农村电商面对的问题，将自己的劣势转化为优势，为我国农村电商的发展提供了样板。

- 做农产品电商≠农民开店。专业的人做专业的事，农民开店风险更大，可以鼓励从农村走出去的大学生、外出务工的年轻人，以及专业电商运营团队参与进来。
- 解决物流难题≠自己建物流。现在是一个纵向联合的时代，要经营生鲜运输可以与专业的冷链运输公司或社区店合作，合作双方形成在冷链、渠道方面的资源共享，并不一定要耗时耗力自建生鲜物流体系。
- 协会≠公益组织。遂昌模式的核心主体是网店协会+网商+服务商+政府。但这里的协会并不等于公益组织，只有盈利才有驱动力，只有增长才会激发能动性。用协会的心态、公司的模式运作，平等对话，才能实现多赢。

附录 1
电子商务运营相关岗位

1. 网络营销策划类

网络营销策划类岗位群有网络营销策划、活动策划两个方向，包含品牌策划经理、网络营销策划经理、活动策划专员等相关岗位，围绕网络营销开展策划筹备工作。该岗位群具体的岗位名称、岗位工作任务及岗位职责如表 1 所示。

表1　网络营销策划类岗位名称、岗位工作任务及岗位职责

岗位名称	岗位工作任务	岗位职责
品牌策划经理 网络营销策划经理 活动策划专员	网络营销策划 品牌运营策划 线上线下活动策划 文案推广策划等	■ 负责企业品牌的策划，针对目标人群，借助广告、活动、售后服务、社群运营等方式，传播企业品牌形象，提升企业品牌的知名度、美誉度和忠诚度； ■ 负责进行企业定位，针对目标人群，策划年度品牌网络营销活动，提出品牌传播创意，打动目标人群； ■ 负责品牌传播创意落地，根据市场需求，建立品牌传播的途径，形成可持续传播； ■ 负责定期评估品牌或产品的推广效果，调整/优化品牌定位、传播创意以及传播渠道等； ■ 负责实时监控网络上企业或品牌的正面及负面信息，进行分类管理

2. 新媒体编辑类

新媒体编辑类岗位群有文案策划和新媒体制作两个方向，包含网络广告设计师、视觉设计师、美工工程师、文案策划专员、网站编辑、公众号编辑、UI 设计师等相关岗位，围绕网络营销开展素材收集、文案准备与制作等工作。该岗位群具体的岗位名称、岗位工作任务及岗位职责如表 2 所示。

表2　新媒体编辑类岗位名称、岗位工作任务及岗位职责

岗位名称	岗位工作任务	岗位职责
网络广告设计师 视觉设计师 美工工程师 文案策划专员 网站编辑 公众号编辑 UI 设计师等	文案立意选择 素材收集 文案撰写 脚本撰写 稿件撰写	■ 负责完成企业品牌或者项目文案撰写； ■ 负责企业网络宣传片、网络广告、短视频的采编、撰稿； ■ 负责项目推广执行涉及的相关软文及配图文案的撰写； ■ 负责为企业各项活动提供强有力的文案支持，能出色地展现策略点的精髓； ■ 负责企业新媒体推广、运营所需的美工编辑； ■ 负责网站、微信、自媒体软文、宣传资料、新闻稿件等媒介的美工编辑以及资料的整合等

3. 网络渠道推广类

网络渠道推广类岗位群有新媒体推广、搜索引擎营销、网络广告制作与投放3个方向，包含搜索引擎优化专员、搜索引擎竞价专员、应用市场优化专员、网络广告投放专员、新媒体推广专员、社群营销专员等相关岗位，围绕网络营销开展各渠道的推广执行工作。该岗位群具体的岗位名称、岗位工作任务及岗位职责如表3所示。

表3　网络渠道推广类岗位名称、岗位工作任务及岗位职责

岗位名称	岗位工作任务	岗位职责
搜索引擎优化专员 搜索引擎竞价专员 应用市场优化专员 网络广告投放专员 新媒体推广专员 社群营销专员等	客户数据收集 搜索引擎优化 搜索引擎营销 应用市场优化 新媒体运营 社群维护 社群转化	■ 负责通过各种网络渠道，随时进行市场信息收集，掌握行业市场动态； ■ 负责运用新媒体应用工具及营销工具，帮助企业获取潜在客户资料，与客服部门（或销售部门）联合完成客户的营销； ■ 负责企业 / 网站 /App/ 微信的管理、日常运营、宣传推广及活动策划； ■ 负责企业的站内优化、代码优化、外链建设，能够与其他平台进行链接交换、资源互换等； ■ 负责网站 SEO、SEM 数据的整理和分析，评估、分析网站的关键词的搜索排名，并提出优化建议，负责监测和分析网站的关键绩效指标； ■ 负责利用各大信息分类网站、微信、微博、博客、论坛、社区、QQ群、软文、口碑营销等对企业产品或服务进行推广，并对推广效果进行实时监测与分析； ■ 负责根据企业整体营销策略，接收和分解实施付费网络广告投放，并对广告投放数据进行监测与分析； ■ 负责定期提供网络推广的数据报告并根据数据分析结果不断改进推广措施

4. 客户服务类

客户服务类岗位主要面向网络客户，即在通过渠道推广使营销信息触达客户后，负责回复客户的咨询问题、进行投诉接待、适时进行产品推荐等工作。该岗位群具体的岗位名称、岗位工作任务及岗位职责如表4所示。

表4　客户服务类岗位名称、岗位工作任务及岗位职责

岗位名称	岗位工作任务	岗位职责
售前客服专员 售后客服专员 微信客服专员 微博客服专员 社群运营客服 直播客服 网络客服专员等	产品推荐 客户咨询处理 客户投诉处理 客户关系维护 客户数据收集与整理 直播间产品介绍与互动 直播间客户服务	■ 负责通过网络渠道（微信、QQ、旺旺、论坛等）向客户介绍企业产品； ■ 负责根据企业部门要求，做好新老客户跟踪、维护； ■ 负责解答客户的提问，与客户保持良好的交流； ■ 负责熟悉企业的线上线下活动，在线上与客户进行良好的沟通，促进推广； ■ 负责运用各种线上线下手段对客户资源进行持续运营，增强客户黏性，增进客户与企业的情感联系； ■ 负责整理客户数据，并对客户数据进行分类； ■ 负责对不同类型的客户做出合适的客户关怀、回访工作； ■ 负责直播间文字讲解产品，卖点展示说明； ■ 协助策划、撰写直播活动脚本，配合店铺及平台要求共同策划直播内容； ■ 主动引导粉丝在线互动，提升活跃度，确保直播间热度，回答相关询问，推荐合适的产品并促进成交； ■ 非直播时间，排班客服咨询工作

5. 互联网产品销售类

互联网产品销售类岗位主要面向市场，开发客户，向客户推荐产品，达成交易。该岗位群具体的岗位名称、岗位工作任务及岗位职责如表5所示。

表5　互联网产品销售类岗位名称、岗位工作任务及岗位职责

岗位名称	岗位工作任务	岗位职责
主播 网络销售 互联网产品销售经理 App销售专员 搜索引擎竞价销售专员 网络广告销售专员等	客户开发 产品推荐 产品销售	■ 负责挖掘企业客户、探寻客户需求，结合产品特点制订产品的推广、销售计划； ■ 通过线上、线下各种途径获取潜在客户并有效跟进销售； ■ 维护良好的客情关系，实现客户转介绍与复购； ■ 负责执行企业销售策略，完成销售目标； ■ 负责拓展市场，开发新客户，维护老客户，提高客户满意度； ■ 负责做好与销售合同的签订、执行和管理相关的工作，以及协调处理各类市场问题

附录 2
课程任务与"1+X"职业技能等级证书、电子商务运营技能竞赛任务对应关系一览表

项目	任务	"1+X"农产品电子商务运营【中级】										相关竞赛
		领域1 农产品电子商务运营			领域2 农产品供应链管理			领域3 农产品网络营销				
		市场调研	农产品开发	运营规划	采购管理	库存管理	配送管理	平台营销	社交媒体营销	直播营销	短视频营销	
项目一 电子商务运营认知	任务一 认识电子商务											"博导前程杯"全国电子商务运营技能竞赛 中国国际"互联网+"大学生创新创业大赛 全国农业行业职业技能大赛
	任务二 认识电子商务运营											
	任务三 了解电子商务运营的工作											
项目二 市场分析与选品规划	任务一 电子商务运营市场分析	●										
	任务二 电子商务选品与规划		●									
项目三 电子商务平台运营	任务一 电子商务平台认知			●								
	任务二 在电子商务平台开设与运营店铺			●				●				

项目	任务	"1+X"农产品电子商务运营【中级】										相关竞赛
		领域1农产品电子商务运营			领域2农产品供应链管理			领域3农产品网络营销				
		市场调研	农产品开发	运营规划	采购管理	库存管理	配送管理	平台营销	社交媒体营销	直播营销	短视频营销	
项目四 电子商务内容运营	任务一 内容电商运营			●				●	●			"博导前程杯"全国电子商务运营技能竞赛 中国国际"互联网+"大学生创新创业大赛 全国农业行业职业技能大赛
	任务二 短视频运营										●	
	任务三 直播运营									●		
项目五 电子商务品牌运营	任务一 电商品牌建立与策划		●									
	任务二 电商品牌推广与优化		●					●	●	●	●	
项目六 电子商务用户运营	任务一 用户运营的认知	●										
	任务二 用户需求和行为分析	●										
	任务三 网络客服							●	●	●	●	
项目七 电子商务物流管理	任务一 认识电子商务物流				●							
	任务二 电商物流仓储					●						
	任务三 电子商务物流包装与配送				●	●	●					
项目八 农产品电子商务运营	任务一 农产品电子商务认知	●	●									
	任务二 农产品的开发与管理			●								
	任务三 农产品供应链与销售				●	●	●	●	●	●	●	